Das W-Seminar

Einführung in das wissenschaftliche Arbeiten

C.C. BUCHNERS VERLAG • BAMBERG

Das W-Seminar

Einführung in das wissenschaftliche Arbeiten

bearbeitet von Michael Schuster, Marc Hupfer, Steffen Fritsche

1. Auflage 1 7 6 5 2014 2013 2012
Die letzte Zahl bedeutet das Jahr dieses Druckes.
Alle Drucke dieser Auflage sind, weil untereinander unverändert, nebeneinander benutzbar.

Dieses Werk folgt der reformierten Rechtschreibung und Zeichensetzung. Ausnahmen bilden Texte, bei denen künstlerische, philologische oder lizenzrechtliche Gründe einer Änderung entgegenstehen.

www.ccbuchner.de

Redaktion: Sabine Klingelhöfer
Gestaltung: ideen.manufaktur | dortmund
Druck und Bindung: Stürtz GmbH, Würzburg

ISBN 978-3-7661-**4431**-7

Inhaltsverzeichnis

Vorwort

Liebe Schülerin, lieber Schüler,

Eine sich verändernde Welt

wir leben in einer Welt, die von raschen Veränderungen geprägt ist. Der rasante technische Fortschritt und die Explosion des Wissens bestimmen den Alltag und wirken sich auch auf das Berufsleben aus. Die Globalisierung führt nicht nur zu einem weltweiten Austausch von Waren, sondern auch von Arbeit. Dies eröffnet große Chancen, bedeutet aber auch einen größeren Wettbewerb, dem jeder Einzelne ausgesetzt ist, und verlangt von jedem ein großes Maß an Flexibilität. Berufsbiografien, die sich auf einen Beruf bzw. ein Arbeitsfeld oder gar einen Arbeitgeber beschränken, werden seltener. Zahlreicher werden Berufsbiografien mit unterschiedlichen Arbeitgebern und Aufgabenbereichen, in die es sich stets einzuarbeiten gilt. Mit dem W-Seminar nimmt das bayerische Gymnasium diese Herausforderung an und versucht, seine Schüler/innen auf die veränderten gesellschaftlichen Anforderungen vorzubereiten. Im Mittelpunkt des Seminars steht die Hinführung auf die Anforderungen eines Hochschulstudiums.

Lebenslanges Lernen

Der Wandel der Berufswelt und die Zunahme an Wissen erfordern lebenslanges Lernen. Zum einen ist es nicht mehr möglich, mehr oder weniger das gesamte Wissen zu erfassen, wie es vielleicht noch einzelnen Universalgelehrten des Mittelalters und der Renaissance wie Thomas von Aquin oder Leonardo da Vinci gelang. Dafür hat sich zu viel Wissen angesammelt. Gerade im naturwissenschaftlichen Bereich verfügt heute ein Zwölfjähriger über mehr Wissen als viele Gelehrte noch im 19. Jahrhundert. Zum anderen werden Tag für Tag neue Erkenntnisse gewonnen, um deren Kenntnis man sich stets bemühen muss.

Grundlegende Kompetenzen …

Um sich in dieser Wissensflut zurechtfinden zu können, kommt der Beherrschung verschiedener Kompetenzen auf der Grundlage eines soliden Grundwissens zentrale Bedeutung zu. Die Vermittlung und Vertiefung dieser Kompetenzen ist die Aufgabe des W-Seminars. Dabei geht es neben der Förderung der Selbstkompetenz, sprich der Fähigkeit, die eigene Persönlichkeit zu erkennen und zu entwickeln, und der Sozialkompetenz – der Fähigkeit, im sozialen Umfeld zu interagieren – vor allem um die Fach- und Methodenkompetenz. Unter Fachkompetenz versteht man die Fähigkeit, mithilfe von Fachkenntnissen eine Aufgaben- oder Problemstellung eigenständig zu lösen. Methodenkompetenzen umfassen Arbeitstechniken, Lernstrategien und Denkmethoden, die das selbstständige und effektive Lösen von Aufgaben und Problemen ermöglichen bzw. erleichtern.

… in Schule, Studium und Beruf

Grundlegende Kompetenzen aus diesen Bereichen haben Sie bereits in der Mittel- und Unterstufe erworben, indem Sie (Kurz-)Referate, Präsentationen, Vorträge alleine oder in Gruppen angefertigt und vorgestellt haben. Diese in der Schule erworbenen Fähigkeiten werden Sie im Studium und im Berufsleben mindestens ebenso sehr benötigen wie einzelne Fachkenntnisse. Ob Sie Medizin, Verfahrenstechnik oder Politologie studieren oder in einer Unternehmensberatung, in der Entwicklungsabteilung eines Industrieunternehmens oder als Anwalt arbeiten – stets müssen Sie sich selbstständig Informationen beschaffen, diese aufbereiten und sie schließlich anderen vorstellen. Ziel des W-Seminars ist es somit, Sie auf wesentliche Anforderungen des Studiums und der Berufswelt vorzubereiten. So steht das wissenschaftspropädeutische Lernen in Mittelpunkt, also die Heranführung an das wissenschaftliche Arbeiten und seine Methoden, an das forschende Lernen und das Entwickeln kreativer Lösungen. Daneben wird von Ihnen ein zunehmend selbstverantwortliches und eigenständiges Arbeiten verlangt.

Aufbau des Buchs

Dieses Buch möchte Sie während Ihres W-Seminars begleiten und unterstützen. Daher orientiert sich der Aufbau des Bandes am Verlauf des Seminars, wie es wohl häufig gestaltet sein wird. Nach der Einführung in grundlegende Arbeitstechniken und in wesentliche wissenschaftliche Methoden (Propädeutik) begleitet Sie das Buch von der ersten Auseinandersetzung mit dem Thema und der Themafindung über die Recherche hin zur Aufbereitung der Informationen und zur Entwicklung einer eigenen Argumentation. Am Ende stehen dann die Anfertigung der schriftlichen Seminararbeit und die Abschlusspräsentation. Natürlich können die einzelnen Module auch in beliebiger Reihenfolge oder selektiv verwendet werden. Sie sind in sich abgeschlossen und ermöglichen durch Querverweise eine vertiefte Information auch bei nichtlinearem Lesen.

Inhalt des Buchs

Das Buch möchte Ihnen zentrale Kompetenzen für Schule, Studium und Beruf vermitteln. Besonders das erste Kapitel zum Zeit- und Arbeitsmanagement kann Ihnen aber auch darüber hinaus hilfreich sein. Weitere Schwerpunkte bilden Recherchetechniken, das Entwickeln eigenständiger Erkenntnisse und Argumentationen auf Basis erworbener Kenntnisse, das Schreiben wissenschaftlicher Texte und Rhetorik. Anspruch des Buchs ist es nicht, Ihnen nur eine „Gebrauchsanweisung" zum Absolvieren des Seminars zu liefern. Unserer Ansicht nach ist es nicht ausreichend, Kompetenzen zu kennen, sondern es ist auch nötig, sie zu verstehen und einzuüben. Daher werden in jedem Kapitel die einzelnen Kompetenzen und Methoden erklärt. Anschließend wird differenziert auf die Umsetzung der Methoden eingegangen, bevor am Ende des Kapitels Trainingsaufgaben die Möglichkeit bieten, die neuen Erkenntnisse anzuwenden und zu vertiefen. Schließlich ist der Lernerfolg beim eigenen Anwenden am größten. Auf diese Weise hoffen wir, Ihnen mit diesem Buch ein hilfreiches Arbeitsmittel an die Hand geben zu können, das Sie Gewinn bringend durch das Seminar führt und gut auf das wissenschaftliche Arbeiten im Studium vorbereitet.

Viel Freude und Erfolg in Ihrem Seminar und beim Anfertigen Ihrer Seminararbeit und Abschlusspräsentation!

Die Autoren

1 Arbeitsorganisation

1.1 Zeitmanagement – Planungsphase

„Die Menschen handeln nicht, weil sie gedacht haben, sondern sie denken, weil sie gehandelt haben.“ Diese Beobachtung des italienischen Soziologen und Ökonomen VILFREDO PARETO trifft leider immer wieder auch auf die Durchführung von Projekten und die Anfertigung von Seminararbeiten zu. Es wird zu spät und ungeplant mit der Arbeit begonnen, sodass am Ende übermäßiger Stress entsteht und das Ergebnis nicht den Erwartungen entspricht. Das folgende Kapitel soll zeigen, wie dies zu vermeiden ist: Es gilt PARETOS Ausspruch zu widerlegen, also erst zu denken und dann zu handeln!

Unter **Zeitmanagement** versteht man die Fähigkeit, die einem zur Verfügung stehende Zeit optimal zu nutzen. Es gilt, schulische, später berufliche Pflichten zu erledigen und dennoch ausreichend Raum für private Aktivitäten zu haben, ohne dass das eine auf Kosten des anderen erfolgt oder der Stress überhand nimmt. Dazu sind eine gute Zeitplanung und Disziplin notwendig. Einige Strategien können einen dabei unterstützen:

Klare Ziele und Prioritäten setzen

Zunächst gilt es, sich über die **eigenen Ziele** klarzuwerden und diese zu formulieren. Dazu gehört, dass man sich überlegt, wie viel Zeit man neben den schulischen Aufgaben und der Arbeit für die Seminare für welche Freizeitaktivitäten reservieren will. Schließlich möchte man sich zum Beispiel auch weiterhin mit Freunden treffen, Sport treiben, musizieren, jobben, etwas mit der Familie unternehmen, sich in Einrichtungen engagieren oder auch einmal faulenzen. Die Bestimmung der Ziele, die man verfolgt, und ihr Zeitaufwand müssen ehrlich eingeschätzt werden.

ABC-Analyse für Ziele

Dies erfolgt am besten schriftlich, indem die Ziele aufgelistet und mit A für besonders wichtig, B für weniger wichtig und C für nebensächlich versehen werden. Wenn sich herausstellt, was wohl meistens der Fall sein wird, dass nicht alle Ziele in der verfügbaren Zeit zu erreichen sind, müssen Prioritäten gesetzt werden. Sollten mehr als zwei bis drei A-Prioritäten übrig bleiben, müssen die Bewertung noch einmal überdacht und die A-Prioritäten eingeschränkt werden. So kann es zum Beispiel durchaus sinnvoll sein, bis zum Abitur auf den Nebenjob oder eine ehrenamtliche Tätigkeit zu verzichten und sich auf die Ziele mit der Priorität A (z.B. Abitur, Sporttraining oder Musik üben) zu konzentrieren (→ Kapitel 7.1).

Eine **klare Planung** verschafft Sicherheit und führt zu Gelassenheit, die ein effektives Arbeiten wesentlich fördern. Daher ist der höhere Zeitaufwand für die Planung zu Beginn (Planungsphase) gerechtfertigt (→ Abb. 1).

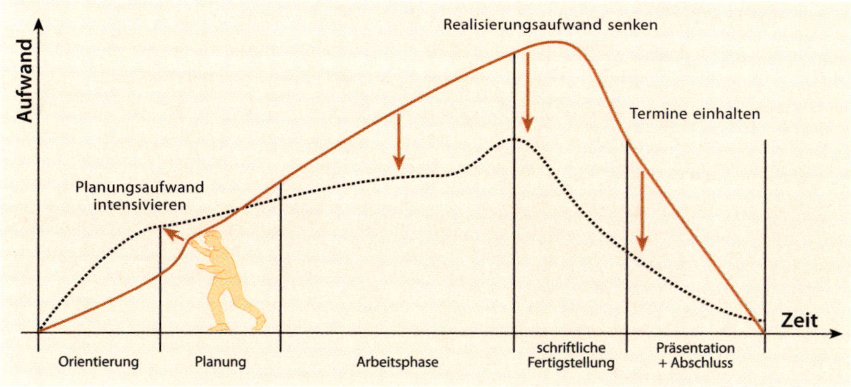

Abb. 1: Der Einfluss des Planungsaufwands auf den Arbeitsaufwand.
Nach: Siemens learning campus

Ist der Rahmen für die Zeit bis zum Abitur abgesteckt, muss überlegt werden, wie die Aufgaben für die Seminararbeit bewältigt werden sollen. Bis zum Abgabetermin ist noch gut ein Jahr Zeit, was für das Anfertigen der Arbeit völlig ausreichend ist, wenn ein klarer Zeitplan besteht. Während die Planung für die Zeit bis zum Abitur recht allgemein bleibt und hilft, sich auf das Wesentliche in diesem Zeitraum zu konzentrieren, muss die konkrete Planung für die Seminararbeit differenzierter erfolgen, auch wenn das Seminar häufig nach einem ähnlichen **Zeitraster** ablaufen wird (→ Zeitplan s. S. 10).

Große Aufgaben in kleine Einzeletappen einteilen

Zunächst mag einem die Aufgabe, eine Seminararbeit anzufertigen, so unüberwindlich wie die Besteigung eines hohen Berggipfels erscheinen. Da der Blick auf den „Berg Arbeit" entmutigend wirkt, empfiehlt es sich, den Weg bzw. die Aufgaben in **überschaubare Etappen** zu unterteilen und sich zunächst auf den Anfang zu konzentrieren. Die einzelnen Etappen sind leichter zu bewältigen, und das erfolgreiche Erreichen eines Zwischenziels belohnt für die bisher geleistete Arbeit und motiviert für weitere Etappen. So wird der „Berg Arbeit" zwar nicht niedriger, der Weg aber flacher und die Arbeit fällt leichter. Denn: Wie isst man einen Elefanten? Bissen für Bissen – und nicht auf einmal.

ALPEN-Methode

Bei der Strukturierung der Arbeit hilft die **ALPEN-Methode**: Zunächst gilt es, alle im Laufe der Arbeit anfallenden **A**ufgaben aufzuschreiben und ihre **L**änge einzuschätzen. Dabei ist darauf zu achten, dass **P**ufferzeiten eingeplant werden. Dadurch wird verhindert, dass der gesamte Zeitplan durcheinander gerät, falls etwas Unvorhergesehenes geschieht oder Probleme auftauchen. Damit der Arbeitsaufwand angemessen bleibt, müssen nun **E**ntscheidungen über die Wichtigkeit der Aufgaben getroffen und unwichtige Aufgaben ausgeschlossen werden. Während der Arbeitsphase erfolgt regelmäßig die Nachkontrolle, inwieweit die Planung umgesetzt wurde. Sollte dies nicht gelungen sein, muss sie angepasst werden. Dies ist auch eine gute Möglichkeit, sich die Ursachen der Verzögerungen bewusst zu machen und diese in Zukunft zu vermeiden.

Möglicher Zeitplan für den Ablauf eines W-Seminars

Halbjahr	Monate	Seminarinhalte
11/1	**Sept. – Dez.**	• Einführender Unterricht in das Rahmenthema und Erwerb von Fachkenntnissen (evtl. Exkursion, externe Referenten) • Einführung in das wissenschaftliche Arbeiten und Vertiefung fachspezifischer und allgemeiner Methodenkompetenzen (Bibliotheksbesuch) • Nov.: Vorstellung möglicher Seminararbeitsthemen
	Jan. – Feb.	• Weiterarbeit am Rahmenthema (auch durch Kurzreferate) • Anlegen eines Portfolios zur Dokumentation des Arbeitsprozesses • Aufstellen eines Arbeitsplans • Erste Recherchen • Formulierung der individuellen Themen für die Seminararbeiten
11/2	**Feb. – Apr.**	• Weiterarbeit am Rahmenthema (auch durch Kurzreferate) • Gründliche Recherche • Erster Gliederungsentwurf • Gespräch mit der Lehrkraft über das Thema
	Mai –Juli	• Zwischenpräsentationen und Kurzreferate zu bisherigen Ergebnissen • Herausarbeiten von Zusammenhängen zwischen den einzelnen Seminararbeitsthemen • Ausarbeiten des vorläufigen Gliederungsentwurfs oder Erstellen eines Exposés
12/1	**Sept. – Okt.**	• Abfassen der Seminararbeit • Anwendung der erworbenen Methodenkompetenzen • Rücksprache mit der Lehrkraft • Fortführung der Arbeit am Rahmenthema
	Nov. – Jan.	• Abgabe der Seminararbeit • Vorbereitung der Präsentation • Abschlusspräsentation • Einordnen des Ergebnisses in das Rahmenthema • Feed-back-Runde zum Verlauf und zu Inhalten des Seminars sowie Selbstreflexion über erworbene Kompetenzen und Kenntnisse

Nach: Die Seminare in der gymnasialen Oberstufe, Staatsinstitut für Schulqualität und Bildungsforschung, 2. Auflage, München 2008, S. 16 f.

Roadmap

Zur Fixierung der Zeitplanung bietet es sich an, eine sogenannte **Roadmap** oder ein Meilenstein-Diagramm in Form eines Balkenplans (→ Abb. 2) zu erstellen. Dazu wird auf der X-Achse die Zeit eingetragen und auf der Y-Achse werden die Aufgaben aufgelistet. Die einzelnen Aufgaben werden

Nr.	Vorgangsname	Dauer
1	**Kick off** (z. B. Orientierung; Vorstellung des Themas)	1 Tag
2	**Phase 1** (Planungsphase)	16 Tage
3	Aktivität 1 (Arbeitsplan erstellen)	3 Tage
4	Aktivität 2 (Themafindung)	5 Tage
5	**Meilenstein**	0 Tage
6	Aktivität 3 (Erste Literaturrecherche)	8 Tage
7	**Phase 2** (Recherche)	7 Tage
8	Aktivität 4 (Themaformulierung)	2 Tage
9	Aktivität 5 (Orientierung in der Bibliothek)	3 Tage
10	Aktivität 6 (Erstellen einer Bibliografie)	5 Tage
11	Projektabschluss	1 Tag

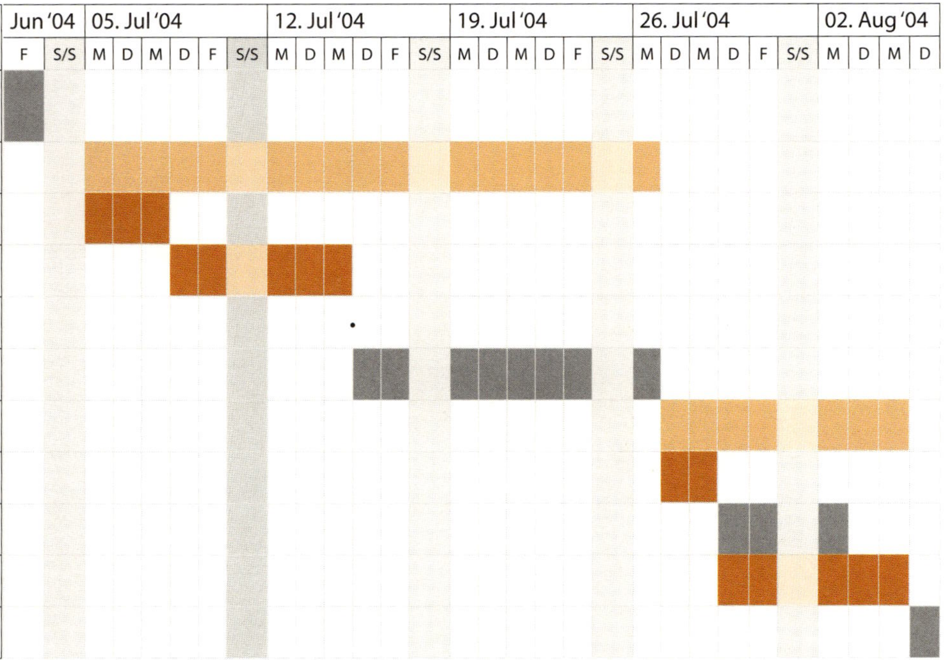

Abb. 2: Roadmap. *Eigene Darstellung*

als Balken während des vorgesehenen Zeitraums eingezeichnet. Dadurch erhält man einen guten visuellen Überblick über die Abfolge und die Dauer der einzelnen Arbeitsschritte. Zudem kann man Arbeitshäufungen auf den ersten Blick erkennen, wenn mehrere Balken übereinander liegen. Eine Roadmap nützt aber nur dann, wenn sie eingehalten und regelmäßig kontrolliert wird und an die individuellen Bedürfnisse angepasst ist. Neben der regelmäßigen (wöchentlichen) Kontrolle ist es sinnvoll, sogenannte Meilensteine einzufügen. Dabei handelt es sich um klar definierte Zwischenziele, die zu einem bestimmten Zeitpunkt erreicht sein sollen.

Pareto-Prinzip

Um die während der Arbeitsphase anfallenden Aufgaben in der geplanten Zeit zu bewältigen, hilft es, sich das **Pareto-Prinzip** zu vergegenwärtigen (→ Abb. 3). So bringen 20% der aufgewendeten Zeit 80% der Ergebnisse, während die restliche Zeit für Nebensächliches vertan wird oder dem Perfektionismus zum Opfer fällt. So kann man beispielsweise sehr viel Zeit darauf verwenden, die Folien für die Computerpräsentation perfekt zu gestalten und mit Effekten zu versehen, ohne dass sich dies im Vergleich zu einer schlichteren Präsentation wesentlich auf das Ergebnis (Note) auswirkt. Daher sollten solche Aufgaben an das Ende der Arbeitsphase gestellt werden, auch wenn sie vielleicht mehr Freude machen als andere. Schließlich fällt es kaum ins Gewicht, wenn man diese Aufgaben am Ende nicht mehr schafft.

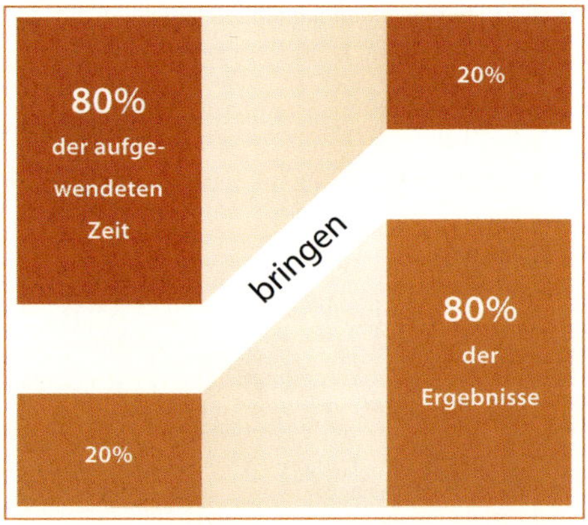

Abb. 3: Pareto-Prinzip. © teachsam

Eisenhower-Methode für Aufgaben

Eine weitere Methode, bei Aufgaben Prioritäten zu setzen, hat angeblich der frühere US-Präsident Dwight D. Eisenhower angewandt. Dabei werden alle Aufgaben nach ihrer **Wichtigkeit und Dringlichkeit** vier Quadranten zugeteilt und entsprechend bearbeitet:

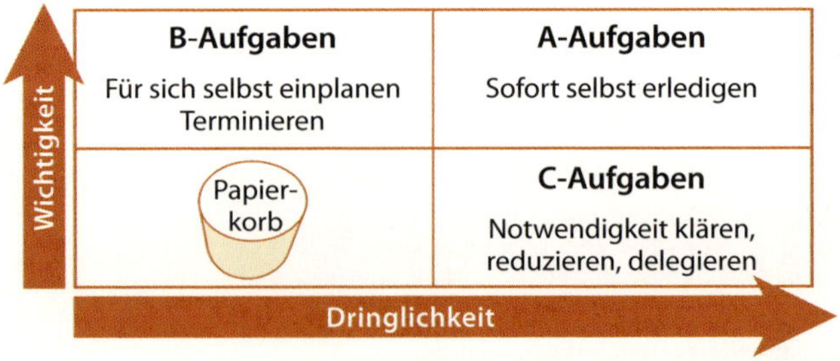

Abb. 4: Eisenhower-Methode. Eigene Darstellung

Ein gutes Zeitmanagement dient dazu, „dringende und wichtige" Aufgaben zu vermeiden (→ Abb. 4). Sie können trotzdem überraschend auftreten, wenn man zum Beispiel gegen Ende der Arbeitsphase noch auf eine interessante Literaturangabe aufmerksam wird und das Buch noch ausleihen möchte.

Ziele müssen „SMART" sein

Die Planung der Seminararbeit kann durch die SMART-Methode unterstützt werden. **SMART** ist eine Abkürzung (Akronym für **S**pecific **M**easurable **A**chievable **R**elevant **T**imely) und fasst die Kriterien zusammen, wie ein Ziel – hier die Seminararbeit – in einem vorgegebenen Zeitrahmen definiert und dadurch erreicht werden kann: Ein Ziel sollte **s**pezifisch, **m**essbar, **a**ngemessen, **r**elevant und **t**erminiert sein.

Spezifisch

Ist das Ziel „spezifisch", so ist es klar definiert. Für die Seminararbeit bedeutet dies, sich klarzumachen, was genau das Ziel der Arbeit ist, z. B. die Untersuchung des Wahlverhaltens der Jungwähler bei der letzten Kommunalwahl mittels einer Umfrage, die ausgewertet werden soll. Auch Zwischenziele können so definiert werden.

Messbar

Ein Ziel muss „messbar" sein. Die Seminararbeit wird dadurch messbar, dass sie anhand von Bewertungskriterien bewertet bzw. benotet wird. Diese sollte man sich frühzeitig bewusst machen und im Gespräch mit der Lehrkraft thematisieren, um den Anforderungen gerecht zu werden. Die Bewertungskriterien werden im folgenden Abschnitt dargestellt.

Angemessen

Unter einem „angemessenen" Ziel versteht man ein erreichbares Ziel. Es ist wichtig zu prüfen, ob das gesteckte Ziel im Rahmen eines W-Seminars überhaupt bzw. mit einem angemessenen Arbeits- und Zeitaufwand zu erreichen ist. Dieser Aspekt sollte v. a. bei der Themafindung im Auge behalten werden (→ Kapitel 3).

Relevant

Die Frage, wie „relevant", also bedeutsam das Ziel „Seminararbeit" ist, stellt sich kaum, da ihre Note in die Abiturnote einfließt. Darüber hinaus ließe sich noch überlegen, inwieweit das Ziel bedeutsam für einen bestimmten Adressatenkreis ist.

Terminiert

Das letzte Kriterium – ein klares Ziel muss „terminiert" sein – spielt bei einer Seminararbeit keine Rolle, da der Abgabetermin vorgegeben ist. Bei der Formulierung von Zwischenzielen sollte man sich bewusst machen, ob das Ergebnis den Arbeitsaufwand rechtfertigt, und einen Termin festlegen, an dem das Ziel erreicht sein muss.

Bewertungskriterien

Die Qualität einer Seminararbeit wird bezüglich ihres Inhalts, der Darstellung und der Formalia „gemessen“, sprich bewertet (→ Kästen). Häufig werden die drei Aspekte im Verhältnis 3:2:1 gewichtet. Zwar legt jede Lehrkraft eigene Maßstäbe an, die auch rechtzeitig bekannt gegeben werden, doch existieren auch allgemeine Kriterien, die bei jeder Bewertung eine Rolle spielen.

Bewertungskriterien – Inhalt
- Analyse des Themas bzw. Grad der Themenerfassung
- Urteilsfähigkeit
- Methodische Vorgehensweise
- Schlüssige Beweisführung
- Literatur- und Quellenanalyse
- Sinnvolle Verwendung geeigneter Literatur
- Begründung des eigenen Standpunkts
- Bewertung anderer Standpunkte
- Ggf. selbst gefundene Ergebnisse, eigene Beiträge/Wertungen
- Vollständigkeit der Darlegung

ISB, Die Seminare in der gymnasialen Oberstufe, a. a. O., S. 22

Inhalt

Wichtigstes Kriterium ist die inhaltliche Qualität. Da es sich bei der Seminararbeit um eine fachwissenschaftliche Arbeit handelt, wird besonderer Wert auf die Anwendung allgemeiner wissenschaftlicher Arbeitstechniken wie z.B. die Literatur- und Quellenanalyse und die Verwendung fachspezifischer Methoden wie z. B. des Experiments in einem naturwissenschaftlichen Fach gelegt. Über die für das eigene Thema notwendigen Arbeitstechniken und Methoden sollte man sich rechtzeitig im Klaren sein und diese gegebenenfalls auch noch vertiefen (→ Kapitel 2).

Bewertungskriterien – Formalia
- Inhaltsverzeichnis (einschließlich eines klaren Strukturierungssystems)
- Zitierweise
- Bibliografische Angaben in Fußnoten im Literaturverzeichnis
- Ggf. ein Quellenverzeichnis für Abbildungen
- Gestaltung des Titelblatts
- Umfang (ca. 10-15 Textseiten ohne Grafiken, Anhängen u.Ä.)
- Vereinfachter Schriftsatz (Schrift, Ränder, Blocksatz u.Ä.)
- Erklärung über das selbstständige Verfassen der Arbeit

ISB, a. a. O.

Darstellung und Formalia

Daneben wird auch die Darstellung – der Aufbau, die Anschaulichkeit und die sprachliche Gestaltung – bewertet (→ Kapitel 6). Das letzte Bewertungskriterium stellen die Formalia dar. Das sind unter anderem die Zitierweise, die Verzeichnisse und das Layout. Diese „Äußerlichkeiten“ werden deshalb recht stark bei der Benotung berücksichtigt, da genaues Arbeiten ein wesentliches Kennzeichen wissenschaftlichen Arbeitens ist. Dadurch werden die Überprüfbarkeit und Nachvollziehbarkeit der Arbeit gewährleistet. Zudem liefern Sorgfalt und Korrektheit bei der Einhaltung der Formalia Hinweise auf die Arbeits-

Bewertungskriterien – Darstellung
- Sinnvolle Gliederung (Reihenfolge, Auswahl und Gewichtung der einzelnen Teile, aussagekräftige Überschriften)
- Übersichtlichkeit und Anschaulichkeit der Darstellung, Form und Aussagekraft der Skizzen, Diagramme, Tabellen, Grafiken, Illustrationen
- Klarheit im Ausdruck
- Orthografie, Zeichensetzung, Grammatik
- Korrekter Gebrauch der Fachterminologie

ISB, a. a. O.

haltung und die personalen Kompetenzen des Verfassers. Auch im Studium oder später im Beruf werden unter anderem diese Kriterien zur Einschätzung der Person herangezogen.

Portfolio – Arbeitsdokumentation

Ein **Portfolio** kann dazu dienen, einen Überblick über die geleisteten Tätigkeiten und vor allem über die erzielten Ergebnisse zu behalten. Darunter versteht man eine Mappe oder einen Ordner, in dem sich eine geordnete Sammlung von Dokumenten befindet, die sehr unterschiedlicher Natur und bereits abgeschlossen oder noch in Bearbeitung sein können, zum Beispiel Ergebnisse der Literaturrecherche, Exzerpte (→ Kapitel 2.1.2), Arbeitspläne, Versuchsentwürfe oder Gliederungen. Ein aktuelles Inhaltsverzeichnis am Beginn des Portfolios ermöglicht jederzeit einen schnellen Überblick über den Inhalt und Stand der Arbeit. Diese Dokumentensammlung kann auch als Grundlage für Beratungsgespräche mit der Lehrkraft verwendet werden, die auf diese Weise sehr adressatenbezogen argumentieren kann. Unter Umständen werden Portfolios auch in die Bewertung einbezogen. Wenn dies der Fall ist, müssen die Bewertungskriterien den Kursteilnehmern vorab bekannt sein. Daneben liefert das Portfolio auch eine Statusmeldung an den Seminarteilnehmer selbst. Es dient also sowohl der Fremd- als auch der Selbstevaluation.

Praktische Umsetzung

Rechtzeitiger Arbeitsbeginn – Roadmap erstellen

Häufig ist der erste Schritt der schwerste. Es lassen sich immer wieder „gute" Gründe dafür finden, den Arbeitsbeginn zu verschieben, seien es private Unternehmungen oder schulische Belastungen. Um zu vermeiden, durch einen zu späten Beginn mit der Arbeit von Anfang an unter Zeitdruck zu geraten, sollte unmittelbar nach der Festlegung des Themas die **Zeitplanung** in Form einer Roadmap erfolgen (→ Übung A). Der Zusammenhang zwischen erhöhtem Planungsaufwand zu Beginn eines Projekts und reduziertem Gesamtarbeitsaufwand (→ Abb. 1) kann motivieren.

Effektive Sichtung der Literatur

Die **Literatursuche** stellt in der Mehrzahl der Fälle die Grundlage der Seminararbeit dar. Daher wird ihr zu Recht viel Aufmerksamkeit geschenkt. Es ist sinnvoll, das Pareto-Prinzip zu beachten. Unter Umständen wird sonst die Literatursuche immer weiter ausgedehnt, in der Hoffnung, noch besseres Material zu finden. Wenn nach einer konsequent durchgeführten Recherche (→ Kapitel 4) eine solide Literaturbasis gefunden ist, liefert der zusätzliche Zeitaufwand meist keine befriedigenden Ergebnisse. Es hat sich daher bewährt, einen festen Termin für das Ende der Recherche zu setzen und diesen einzuhalten, auch wenn man das Gefühl hat, noch nicht alles zu seinem Thema gefunden zu haben. Dies ist im Rahmen einer Seminararbeit auch nicht erforderlich. In der Einleitung der Arbeit kann – falls nötig – auch auf Probleme und Schwerpunkte der Recherche hingewiesen werden. Wird mehr Zeit für die Bearbeitung des Themas als für die Literatursuche eingeplant, kann auch später noch problemlos zu neu aufgetauchten Fragestellungen erneut recherchiert werden. Man sollte sich ebenso nicht scheuen, den betreuenden Lehrer um Ratschläge zur Literaturrecherche zu bitten.

Zeitfalle Internet

Auch und gerade bei der **Recherche im Internet** sollte man sich klare, eng bemessene Zeitlimits setzen. Schließlich verführt die Möglichkeit, ständig neue Links anzuklicken, dazu, immer mehr zu lesen, sich aber auch immer weiter vom eigentlichen Thema zu entfernen. Im Allgemeinen genügt es, die ersten zwanzig Treffer einer Suchanfrage zu beachten (→ Kapitel 4).

Lesevermögen

Häufig wird das eigene **Lesevermögen** hinsichtlich wissenschaftlicher Literatur überschätzt. Fachliteratur zu lesen ist nämlich zeitaufwändiger und anstrengender als das Lesen von Romanen. Zudem muss die Literatur gleichzeitig auf den Nutzen für die Seminararbeit überprüft werden (→ Kapitel 2.1.2). Daher sollte man sich unbedingt vor dem Lesen bzw. dem Ausleihen des Buchs einen groben Überblick über den Text verschaffen und prüfen, ob er überhaupt geeignet ist (→ Kapitel 4). Weiter ist ausreichend Zeit für das Lesen der Literatur einzuplanen. Die Lesezeit wird in etwa zwei- bis dreimal so lang wie beim Lesen von Unterhaltungsliteratur sein. Da das Lesen von Fachliteratur eine hohe Konzentration verlangt, sollten Hintergrundgeräusche wie Musik oder Handyklingeln vermieden werden. Auch ist es hilfreich, ein Fremdwörterbuch und ein zum Thema passendes Nachschlagewerk zur Hand zu haben, um Verständnisfragen rasch klären zu können.

Stressphasen und Störfaktoren bedenken

In der Zeitplanung müssen auch **Stressphasen und Störfaktoren** berücksichtigt werden. Voraussehbare Belastungen durch Klausuren, Sportwettkämpfe, Nebenjob usw. sollten in der Roadmap für die Seminararbeit eingeplant werden. So ergibt es beispielsweise wenig Sinn, parallel zu Lernphasen für Klausuren geistig anspruchsvolle Aufgaben für die Seminararbeit einzuplanen, da dies zu viel werden wird und die Klausuren eine hohe Priorität besitzen. Eventuell kann man aber an der Visualisierung der Präsentation arbeiten, ist dies doch eine eher handwerkliche Aufgabe. **Probleme** können vor allem bei praktischen Arbeiten auftreten. So erkrankt der Interviewpartner, naturwissenschaftliche Versuche funktionieren nicht auf Anhieb wie gewünscht oder das Wetter verzögert Untersuchungen im Freien. Daher gilt es, Zeitpuffer einzuplanen und diese Tätigkeit möglichst früh zu erledigen. Auch die Öffnungszeiten von Archiven und Instituten oder Urlaubszeiten sind frühzeitig in Erfahrung zu bringen und zu berücksichtigen.

Außerdem muss die Lieferzeit für per Fernleihe bestellte Bücher bzw. für Material von privaten Institutionen oder Firmen eingeplant werden. Auch ist das eine oder andere Buch bereits ausgeliehen und man muss auf die Rückgabe warten.

Schließlich ist auch mit den **Tücken der Technik** zu rechnen. So sind die eigenen Fähigkeiten im Umgang mit den verwendeten Computerprogrammen realistisch einzuschätzen. Neben der Schreibarbeit und dem Erstellen der Fußnoten können gerade die grafische Aufbereitung von Inhalten in Form von Diagrammen, Tabellen etc. und die Arbeit am endgültigen Layout der Seminararbeit viel Zeit beanspruchen; dies muss daher eingeplant werden. Das gilt umso mehr, wenn eine Präsentation der Arbeit vor einem Publikum erwartet wird, bei der die Visualisierung eine wesentliche Rolle spielt. Um sich vor einem Datenverlust durch einen Absturz des Rechners zu schützen, sind die Daten regelmäßig zwischenzuspeichern, und es ist eine Sicherungskopie auf einem externen Speichermedium wie z. B. einer CD-ROM oder einem USB-Stick anzulegen. So kann die Arbeit notfalls auch an einem anderen Computer fertiggestellt werden. Schließlich sollte sichergestellt werden, dass die Druckpatronen bzw. Tonerbehälter ausreichend gefüllt sind.

Zeit für Korrektur einplanen

In der Roadmap muss auch genügend Zeit für das **Korrekturlesen** eingeplant werden, schließlich wirken sich Mängel in der Sprachrichtigkeit und im Layout negativ auf die Bewertung aus. Nach der vielen Arbeit wäre dies umso bedauerlicher, als dieses Problem recht einfach zu lösen ist. Es ist hierfür erforderlich, die Arbeit auszudrucken, da am Bildschirm eher Fehler und Mängel im Layout übersehen werden.

Meilensteine

Schließlich empfiehlt es sich, **Meilensteine** in Form von Gesprächen mit dem betreuenden Lehrer einzuplanen. Dies motiviert zur Erhaltung des Zeitplans und dient so der Selbstkontrolle. Gleichzeitig ermöglicht der Austausch mit der Lehrkraft, rechtzeitig Fehlentwicklungen entgegenzusteuern.

Übung

A Roadmap für Seminararbeit erstellen

Erstellen Sie eine Roadmap mit folgenden Elementen, die bei den meisten Seminararbeiten eine Rolle spielen. Als zeitlicher Rahmen können die drei Semester von 11/1 bis 12/1 dienen. Setzen Sie auch Meilensteine und planen Sie Pufferzeiten ein:
Literatur- und Quellenrecherche, praktische Arbeiten (Experimente, Interviews etc.), Sichten der Literatur, Erstellen einer vorläufigen Gliederung, Lesen der Literatur, Bearbeitung der Problemstellung/des Themas, Formulierung der Rohfassung, Erstellen der endgültigen Gliederung, Erarbeiten der Mittel zur Veranschaulichung, Korrekturphase, Erstellen der endgültigen Arbeit, Gespräche mit dem Betreuer/Lehrer, Abgabetermin.

B Roadmap für ein kleines Projekt

Erstellen Sie eine Roadmap z. B. für das Sommerfest der Schule, einen Tag der offenen Tür eines Sportvereins oder einer Musikschule, eine Theateraufführung der Theatergruppe der Schule oder einer Ausstellung des Kunstkurses.

Zusammenfassung

Wesentlich für den Erfolg im Seminar ist eine **klare Planung** der Ziele und Aufgaben. Dadurch sinkt in der Summe der Zeitaufwand und es wird deutlich, was eigentlich geleistet werden muss. Dabei können verschiedene, **bewusst angewandte Strategien** eine große Hilfe sein. Eine optimierte Organisation der Arbeitsphase spart Ressourcen bei untergeordneten Tätigkeiten (z. B. Probleme bei der Fernleihe, Suche nach Quellenangaben für notierte Zitate etc.), die besser für die inhaltliche Auseinandersetzung genutzt werden können.

Sinnvoll ist ein **zügiger Arbeitsbeginn**. Man sollte sich auch bereits jetzt bewusst machen, wo Zeitfallen lauern und wo Probleme auftauchen können. Schon zu Beginn der Arbeit gilt es, sich genau über die **spezifischen Anforderungen** des Seminars zu informieren und das Gespräch mit der Lehrkraft – wie im gesamten weiteren Verlauf des Kurses – zu suchen. Nur wer sein Ziel und den Weg dorthin kennt, kann es auch erreichen!

1.2 Lern- und Arbeitsstrategien – Arbeitsphase

Am Ende der Planungsphase ist man sich im Klaren darüber, welche Tätigkeiten in welchem Zeitrahmen erledigt werden sollen, und man kann mit der Arbeitsphase beginnen. Auch hier helfen verschiedene Techniken, die Effektivität des Arbeitens zu steigern.

Motivation

Über den Erfolg der Arbeit und die Zeit, die investiert werden muss, entscheidet auch die **eigene Motivation**. Sie ermöglicht es uns, Höchstleistungen zu vollbringen – sie muss nur geweckt werden.

„Die Motivation ist ja nicht per se da, ich schaffe mir Motivation an. Indem ich mich mit meinen Zielen beschäftige. Je länger ich mich mit meinen Zielen beschäftige, umso mehr wächst Neugierde, Motivation. Motivation ist nicht etwas, das man kaufen kann. Die Motivation steckt im Grunde als Keim in uns drinnen. Wie wir Blut im Körper haben, haben wir Motivation als Keim in uns. Und diesen Keim gilt es wachsen zu lassen, ein Feuer gilt es zu entfachen. Und das kann ich nur tun, indem ich mich mit meiner Sache identifiziere. Wenn ich meine Sache verfolge, ist die Tat viel leichter, als wenn ich eine Sache tue, die nicht die meine ist." *Reinhold Messner, in: Süddeutsche Zeitung, 02.01.2008*

In Bezug auf die Seminararbeit gilt es, sich die eigenen Gründe für sein Handeln bewusst zu machen. So war es die eigene Entscheidung, gerade dieses Thema zu wählen, da es interessante Inhalte bietet. Auch ermöglicht die Seminararbeit, spezielle Fähigkeiten wie zum Beispiel das Sprechen vor einem größeren Publikum zu schulen. Zudem hilft es, sich die bisherigen Leistungen und die eigenen Fähigkeit zu vergegenwärtigen.

Zwei Gehirnhälften

Neben der Motivation können auch **Erkenntnisse aus der Hirnforschung** genutzt werden. Das menschliche Gehirn bzw. die Großhirnrinde – die äußere Schicht des Großhirns – ist in eine linke und eine rechte Hälfte geteilt und die am höchsten entwickelte Gehirnregion. Die Gehirnzellen kommunizieren miteinander. Dadurch wird ein Muster geschaffen, das in der Wissenschaft „Erinnerungsspur" genannt wird. Häufiger hört man jedoch die Bezeichnung „Gewohnheit", „Lernen" oder „Gedächtnis". Die linke und die rechte Gehirnhälfte verfügen über jeweils dominierende, aber dennoch aufeinander abgestimmte

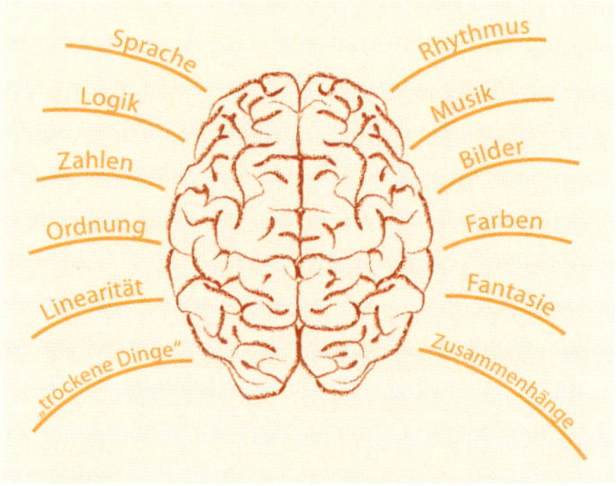

Abb. 1: *Vorwiegende Fähigkeiten der beiden Gehirnhälften.* *Aus: Methodenlernen, Lehrerband, Bamberg 2006, S. 15*

Fähigkeiten, die beinahe wie zwei Menschen miteinander kommunizieren können. Bei den meisten Menschen ist die **linke Gehirnhälfte** für Sprache, Logik, Zahlen, Ordnung, Linearität und ähnliche, eher rationale Dinge zuständig. Die **rechte Gehirnhälfte** befasst sich mehr mit Rhythmus, Musik, Bildern, Farben, Fantasie und Zusammenhängen, also eher kreativen und emotionalen Bereichen. In unserem Kulturkreis wird eher die linke Gehirnhälfte betont, das heißt, dass beim Lernen häufig ein rationaler Zugang gewählt wird. Untersuchungen zeigen jedoch, dass der Lerneffekt (oder die Erinnerung) dann am größten sind, wenn das Ereignis mit Emotionen verbunden wird, wenn also linke und rechte Gehirnhälfte zusammenwirken. Das Wissen um die Zweiteilung des Gehirns soll folglich nicht dazu benutzt werden, angestrengt nur eine Seite zu nutzen, sondern unter anderem durch eine angenehme Umgebung die Leistungsfähigkeit des Gehirns zu steigern, indem **beide Gehirnhälften** angesprochen werden.

Leistungskurve

Bei der Organisation der Arbeit empfiehlt es sich, die **eigene Leistungskurve** in die Planung mit einzubeziehen. Die meisten Menschen sind zwischen ca. 9:00 Uhr und 12:00 Uhr sowie vom späteren Nachmittag bis in den Abend am leistungsfähigsten. Dazwischen liegt das Mittagstief (→ Abb. 2). Geistig anspruchsvolle Aufgaben sollten daher möglichst am Vormittag oder wenigstens in der nachmittäglichen Hochphase bearbeitet werden, da hier in kürzerer Zeit ein größerer Erfolg zu erreichen ist. Sinnvoll ist es zudem, längere Arbeitsphasen einzuplanen. Einmal zwei Stunden am Tag bringen mehr als viermal eine halbe Stunde, da man sich nicht jedes Mal gedanklich neu einstimmen muss und intensiv an einer Sache arbeiten kann. Die anderen Zeiten können für Aufgaben geringerer Priorität oder zur Erholung bzw. für die Freizeit genutzt werden. Negativ auf die Leistungsfähigkeit wirken sich auch hohe körperliche oder geistige Anstrengungen (Sportwettkampf, Klausur) direkt vor der Arbeit aus, da dann häufig die Konzentration schwerer fällt. Da der Tagesrhythmus von Mensch zu Mensch jedoch unterschiedlich ist, empfiehlt es sich, einige Tage lang die tageszeitabhängigen Veränderungen der Leistungsfähigkeit zu beobachten und eine individuelle Leistungskurve zu erstellen, um die Tagesplanung darauf abstimmen zu können.

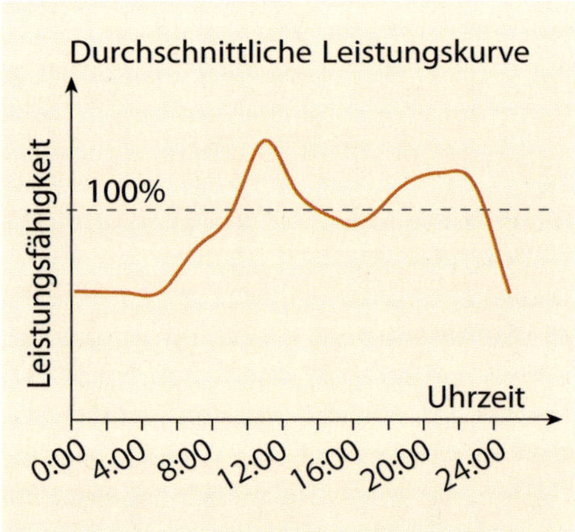

Abb. 2: Durchschnittliche Leistungskurve.
Eigene Darstellung

Praktische Umsetzung

Je genauer man die Erledigung seiner Aufgaben vorbereitet, desto größer ist der Erfolg. Daher sollte die Roadmap unbedingt durch **Wochen- und Tagespläne** konkretisiert werden, die jeweils ca. ein bis zwei Wochen bzw. Tage im Voraus überlegt und notiert werden. Schon nach kurzer Zeit gewöhnt man sich an diese zusätzliche Aufgabe, sodass sie bald verinnerlicht wird und schnell von der Hand geht. Durch Wochen- und Tagespläne wird die langfristige Zeitplanung fortwährend kontrolliert, was auch der Selbstkontrolle dient und gegebenenfalls eine rechtzeitige Anpassung der Roadmap ermöglicht. Der Wochenplan berücksichtigt neben der Arbeit für das Seminarfach alle weiteren wesentlichen Bereiche wie zum Beispiel Schule, Hobbys, Sport, Nebenjob, Freunde und weist ihnen einen Zeitraum zu. Dazu empfiehlt es sich, alle Termine möglichst frühzeitig in einem Terminkalender zu notieren. Verplant werden maximal 60% der Zeit, um ausreichende Pufferzeiten zu haben und um flexibel bleiben zu können. Eine **Regelmäßigkeit im Ablauf** einer Woche sorgt für eine gewisse Gewöhnung an die Aufgaben, sodass man sich dazu nicht jedes Mal neu motivieren muss. Ähnlich wie feste Termine für das Sporttraining einen davon entheben, sich immer wieder von Neuem zu überlegen, ob und, wenn ja, wann man trainieren will, bewahren einen feste Arbeitszeiten eher davor, sich mit Ausreden vor den Aufgaben zu drücken.

Wochen- und Tagesplan

Die **Ziele für den Tag** müssen möglichst konkret formuliert werden, wie z.B. einen bestimmten Fachartikel lesen, einen bestimmten Versuch durchführen oder in der Bibliothek nach Literatur zu einem bestimmten Unterthema suchen. Es sollte auch festgelegt werden, wann diese Aktivitäten erfolgen sollen, und dabei der individuelle Tagesrhythmus berücksichtigt werden. Der Tagesplan stellt jedoch kein Dogma dar, sondern eine konkrete Orientierungshilfe. Sprudeln beim Ausformulieren der Arbeit die Gedanken, wäre es ungeschickt, die Arbeit nur deshalb zu beenden, weil danach eine andere Tätigkeit eingeplant ist, die aber eine geringere Priorität besitzt. Ebenso ist es sinnlos, sich zu zwingen, die eingeplanten zwei Stunden am Schreibtisch sitzen zu bleiben, wenn einem partout nichts einfällt. Ein souveräner Umgang mit den Planungsinstrumenten hilft, unverkrampft zu bleiben, sodass man seine gesamte Leistungsfähigkeit nutzen kann.

Konkrete Tagesziele

Ein schriftlich fixierter Tagesplan hat alleine schon den Vorteil, dass man die erledigten Aufgaben durchstreichen kann. Dies macht den Etappenerfolg fast sinnlich erfahrbar und motiviert für weitere Ziele. Während der Arbeit kann man sich auch einmal durch ein Getränk oder einen Snack zusätzlich motivieren. Dies hilft, das Gehirn bzw. die rechte Gehirnhälfte emotional anzuregen, sodass dieses Potenzial besser genutzt werden kann. Nach einem

Belohnungen

größeren Fortschritt sollte man nicht vergessen, sich zu belohnen – zum Beispiel mit einem Kinobesuch, einer zusätzlichen Sporteinheit oder einem Nachmittag zum Faulenzen.

Stärken und Schwächen

Zur eigenen Motivation trägt neben einer positiven Grundeinstellung auch ein **realistisches Selbstbild** bei. Dabei hilft es, sich seine Stärken und Schwächen bewusst zu machen. Stärken findet man heraus, indem man sich überlegt, welche Aufgaben man mit Freude erledigt oder mit Erfolg absolviert hat und welche Fähigkeiten dafür notwendig waren. Hinweise liefern auch positive Bemerkungen von Lehrern und Mitschülern, Eltern und Freunden. Mit einem Fragebogen kann den Stärken dann noch differenzierter nachgegangen werden (→ Übung C). Wie in diesem Abschnitt vor allem von Stärken die Rede ist, so sollte man sich selbst auch auf seine Stärken konzentrieren und diese ausbauen. Dies verspricht ein erfolgreicheres Arbeiten und verschafft einem dadurch Motivation. Die Konzentration auf die Beseitigung von Schwächen kostet häufig viel Energie, ohne immer zu großen Erfolgen zu führen, was frustrierend wirken kann (dies bedeutet jedoch nicht, dass man darauf verzichten sollte, Wissenslücken zu schließen). Nach Möglichkeit sollte man sich vor der endgültigen Festlegung auf das Thema für die Seminararbeit seiner Stärken bewusst sein, um das Thema so auszurichten, dass man möglichst viele seiner Stärken einbringen kann. Bestehen Zweifel, ob man den Ansprüchen, die an einen gestellt werden, gerecht wird, hilft es, die **Ansprüche zu relativieren** und zu objektivieren. Häufig ist man es selbst, der die Ansprüche in die Höhe schraubt. Ein Blick auf gute Arbeiten von Mitschülern oder auch auf veröffentlichte Werke zeigt aber, dass dort auch nur „mit Wasser gekocht wird". Es gilt also, Perfektionismus zu vermeiden. Erleichternd mag auch die Tatsache wirken, dass die Seminararbeit zwar wichtig ist, aber nicht alleine über die Abiturnote entscheidet, und dass man schon zahllose Klausuren und Referate gut gemeistert hat. Diese Anregungen sind keinesfalls als Aufforderung zur Nachlässigkeit zu verstehen; man sollte sich den Stellenwert der Arbeit bewusst machen (das Ergebnis des W-Seminars hat den „Gegenwert" einer Abiturprüfung). Ein wesentliches Ziel des Seminars ist das Kennenlernen und Einüben wissenschaftlichen Arbeitens.

Arbeitsplatz

Motivierend wirkt sich auch eine ansprechende Gestaltung des Arbeitsplatzes aus. Dazu gehören ein bequemer, ergonomischer Stuhl und eine gute Beleuchtung. Ein idealer Platz für den Schreibtisch ist am Fenster, wobei der Monitor nicht vor diesem stehen sollte, da der Kontrast zwischen Bildschirm und hellem Fenster die Augen rasch ermüdet. Ausreichend Platz und ein aufgeräumter Schreibtisch bzw. ein aufgeräumtes Zimmer erleichtern das Arbeiten. Auch eine den individuellen Vorlieben angepasste angenehme Umgebung mit z. B. Pflanzen, Fotos von Freunden oder aus dem letzten

Urlaub oder Postern wirkt sich positiv auf die Arbeitsatmosphäre aus. Wichtige Nachschlagewerke, Bücher und Materialien sollten auf jeden Fall gut erreichbar platziert werden, um im Bedarfsfall sofort zur Hand zu sein.

Trennung von Arbeit und Freizeit

Der Arbeitsplatz sollte so gestaltet sein, dass er keine oder nur sehr wenig Möglichkeiten zur **Ablenkung von der Arbeit** bietet, um die Arbeitskonzentration nicht zu schmälern. Arbeit und Freizeit sind klar voneinander zu trennen, will man effektiv arbeiten oder sich wirklich erholen. Der Ablenkung durch Handy und Fernseher kann man recht leicht begegnen, indem man sie aus dem Zimmer verbannt. Ablenkungen, die der PC bietet – Surfen im Internet, Chatrooms und Computerspiele – zu widerstehen, erfordert ein recht hohes Maß an Selbstdisziplin, da der PC meist läuft. Auch Musik im Hintergrund kann vor allem bei anspruchsvolleren Aufgaben die Konzentration beeinträchtigen.

Ordnung der Materialsammlung

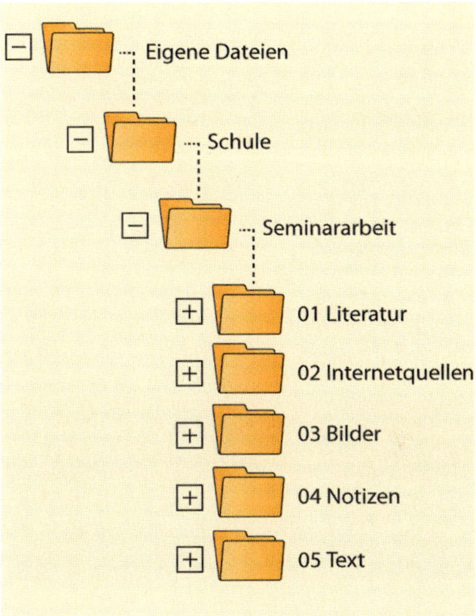

Abb. 3: Beispiel einer Verzeichnisstruktur am PC.
Eigene Darstellung

Ärgerlich ist es, in einem Berg Zettel eine Notiz zu suchen oder stundenlang nach einer Quellenangabe für ein passendes Zitat, das man unbedingt verwenden will. Nicht selten bleibt die Suche dann auch noch erfolglos, und man muss auf das Zitat am Ende verzichten. Daher soll zu jedem Zitat und zu jedem Exzerpt unbedingt die **Quelle genau notiert** werden (→ Kapitel 2.1.4). Die Blätter mit den Notizen sind durchzunummerieren und in Ordnern abzuheften. Dabei empfiehlt es sich, die Notizen nach Oberpunkten zu ordnen. Hilfreich ist es in diesem Zusammenhang auch, ein Verzeichnis mit den Oberpunkten und Stichpunkten zu den einzelnen Notizblättern anzulegen. Dadurch wird einem der inhaltliche Zugriff auf die Notizen – die inhaltliche Basis der Arbeit – enorm erleichtert. Daneben spart man auch noch Zeit und Energie, die man für die eigentliche Arbeit nutzen kann. Verfügt man über digitale Datensätze oder fertigt seine Notizen am Computer an, sollte man sich zu Beginn eine sinnvolle Verzeichnisstruktur überlegen (→ Abb. 3). Diese kann im Verlauf der Arbeit aktualisiert werden, sollten neue Aspekte auftreten.

Mat Wo liegen Ihre Stärken und Schwächen?

Lern- und Arbeitstechniken	kann ich gut	kann ich weniger gut
längere Texte konzentriert durchlesen		
gezielt Texte markieren		
das Wesentliche aus Texten entnehmen		
eigene Gedanken schriftlich darlegen		
eine Gliederung zu einem Thema anfertigen		
Referate schreiben		
Tabellen und Übersichten verstehen		
Vokabeln, Definitionen und Merkzettel lernen		
Lexika und Internet zum Lernen benutzen		
das Arbeitsheft übersichtlich führen		
einen guten Spickzettel anfertigen		
zielorientiert im Unterricht arbeiten		
aufmerksam sein, konzentriert und ausdauernd arbeiten		
Lernstoff langfristig behalten und nutzen		
Hausaufgaben selbstständig erledigen		
kritisch den eigenen Leistungsstand einschätzen		
selbstständig wiederholen und lernen		
Klassenarbeiten langfristig vorbereiten		
Probleme überwinden		
Gesprächstechniken	**kann ich gut**	**kann ich weniger gut**
tolerant sein und andere Meinungen gelten lassen		
den Mitschülern zuhören		
einen Vortrag vor der Klasse frei halten		
in einer Gruppe zusammenarbeiten		
ein Gespräch leiten		
an der Tafel ein Problem erklären		
eine kurze Rede halten		
Argumente schlüssig erklären		
Interesse wecken durch überzeugende Darstellung		

Deparade, Elke: Methodenlernen in der gymnasialen Oberstufe, Bamberg 2001, S.10

Übung

A Wochenplan

Erstellen Sie für Ihr Thema je einen exemplarischen Wochenplan für die Zeit der Materialsuche oder für die Zeit der praktischen Arbeit, für die Zeit der Erstellung der Präsentation und für die Zeit der schriftlichen Ausarbeitung, die in die Klausurenzeit fällt. Diskutieren Sie anschließend im Kurs die Praktikabilität einzelner Pläne.

B Tagesplan

Erstellen Sie nun je einen exemplarischen Tagesplan für jede Arbeitsphase und diskutieren Sie anschließend im Kurs die Praktikabilität einzelner Pläne.

C Stärken und Schwächen

Füllen Sie den Test auf Seite 24 aus. Er hilft Ihnen, sich Ihre Stärken bewusst zu machen. Auf diese können Sie auch während der Arbeit an der Seminararbeit zählen. Sie beginnen also keineswegs bei Null – ein sicherlich motivierender Gedanke. Sollte auch die eine oder andere Schwäche zutage getreten sein, dann wählen Sie zwei aus, an denen Sie arbeiten wollen. Häufig hilft es schon, sich der Schwäche bewusst zu sein, um sie zu vermeiden. Neigt jemand zum Beispiel zu Jähzorn, hilft ihm vielleicht das Wissen darum in der nächsten Diskussion. Anstatt gleich in die Luft zu gehen, kann er sich bemühen, erst bis zehn zu zählen, um danach überlegter reagieren zu können. In einem weiteren Schritt können Sie die Einschätzung Ihrer Stärken und Schwächen auch von einer anderen Person erstellen lassen (Fremdeinschätzung).

Zusammenfassung

Die gedankliche Auseinandersetzung mit dem Thema und das Schreiben der Seminararbeit erfordern ein hohes Maß an **Motivation** und **Leistungsfähigkeit**. Beide können durch die Orientierung an der **individuellen Leistungskurve** gesteigert werden. Während der Arbeit sollten bewusst die **eigenen Stärken** genutzt werden. Klar definierte **Arbeitszeiten und -abläufe** sowie ein **angenehm gestalteter Arbeitsplatz** helfen zusätzlich. Schließlich tragen eine klare **Trennung von Arbeit und Freizeit** sowie kleine **Belohnungen** zum Erfolg bei; schließlich braucht auch der Intellekt Abwechslung und Erholung.

2 Wissenschaftliche Arbeitstechniken

2.1 Fächerübergreifende Arbeitstechniken

2.1.1 Lesetechniken

„Lesen ist nicht gleich Lesen!" So banal diese Aussage sein mag – dies zu erkennen ist ein wichtiger Schritt innerhalb des Arbeits- und Zeitmanagements. Wer durch die Recherche eine Flut von Texten erhalten hat, sollte an der Menge nicht verzweifeln. Ein Sachbuch muss nicht wie ein Roman von vorne bis hinten durchgelesen werden, unsystematisches Herumlesen und Suchen kostet unnötig viel Zeit. Mit den folgenden Hinweisen erkennt man schnell, ob das jeweilige Buch für die benötigten Zwecke brauchbar ist und ob es sich vor dem Hintergrund der zu erstellenden Seminararbeit lohnt, später ganz gelesen zu werden.

Prüfendes Lesen

Ob ein Text für das zu behandelnde Thema zu gebrauchen ist, stellt man durch das prüfende Lesen (auch: kursorisches, orientierendes oder Querlesen) fest. Hierbei sind folgende Punkte wichtig:

1. Passt der **Titel** zur Fragestellung der eigenen Arbeit?
2. Welche Informationen gibt es über den **Autor**? (Hat er andere bekannte Titel verfasst? In welchen Fachgebieten?)
3. Einen Einblick in den **Inhalt** liefern der Klappentext, das Inhaltsverzeichnis sowie die Abbildungen und Grafiken.
4. Auch das Lesen des **Vorwortes** und des Schlusses – der **Zusammenfassung** – kann zu wichtigen Informationen führen. Häufig existiert v. a. bei Zeitschriften ein sogenanntes „Abstract" als Vorspann des eigentlichen Textes, das die thematische Richtung des Artikels vorgibt.
5. Existieren **Marginalien** (= Stichworte am Textrand), die den Inhalt strukturieren? Was sagen sie aus?
6. Gibt es ein **Register** mit wichtigen Stichworten? Finden sich hierin Stichworte, die etwas zur Thematik der eigenen Arbeit beitragen?
7. Welche thematische **Fragestellung** versucht der Autor zu lösen? Passt diese zur eigenen Fragestellung?
8. In welchem **Verlag** ist das Buch/die Zeitschrift erschienen? (Ist der Verlag auf bestimmte Fachgebiete spezialisiert? Welchen Anspruch haben die Veröffentlichungen? Gehört das Buch zu einer Reihe?)

Ziel des prüfenden Lesens ist es, die zentralen Aussagen in einem Text möglichst rasch und vollständig zu finden. Es ist ein gezieltes **Suchen nach Schlüsselbegriffen**, die anhand der Fragestellungen zum Thema bereits erarbeitet wurden. Es empfiehlt sich, zum Inhalt des Textes **kurze Notizen** anzufertigen, um auch nach einer längeren Zeitspanne den subjektiven

Nutzwert eines Textes ermessen zu können. Am Ende der Materialbewertung durch das prüfende Lesen sollte dann eine **Prioritätenliste** für die Lektüre erstellt werden. Die wichtigsten, gründlich durchzuarbeitenden Werke stehen an erster Stelle, gefolgt von denen, die vielleicht nur zum Teil gelesen werden müssen. Ungeeignete Werke sollte man umgehend ausschließen, um sich nicht zu verzetteln und von seiner Fragestellung abzukommen.

Analytisches Lesen

Wurde die Brauchbarkeit eines Textes erkannt, erfolgt das analytische (auch: studierende, intensive) Lesen. Beim prüfenden Lesen sollte man erkannt haben, welche Literatur im Hinblick auf das eigene Thema wichtig ist. Nun muss der gesamte relevante Text gelesen und verstanden, unbekannte Begriffe müssen nachgeschlagen werden. Die **zentralen Aussagen** des Textes werden systematisch erarbeitet, die Entwicklung und Begründung der Kernthesen nachvollzogen. Analytisches Lesen erfolgt in der Regel mithilfe eines **Exzerptes** (→ Kapitel 2.1.2). Hier werden die gefundenen Antworten aufgeschrieben, und zwar unbedingt in eigenen Worten. Nur was man in eigenen Worten formulieren kann, wurde wirklich verstanden. Das handwerkliche Umsetzen, das Schreiben, unterstützt dabei. Bei der nachfolgenden Sicherung des Wissens werden die aufgeschriebenen Antworten nochmals durchgesehen:

- Welche **Aussagen** des Textes sind die wichtigsten? Wie lauten sie?
- Welche **Probleme** spricht der Autor an?
- Welche **Lösungen** hat er gefunden?

Eine knappe Inhaltsangabe ist laut Aristoteles' Poetik auch bei umfangreicheren Werken möglich; der folgende Text ist seine Zusammenfassung von Homers Odyssee.

„Jemand weilt viele Jahre in der Fremde, wird ständig von Poseidon überwacht und ist ganz allein; bei ihm zu Hause steht es so, dass Freier seinen Besitz verzehren und seinem Sohn nachstellen. Er kehrt nach schweren Bedrängnissen zurück und gibt sich einigen Personen zu erkennen; er fällt über seine Feinde her, bleibt selbst unversehrt und vernichtet die Feinde."

zitiert nach: Aristoteles Poetik, übers. von Manfred Fuhrmann, Stuttgart 1982, S. 57

Mat 1 Der Stoff, aus dem die Träume sind

In jeder Sekunde wird ein Hektar des Regenwaldes zerstört. Das entspricht zwei Fußballfeldern. Ein Gebiet von der Größe der Stadt New York geht jeden Tag verloren. In einem Jahr summiert sich das auf 31 Millionen Hektar – mehr als die Fläche des Staates Polen. Diese hohe Geschwindigkeit der Zerstörung hat ernste Konsequenzen für die Umwelt; Wissenschaftler vermuten zum Beispiel, dass jeden Tag 137 Arten von Pflanzen, Insekten oder Tieren durch das Roden ausgerottet werden. In British Kolumbien, wo seit 1990 der Regenwald in dreizehn Tälern vernichtet wurde, wurden bereits 142 Arten von Lachs ausgerottet und die Lebensräume von Grizzlybären, Wölfen und vielen anderen Tieren sind bedroht. Allerdings schafft das Roden Arbeitsplätze, Steuern für die Regierung und billige Konsumartikel für die Bevölkerung. Deshalb ist die Regierung nicht daran interessiert, das Roden zu verbieten oder einzuschränken.

Ein großer Teil der kanadischen Waldwirtschaft ist auf die Produktion von Zellstoff oder Papier ausgerichtet. Nach der Kanadischen Zellstoff- und Papier-Vereinigung produziert Kanada 34% des weltweiten Bedarfs an Zellstoff und 49% des Zeitungspapiers. Wenn diese Papierprodukte auf andere Weise hergestellt werden könnten, könnten die kanadischen Wälder geschont werden. Kürzlich wurde eine umweltschonende Alternative für die Papierherstellung entdeckt: der Hanf.

Hanf war Jahrtausende lang in vielen Kulturen zu Hause. Er erzeugt Fasern, die zu Papier, Benzin, Öl, Textilien, Nahrung und Seilen verarbeitet werden können. Jahrhunderte lang war er in vielen Ländern wichtig, weil aus Hanf Seile und Taue für die Segelschiffe hergestellt wurden; die Kolonisierung und die Bildung eines weltweiten Handelsnetzes hätte ohne Hanf kaum stattfinden können. Heute werden Schiffstaue gewöhnlich aus Draht oder Kunstfasern hergestellt, aber Wissenschaftler fordern, dass der Anbau von Hanf für die Produktion von Papier und Zellstoff wieder eingeführt werden sollte. Immerhin kann auf einer gegebenen Anbaufläche mit Hanf viermal so viel Papier produziert werden als mit Holz aus Bäumen. Viele Umweltschützer glauben, dass durch einen großflächigen Hanfanbau der Druck auf die kanadischen Wälder vermindert werden könnte.

Allerdings gibt es ein Problem: Hanf ist in vielen Ländern verboten. Diese Pflanze, die so nützlich für Seile, Öl, Benzin oder Textilien ist, ist eine Sorte von Cannabis und verwandt mit der Pflanze, aus der der Marihuana hergestellt wird. In den späten 30er Jahren des 20. Jahrhunderts wurde die Droge Marihuana geächtet. Das hatte zur Folge, dass nicht nur die Pflanze, aus der Drogen hergestellt wurden, sondern auch die Pflanze zur kommerziellen Fasergewinnung verboten wurde. Obwohl George Washington und Thomas Jefferson große Mengen Hanf auf ihren Ländereien angebaut haben, würde heute jeder Amerikaner, der Hanf zieht, bald im Gefängnis landen – auch wenn Marihuana nicht aus Hanfpflanzen gewonnen werden kann, die kein THC (den halluzinogenen Wirkstoff) enthalten.

In den letzten Jahren gab es zwei Anläufe, Hanf zu legalisieren. Eine Gruppe glaubt, dass ALLE Cannabis-Pflanzen legal sein sollten – die Faserpflanze und die Marihuanapflanze – und dass der Gebrauch von Marihuana nicht verboten sein sollte. Sie argumentieren, dass Marihuana nicht gefährlich ist, nicht süchtig macht und von vielen Menschen konsumiert wird, die nicht kriminell, sondern wertvolle Mitglieder der Gesellschaft sind. Sie führen auch an, dass Marihuana weniger gefährlich als Alkohol oder Nikotin ist. Die andere Gruppe will lediglich die Pflanze zur Fasererzeugung legalisieren. Sie will nur den Hanf anbauen, aus dem die Fasern für die Papier- und Zellstoffherstellung gewonnen werden können. Diese zweite Gruppe hat momentan mehr Aussicht auf Erfolg. 1997 erlaubte Kanada den Hanfanbau für die Fasererzeugung. Zum ersten Mal seit 1938 bauen Landwirte diese Pflanze an und bald können wir hoffen, dass Zellstoff und Papier aus diesem neuen Rohstoff gewonnen werden.

Mat 2 Inhaltsverzeichnis der Broschüre „Funktionsweise des Internets und sein Gefährdungspotenzial für Kinder und Jugendliche" von Helmut Volpers

Übung

A Rechercheauftrag: Für Ihre Facharbeit über die „Gefahren des Internets für Kinder und Jugendliche" suchen Sie Informationen. Bei Ihren Recherchen sind Sie auf die Broschüre „Funktionsweise des Internets und sein Gefährdungspotenzial für Kinder und Jugendliche" von Helmut Volpers gestoßen (Mat 2). Prüfen Sie anhand des Inhaltsverzeichnisses, ob das genannte Werk für Ihr Thema brauchbar ist. In welchem der Kapitel könnten Sie etwas über Webseiten erfahren, die für Minderjährige gefährlich sind?

B Prüfendes Lesen: Nehmen Sie sich zwei Minuten Zeit, um den Text Mat 1 zu lesen. Markieren Sie im Anschluss die jeweils richtige Aussage:

	Die Hauptaussage im 1. Absatz ist:
	Wissenschaftler sorgen sich um die Stadt New York.
	Rodungen zerstören den Regenwald.
	Die Regierung verdient an den Rodungen.
	Lachs ist eine bedrohte Tierart.
	Die Hauptaussage im 2. Absatz ist:
	Besonders kanadische Wälder sind bedroht.
	Hanf ist eine Pflanzenart.
	Kanada ist der größte Hersteller von Papier und Zellstoff.
	Kanada produziert viel Hanf.
	Die Hauptaussage im 3. Absatz ist:
	Papier könnte aus Hanf statt aus Holz gemacht werden.
	Hanf ist ein brauchbarer Treibstoff.
	Hanf ist in der Vergangenheit angebaut worden.
	Hanf ist wichtig, um große Schiffe zu bauen.
	Die Hauptaussage im 4. Absatz ist:
	Aus Hanf werden Drogen hergestellt.
	Viele berühmte Leute haben Hanf angebaut.
	Hanfanbau ist gesetzlich verboten.
	Aus Hanf kann man viele Dinge herstellen.
	Die Hauptaussage im 5. Absatz ist:
	Hanf sollte verboten bleiben, weil er gefährlich ist.
	Viele Leute haben sich dafür eingesetzt, Hanf freizugeben.
	Hanf wurde 1938 verboten.
	Marihuana ist keine gefährliche Droge.

Quelle dieses Trainings: www.lehrer-online.de, Online-Übungen zur Lesetechnik (Stand: 04.09.2009)

2.1.2 Umgang mit Texten – Exzerpieren

Wie im vorangegangenen Kapitel dargelegt, muss das beim analytischen Lesen erarbeitete Wissen festgehalten werden. Das geschieht am besten mittels eines **Exzerptes**. Exzerpieren meint das auszugsweise Zusammenfassen eines Textes in eigenen Worten (Paraphrasieren), in Schlagworten oder wörtlichen Zitaten. Auszugsweise heißt: Nicht der gesamte Inhalt soll wiedergegeben werden, sondern nur die auf die eigene Fragestellung bezogenen Aussagen. Was für das Thema unwichtig ist, wird weggelassen. Exzerpieren ist also Selektionsarbeit. Wichtig ist, die wesentlichen Gedanken des Autors herauszuarbeiten, um sie für eigene Zwecke nutzen zu können. Im Schnitt beträgt der Umfang des Exzerpts etwa 25% des Originalumfangs.

Exzerpieren – ja oder nein?

Exzerpieren ist arbeitsintensiv und kostet Zeit, doch sorgt das Extrahieren **wichtiger Textaussagen** für eine genauere Kenntnis der Sachverhalte. Es empfiehlt sich zu exzerpieren, wenn man sich das Buch nicht oder nicht mehr beschaffen kann, nur Teile des Gesamttextes von Wichtigkeit für das eigene Thema sind oder der vorliegende Text ein Grundlagentext ist, den es geistig zu durchdringen gilt. Grundsätzlich bleiben exzerpierte Textinhalte besser im Gedächtnis. Durch die Paraphrasierung gewinnt man auch sprachlich Abstand zum Originaltext und zeigt dadurch, ob dieser verstanden wurde oder nicht.

Methode

Folgende **Vorgehensweise** zum Abfassen von Exzerpten hat sich bewährt:

1. Zunächst sollte man großzügig mit dem Platz umgehen: Exzerpiert man auf Textkopien, so muss genug Leerraum sein, um das Exzerpt zu verfassen. Besser ist es, separates Schreibpapier zu verwenden und nicht mit Platz zu geizen, um das Exzerpt eventuell nachbereiten zu können.
2. Meist sind Texte in einzelne Kapitel, Unterkapitel oder Absätze eingeteilt. Sie dienen der Orientierung des Lesers. Diese Abschnittsüberschriften können auf das Exzerptpapier übertragen werden; unter ihnen erfolgt dann die Niederschrift des Exzerptinhaltes. Hilfreich sind außerdem die Angaben über Seitennummern der Abschnitte, Literaturhinweise oder Erläuterungen.
3. „Wie lautet das Thema des Abschnittes?" – Mithilfe dieser Frage kann man sich auf die wesentlichen Punkte des Textes konzentrieren. Die Antworten auf die Frage „Was wird über die Thematik ausgesagt?" werden unter den jeweiligen Überschriften niedergeschrieben. Das kann wortwörtlich oder in eigenen Worten geschehen. Vom streng wissenschaftlichen Standpunkt aus müssten Exzerpte im Konjunktiv verfasst werden, da nur so der Abstand zwischen Autor und Bearbeiter deutlich wird.

Grundsätzlich sollte man beim Festhalten der wesentlichen Erkenntnisse und Aussagen immer die entsprechende Quelle vermerken.

4. In einem letzten Schritt kann das Niedergeschriebene nachgearbeitet und somit der Inhalt auf das Relevante verdichtet werden. Erlaubt sind auch eigene Anmerkungen und Hinweise auf Stellen, die die Thematik der eigenen Seminararbeit besonders berücksichtigen. Dies geht jedoch über das eigentliche Extrahieren hinaus und rückt das Exzerpt in die Nähe des Exposés (→ Kapitel 5.3).

Natürlich lassen sich Exzerpte auch am PC erstellen (und verwalten). Mithilfe von Exzerpten zu thematisch relevanten Texten lässt sich nun eine Übersicht über das Thema erstellen – und damit schon eine genauere Gliederung.

Markieren

Eine weitere Möglichkeit, sich den Inhalt eines Textes zu erschließen, ist das Markieren. Ein vorher erfolgtes Markieren erleichtert i.d.R. auch das nachfolgende Exzerpieren.

Beim analytischen Lesen (→ Kap. 2.1.1) ist es hilfreich, wichtige Textstellen zu markieren. Voraussetzung dafür ist, dass die Texte oder Bücher in eigenem Besitz sind. Die „Kunst des Markierens" liegt darin, den **Blick für das Wesentliche** nicht zu verlieren. Einen Text völlig „durchzumarkieren" ist sinnlos. Hilfreich ist die Verwendung mehrerer Farben (aber nicht mehr als vier) für verschiedene Themenbereiche oder Argumente (Pro und Kontra …). Unklare Begriffe sollten mit Bleistift unterstrichen werden, um sie nachzuschlagen (Fachlexikon, Fremdwörterlexikon). Die Begriffserklärung kann an den Rand geschrieben werden. Ebenso kann man wichtige Schlagworte unterstreichen oder am Rand notieren. So verliert man den Überblick nicht und kann in einem folgenden Schritt den bearbeiteten Text exzerpieren.

Jeder hat beim Bearbeiten eines Textes eine eigene Methode und eigene Zeichen. Weitere Vorschläge für Markierungszeichen:

?	unklare Aussage
!	einleuchtend
[	Zusammenfassung
→ S. 55	siehe Seite 55

Neben dem Markieren von Texten ist es (v. a. bei ausgeliehenen Büchern oder Zeitschriften) auch möglich, mit Haftetiketten zu arbeiten. Diese werden auf die betreffende Seite geklebt und mit den wichtigsten Textaussagen (Stichwörter) beschrieben.

Mat Klima

Die Veränderungen des Klimas

Bezogen auf die menschliche Lebensspanne ist das Klima in den verschiedenen Regionen der Erde weitgehend stabil; die Schwankungen sind im wesentlichen Ausdruck von Veränderungen der **allgemeinen Zirkulation der Atmosphäre** und der Ozeane. Globale Entwicklungen des Erdklimas sind im Bereich von Jahrhunderten zu verzeichnen (etwa die „Kleine Eiszeit" vom 16. bis zum 19. Jahrhundert), in Zeitspannen von hundert Millionen Jahren (die Eiszeiten und Zwischeneiszeiten) sowie in geologischen Zeitspannen. Ein wesentliches Problem besteht darin, die Entwicklungstendenzen der natürlichen Klimaveränderungen zu erkennen und sie einerseits von den kurzfristigen Zufallsschwankungen, andererseits von den Effekten zu unterscheiden, die auf die Umweltverschmutzung durch den Menschen zurückgehen. Wenn etwa in Europa mehrere Jahre hintereinander heiße Sommer zu verzeichnen sind, fragt es sich, ob wir diese Tatsache einzig dem chaotischen Charakter der Wetterentwicklung zuschreiben müssen oder ob diese Serie Teil eines kurzen natürlichen Zyklus ist oder ob darin erste Anzeichen einer globalen Erwärmung der Atmosphäre zu sehen sind, die auf den vom Menschen zu verantwortenden **Treibhauseffekt** zurückgeht. Gibt es klimatische Zyklen, deren Überlagerung zu einer allgemeinen Tendenz führt? Lässt sich die zukünftige Entwicklung des Klimas voraussehen?

Die Identifizierung meteorologischer Zyklen basiert auf der statistischen Analyse von Wetterbeobachtungen (Temperaturen, Niederschläge usw.) aus den letzten zweihundert Jahren. Wollen wir noch weiter in die Vergangenheit zurückgehen, müssen wir auf die Mittel der Geochemie zurückgreifen. In den Eiskappen der Antarktis oder Grönlands zeigt der Anteil des schweren Sauerstoffisotops ^{18}O (das in seinem Kern zwei Neutronen mehr besitzt als das häufiger vorkommende ^{16}O) eine gute Korrelation zu der Lufttemperatur, die zur Zeit des Schneefalls herrschte. Eine Isotopenanalyse der Bohrkerne, die das komprimierte Eis aus mehreren Zehntausend Jahren enthalten, kann daher Aufschluss über die durchschnittlichen Lufttemperaturen in der Vergangenheit geben.

Durch eine Isotopenanalyse der fossilen Foraminiferen in Bohrkernen aus Meeressedimenten lassen sich auch die Veränderungen der durchschnittlichen Wassertemperatur in den Ozeanen ermitteln. Die Foraminiferen des Meeresplanktons (siehe **Biomineral**) erzeugen das Calciumcarbonat ihrer Schalen aus dem Sauerstoff des Meerwassers. Die Schalen enthalten einen etwas höheren Anteil an ^{18}O als das Wasser, und dieser Anteil ist umso größer, je niedriger die Wassertemperatur bei der Entstehung der Schalen war.

Die Geschichte des Klimas deutet auf beträchtliche Veränderungen hin, die zweifellos nicht auf menschliche Einwirkung zurückgehen können. Von 800 bis 1250 unserer Zeit herrschte in Europa und den angrenzenden Regionen ein klimatisches Optimum: In England wurde Wein angebaut, und Grönland bot seinen Entdeckern den Anblick einer grünen Insel (daher der Name). Anfang des 14. Jahrhunderts wurde das Klima dann kalt und feucht. In der Zeit von 1550 bis etwa 1850, die man auch die „Kleine Eiszeit" nennt, lag die Durchschnittstemperatur 2 bis 4 °C unter dem klimatischen Optimum, und in den Alpen wuchsen die Gletscher. Seit mehr als einem Jahrhundert steigen die durchschnittlichen Temperaturen und die Gletscher ziehen sich wieder zurück. Die Ursache für die Veränderungen ist nicht ganz klar; allerdings zeigt sich eine erstaunliche zeitliche Übereinstimmung zwischen der „Kleinen Eiszeit" und der Periode des sogenannten „Maunder-Minimums", einer Phase, in der die Sonnenflecken praktisch verschwunden waren. Die Sonnenaktivität war in dieser Zeit etwas schwächer, und es ist nicht ausgeschlossen, dass eine leichte Abschwächung der Sonneneinstrahlung die Ursache für die Abkühlung war.

Eiszeiten und Zwischeneiszeiten

Die einander abwechselnden Eiszeiten und Zwischeneiszeiten bilden die ausgeprägtesten klimatischen Veränderungen mit der längsten Periode. Für die letzten 2,4 Millionen Jahre hat man vier Eiszeiten identifiziert, und zwar aufgrund der Spuren, die sie in der Geologie hinterlassen haben. Die letzte Eiszeit erreichte ihren Höhepunkt vor 18.000 Jahren. Es war die Zeit der Mammuts und des Cro-Magnon-Menschen, und die Durchschnittstemperatur lag etwa 5 °C unter der heutigen. Ganz Kanada, Nordeuropa und Sibirien waren von gewaltigen Eismassen bedeckt, und da ein großer Teil des Wassers in diesem Eis gebunden war, lag der Meeresspiegel gut hundert Meter tiefer als heute (die ersten Menschen, die nach Amerika einwanderten, sollen damals die Beringstraße trockenen Fußes überquert haben). Seit etwa 10.000 Jahren befinden wir uns in einer Zwischeneiszeit, und die Eiskappen sind zu einem großen Teil abgeschmolzen. Inzwischen sind wir wieder auf dem Weg in eine neue Eiszeit. Anders als für die kurzfristigen Klimaschwankungen besitzen wir für den Wechsel der Eiszeiten heute eine recht gute theoretische Erklärung, die auf astronomischen Zusammenhängen basiert. Die Theorie wurde 1920 von Milutin Milankovic vorgeschlagen. Der Wechsel zwischen Eiszeiten und Zwischeneiszeiten hängt danach von den periodischen Veränderungen dreier Parameter der Erdbewegung ab, deren Kombination die Intensität der sommerlichen Sonneneinstrahlung beeinflusst. Die Neigung der Rotationsachse der Erde gegenüber der Ebene ihrer Umlaufbahn um die Sonne (Ekliptik) bewegt sich mit einer Periode von 41.000 Jahren zwischen 21,5° und 24,5° (der augenblickliche Wert beträgt 23,5°); je stärker die Neigung, desto ausgeprägter die Unterschiede zwischen den Jahreszeiten. Auch die Exzentrizität unserer Umlaufbahn um die Sonne verändert sich; ein Zyklus dauert 100.000 Jahre, der Abstand zwischen Erde und Sonne variiert dabei um 12%. Schließlich verändert sich auch das Datum, an dem die Erde das Perihel erreicht, d. h. den Punkt auf der jährlichen Umlaufbahn, an dem die Erde der Sonne am nächsten kommt; dieses Datum läuft mit einer Periode von 21.000 Jahren durch das Jahr (gegenwärtig erreicht die Erde das Perihel im Januar).

Klimamodelle

Die Vorhersage klimatischer Veränderungen für die kommenden Jahrzehnte oder Jahrhunderte hängt von der Qualität der eingesetzten globalen Klimamodelle ab. Die Modelle zur Entwicklung des Klimas, die den Einsatz immer leistungsfähigerer Computer erfordern, müssen komplexe Wechselwirkungen zwischen Atmosphäre, Ozeanen und Eiskappen sowie Rückkopplungsschleifen zwischen den verschiedenen Parametern berücksichtigen, und das macht die Sache äußerst schwierig. Eine Erhöhung des Kohlendioxidgehalts der Atmosphäre etwa, die über den Treibhauseffekt zu einer Erhöhung der Temperatur führt, sorgt für eine stärkere Verdunstung aus den Weltmeeren und damit für eine verstärkte Wolkenbildung, was entweder (wegen der Abschirmung) zu einer Temperaturerhöhung oder aber (wegen der verstärkten Reflexion der Sonneneinstrahlung) zu einer Temperatursenkung führen kann; außerdem begünstigt eine Erhöhung des Kohlendioxidgehalts der Atmosphäre das Pflanzenwachstum, mit gleichfalls widersprüchlichen Folgen für das Klima.

Trotz beträchtlicher Fortschritte bei den Klimamodellen ist es immer noch unmöglich vorauszusagen, ob die wahrscheinliche Aufheizung der Atmosphäre aufgrund des durch den Einsatz fossiler Brennstoffe vermehrten Kohlendioxideintrags nicht doch von einer allgemeinen Abkühlungstendenz ausgeglichen wird, die aus der Tatsache resultiert, dass wir uns auf dem Weg in eine neue Eiszeit befinden.

aus: Serres, Michel/Farouki, Nayla: Thesaurus der exakten Wissenschaften, 5. Auflage, Frankfurt/M. 2007, S. 472 – 474

Übung

A Kopieren Sie den Text zum Thema „Klima". Angenommen, Sie sollen auf Basis dieses Artikels einen Kurzvortrag zum Thema „Klimawandel – natürlich oder Mensch gemacht?" ausarbeiten. Lesen Sie den Text durch, markieren Sie dabei wichtige Stellen und klären Sie unbekannte Begriffe. Stoppen Sie die Zeitdauer!

B Verfassen Sie ein Exzerpt des Textes anhand Ihrer Markierungen. Achten Sie darauf, möglichst wenige wörtliche Übernahmen zu verwenden, d. h. den Sachverhalt in eigenen Worten wiederzugeben.

2.1.3 Zitieren

Eigenschaften des Zitats

„Die unrichtige Wiederholung der Worte eines anderen" – so definiert der berühmte amerikanische Autor Ambrose Bierce zynisch den Begriff „Zitat" in seinem Werk „Des Teufels Wörterbuch" von 1911. Er deckt dabei (ironisch gebrochen) gleich zwei wichtige Eigenschaften des Zitats auf: Es muss erstens eine richtige, wortgetreue Wiederholung fremder Worte sein, und zweitens müssen in einer eigenen Arbeit die Gedanken fremder Personen als solche markiert sein. Zitate sind wörtliche oder sinngemäße Wiedergaben fremder Texte oder Textausschnitte, die als Beleg, zur Veranschaulichung, als Ausgangspunkt der Erörterung oder zur Bekräftigung der eigenen Position dienen.

Funktionen des Zitats

Der Nachweis der eigenen Argumentationsführung durch seriöse, geeignete Quellen ist zentraler Bestandteil des wissenschaftlichen Arbeitens. Damit wird belegt, dass die Literatur zum Seminararbeitsthema umfassend einbezogen wurde. Dies erfordert auch, nicht zu wenige oder einseitige Quellen zu berücksichtigen, sondern ein möglichst breites Spektrum von Autorenmeinungen auszuwerten. Das Zitat gehört in alle argumentativen Texte, wenn man seine Gedankenführung stützen, eigene oder fremde Thesen bestätigen oder widerlegen will. **Wichtig**: Wenn zitiert wird, sollte das Zitat auch ausgewertet werden. Zitieren ersetzt nicht die eigene Analyse und Interpretation! Zitate sollten mit Bedacht eingesetzt werden und dürfen keinesfalls das notwendige Ausformulieren eigener Gedanken und Argumentationsstränge ersetzen. Die Eigenleistung beim Verfassen der Arbeit muss deutlich zu erkennen sein. Zitate sollten nicht länger als eine halbe Seite sein und nicht dazu missbraucht werden, um „Seiten zu schinden". Zudem gibt es auch überflüssige Zitate, wenn Aussagen selbstverständlich sind bzw. allgemein verbreitetes Wissen darstellen.

Literaturquellen

Informationen und Impulse für wissenschaftliche Arbeiten erhält man aus den verschiedensten Quellen, manchmal sogar aus Boulevardblättern. Auch wenn es abwegig erscheint, sich bei der Argumentation in seiner Facharbeit auf eine Schlagzeile aus der Regenbogenpresse zu berufen, ist es wichtig zu wissen, welche **Arten von Quellen** für wissenschaftliche Arbeiten geeignet sind. Dadurch wird der Bereich der Literaturauswahl eingegrenzt. Die einzelnen Quellen werden wiederum auf unterschiedliche Weisen zitiert (→ S. 38ff.). Die wichtigsten Literaturquellen sind Bücher und Zeitschriften. Die Erschließung eines Themas erfolgt in der Regel über Bücher (Einzeltitel, Handbücher, Lehrbücher, Sammelbände …). Für eine weitere Vertiefung, die über das allgemeine Fachwissen hinausgeht, sind Veröffentlichungen in wissenschaftlichen Fachzeitschriften eine zentrale Quelle. Das in Fachartikeln vermittelte Wissen beschränkt sich meist auf die Behandlung ausgewählter Fragen und Probleme und enthält oft aktuellere Erkenntnisse als Buchveröffentlichungen.

Zitierfähige Quellen

Zur Zitierfähigkeit und Zitierwürdigkeit von Quellen kann man sich an folgenden Punkten orientieren:

- **Verfügbarkeit der Quelle:** Eine zitierte Quelle muss aus Gründen der Nachvollziehbarkeit veröffentlicht und mit vertretbarem Aufwand zu beschaffen sein. Dies ist der Fall, wenn die Quelle im Buchhandel erhältlich ist oder in Bibliotheken eingesehen oder ausgeliehen werden kann.
- **Aktualität der Quelle:** Bücher sind in der neuesten veröffentlichten Auflage zu zitieren. Dasselbe gilt für Gesetzestexte, Normen und Vorschriften.
- **Seriosität der Quelle:** Der Autor oder Herausgeber muss sich mit dem Inhalt eines Problems objektiv und fundiert auseinandersetzen. Fundamentalistische Sektierer oder Vertreter einseitiger Interessen dürfen nicht zitiert werden.
- **Ursprung der Quelle:** Zitate sollen der Originalliteratur (Primärliteratur) entnommen werden, die man selbstverständlich auch in der Hand gehabt haben muss. Nur im Ausnahmefall, wenn die erforderliche Information nicht als Primärliteratur vorliegt (vergriffen oder nicht zu beschaffen), ist auf Sekundärliteratur, d.i. die Primärliteratur beschreibende, kommentierende und beurteilende Literatur auszuweichen. Es ist ein Gebot der Redlichkeit, in einem solchen Fall die sekundäre Bezugnahme anzugeben und nicht den Eindruck zu erwecken, man habe das Original gelesen. Ein Bezug auf Tertiärquellen (Zitat aus einer Quelle, die eine andere Quelle zitiert) sollte nach Möglichkeit völlig vermieden werden.

Aus: Brauner, Detlef Jürgen/Vollmer, Hans-Ulrich: Erfolgreiches wissenschaftliches Arbeiten, 3. Auflage, Sternenfels 2007, S. 106

Trennung von eigenen und fremden Gedanken

Ein Großteil wissenschaftlichen Arbeitens besteht darin, sich auf andere Autoren zu beziehen – niemand fängt bei wissenschaftlichen Themen beim Punkt Null an. Diese Aussagen sind **geistiges Eigentum** der jeweiligen Autoren und dürfen nicht – auch nicht durch Unterlassung, d.h. einfach ohne Angabe des Urhebers – als eigene Aussagen ausgegeben werden. Dem Leser muss die Möglichkeit gegeben werden, zwischen Gedankengängen des Verfassers und übernommenen Gedanken zu unterscheiden. Deswegen ist es wichtig, übernommenes Gedankengut, wörtliche Wiedergaben, Tabellen, Diagramme o.Ä. genau zu zitieren und den Fundort anzugeben (**Quellenangabe**). Hierbei ist äußerste Genauigkeit wichtig, denn falsche oder nicht richtig wiedergegebene Zitate lassen sich im Nachhinein kaum korrigieren.

Zitierweisen

Man unterscheidet **direkte** und **indirekte** Zitate: Erstere sind wortwörtliche Übernahmen aus einem Text. Hierbei gelten strenge Regeln zur Übernahme in eigene Arbeiten. Als indirekte Zitate werden sinngemäße Übernahmen von Textpassagen bezeichnet. **Direkte Zitate** sollten sparsam verwendet werden, da sie den Fluss der Formulierungen auch stören können; unter diesem Aspekt sind indirekte Zitate vorzuziehen. Die Einbindung wörtlicher Zitate empfiehlt sich jedoch dann,

- wenn es sich um eine besonders treffende Formulierung eines Autors handelt, deren Inhalt trotz aller Mühe nicht anschaulicher und besser wiederzugeben ist (z. B. eine kompakte Definition);
- wenn man in seiner Arbeit eine Aussage diskutieren möchte und dies nur dann gelingen kann, wenn der Leser der Arbeit mit Details des Originaltexts vertraut gemacht wird.

Bei **indirekten Zitaten** wird die Quelle sinngemäß wiedergegeben; die Originalquelle muss also in eigenen, daran nur angelehnten Worten formuliert sein und wird im Unterschied zum direkten Zitat nicht in Anführungszeichen gesetzt. Bei beiden Zitierweisen muss jedoch immer durch **Quellenangaben** der Fundort der Zitate nachgewiesen werden.

Zitiertechnik

Direktes Zitat

Als oberster Grundsatz gilt: Ein wörtliches Zitat muss inhaltlich und formal völlig mit dem **Original** übereinstimmen. Alle Änderungen, auch Anpassungen an die Rechtschreibung, Hervorhebungen und dergleichen müssen gekennzeichnet werden!

Regeln für direkte Zitate

> Zu ähnlichen Ergebnissen kommt Weischet: „Bei der Verdunstung wird der Wasseroberfläche die Verdampfungswärme in Größe von 540 bis 600 cal/g verdampften Wassers entzogen." (Weischet 1991, S. 159)

Der obige Textausschnitt zeigt: Wörtliche Zitate stehen in Anführungszeichen und gehen immer mit der Quellenangabe einher (→ S. 41 f.). Dabei sollten längere Textübernahmen vermieden werden. Zitate, die länger als zwei Manuskriptzeilen sind, können der Übersichtlichkeit halber eingerückt werden:

> Zu ähnlichen Ergebnissen kommt Weischet:
>
> „Die Verdunstung kann zeitlich und regional um so größer sein, je mehr Strahlungsenergie zur Deckung der Verdunstungswärme zur Verfügung steht." (Weischet 1991, S. 159)

Veränderung von Zitaten

Alle Veränderungen des Wortlauts müssen angegeben werden. Meist ist eine Verkürzung nötig, wenn Bereiche des Wortlauts für das Verständnis nicht wichtig sind und stören würden. Diese **Auslassungen** werden durch drei Punkte innerhalb einer eckigen Klammer gekennzeichnet:

> Zu ähnlichen Ergebnissen kommt Weischet:
>
> „Bei der Verdunstung wird der Wasseroberfläche die Verdampfungswärme in Größe von 540 bis 600 cal/g verdampften Wassers entzogen. Ohne Energienachschub müsste sich eine Wasserschicht von 1 m^2 Fläche [...] um rund 0,5 bis 0,6 Grad abkühlen." (Weischet 1991, S. 159)

Diese Auslassungen dürfen aber den Sinn der ursprünglichen Aussage nicht verändern (→ Übung A). Bei Zitaten aus Dramen oder Gedichten darf ggf. das Metrum nicht verändert werden.

Kennzeichnung grammatikalischer Veränderungen

Beim **Einbau wörtlicher Zitate** in einen fortlaufenden Text müssen oftmals grammatische Strukturen oder die Satzstellung des Zitats verändert werden. Auch diese Veränderungen müssen durch die eckige Klammer gekennzeichnet werden:

> So schreibt auch Weischet (S. 159), dass „bei der Verdunstung [...] der Wasseroberfläche die Verdampfungswärme in Größe von 560 bis 600 cal/g verdampften Wassers entzogen [wird]".

Diese Art der Zitatübernahme gilt i. d. R. als elegant, weil durch den Einbau des Zitates in den Text der Lesefluss nicht unterbrochen wird. Doch sollten allzu häufige Abänderungen innerhalb eines Zitates vermieden werden, um die Lesbarkeit nicht zu beeinträchtigen.

Kennzeichnung von Ergänzungen

Manchmal sind zum besseren Verständnis **Ergänzungen** innerhalb der Zitate notwendig. Diese Ergänzungen können aus Erläuterungen oder grafischen Elementen bestehen (Unterstreichungen, Kursiv ...). Auch diese Veränderungen bedürfen der Kennzeichnung mittels eckiger Klammern:

> „Außer vom vertikalen Temperaturgradienten hängt die Verdunstung auch noch wesentlich vom <u>vertikalen</u> [Hervorhebung des Verfassers] Dampfdruckgefälle ab." (Weischet 1991, S. 161)

Im nächsten Beispiel steht A. K. für ein Autorenkürzel, also für das Kürzel des Verfassers, der das Zitat verändert hat (→ Übung B).

> „Über den mehr oder weniger mit Vegetation bedeckten Kontinentalgebieten setzt sich die Landverdunstung als Evapotranspiration [das ist die gesamte Verdunstung der vegetationsbedeckten Erdoberfläche; A. K.] zusammen aus der Evaporation der unbelebten und der Transpiration der belebten Welt." (Weischet 1991, S. 161)

Zitat im Zitat

Ein Zitat **innerhalb eines Zitats** wird durch einfache Anführungszeichen gekennzeichnet:

> „Zum Beispiel sagt jeder ‚Die Schwerkraft beträgt 981 cm/s^2', oder ‚Die Fliehkraft wächst mit dem Quadrat der Geschwindigkeit' […]. Exakt müsste es jeweils ‚Schwere-, Flieh- oder Coriolisbeschleunigung' heißen!"
> (Weischet 1991, S. 161)

Fehler im Zitat

Tauchen **Fehler im Zitat** auf, muss man auch diese Fehler übernehmen und sie mit einem Ausrufezeichen oder dem Wörtchen „sic!" [lat. sic: „so!", „wirklich so" lautet die Quelle] kennzeichnen:

> „Totaler Unwile [sic!] ist kennzeichnend für viele dieser Personen!"

Zweitzitate

Als **Zweitzitate** bezeichnet man wörtliche Übernahmen, die man nicht aus der Originalarbeit, sondern schon als Zitat in einer anderen Arbeit gelesen hat (Sekundärliteratur). Diese Zitate dürften streng genommen nicht in wissenschaftlichen Arbeiten vorkommen, da jeder Verfasser zur Überprüfung von Zitaten in den ursprünglichen Werken verpflichtet ist. Somit sollte auch die Quellenangabe immer aus den Originalwerken erfolgen, die allerdings nicht immer ohne Weiteres verfügbar sind. Hier wäre eine Absprache mit der betreuenden Lehrkraft wichtig.

Regeln für indirekte Zitate

Eine **sinngemäße Wiedergabe** eines fremden Gedankengangs muss ebenfalls gekennzeichnet werden. Dazu sollte die Fremdaussage im Konjunktiv stehen und der Name des Autors am Ende in Klammern mit dem Zusatz „vergleiche" oder „in Anlehnung an", „nach" erwähnt werden (→ Übung C):

> So würden bei Verdunstung die Verdampfungswärme zwischen 540 bis 600 cal/g betragen (nach Weischet 1991, S. 159).

Der Inhalt des Originals darf im Sinn nicht verändert werden!

Quellenangaben

Eine **Quellenangabe** kann auf verschiedene Arten erscheinen. Entweder man setzt sie gleich hinter das Zitat in runde Klammern – Autorname, Erscheinungsjahr und eventuell Seitenangaben beinhaltend (Harvard Style, a), oder sie wird als Fuß- oder Endnote erstellt (Chicago Style, b). Fußnoten erscheinen dann am Ende der Seite, Endnoten auf der letzten Seite der Arbeit oder im Anhang (Endnoten sind jedoch eine leserunfreundliche Variante). Beide Möglichkeiten sind sogenannte Kurzbelege.

Varianten

a) „Atmosphäre ist die Gashülle der Erde." (Weischet 1991, S. 17) oder (Kafiz 1998: 117 f.)
b) „Atmosphäre ist die Gashülle der Erde."[1]

[1] Weischet 1991, S. 17

Beim Chicago Style kann statt des Kurzbelegs auch die gesamte Angabe des genannten Buches erfolgen (Vollbeleg). Dies wird im folgenden Kapitel erläutert. Erstreckt sich die zitierte Stelle über eine Seite, so erscheint nur die Seitenzahl. Erstreckt sie sich über zwei Seiten, so ist das mit der Seitenzahl und dem Buchstaben „f." (folgende) zu kennzeichnen. Mehrere Seiten gibt man durch Seitenzahl und „ff." (fortfolgende) an (→ Übung D).

Weischet 1991, S. 191	→	Das Zitat bezieht sich auf eine Seite.
Weischet 1991, S. 191f.	→	Das Zitat beginnt auf Seite 191 und endet auf Seite 192.
Weischet 1991, S. 191ff.	→	Das Zitat erstreckt sich über mehrere Seiten.

Wird eine Quelle mehrmals direkt hintereinander zitiert, so genügt nach dem ersten Mal die Angabe des Verfassers mit dem Hinweis „am angegebenen Ort" – „a. a. O." und der Seitenangabe; bezieht sich die Quellenangabe auf den zuletzt genannten Titel, so reicht schon der Hinweis „a. a. O." mit Seitenangabe oder auch „ebd." (ebenda):

[1] Weischet 1991, S. 191

[2] a. a. O., S. 195

oder

[1] Weischet 1991, S. 191

[2] ebd., S. 195

Internetquellen müssen ebenso wie andere Quellennachweise angegeben werden. Die Quellen können auch als Ausdruck im Anhang der Arbeit gefordert werden. Eine korrekte Quellenangabe von Internetquellen orientiert sich an den regulären Zitierregeln, mit der Abweichung, dass statt des Ortes die URL angegeben wird. (URL = Uniform Resource Locator, vollständige Internetadresse)

Quellenangaben für Internetzitate

Beispiel

Klieme, Eckhard (2006): Zusammenfassung zentraler Ergebnisse der DESI-Studie. http://www.dipf.de/desi/DESI_Ausgewaehlte_Ergebnisse.pdf (Stand: 17.7.2008)

Im Einzelfall könnte sogar der Ort noch angegeben sein, wenn man beispielsweise einen gedruckten Text auch als Online-Version herunterladen kann.

Beispiel

Deutsches Institut für Internationale Pädagogische Forschung (Hrsg., 2006): Unterricht und Kompetenzerwerb in Deutsch und Englisch, Frankfurt/M. http://www.dipf.de/desi/DESI_Zentrale_Befunde.pdf (Stand: 17.7.2008)

Ob das http:// noch anzugeben ist, ist nicht einheitlich geregelt. Da es aber auch andere Internetseiten gibt, nicht nur das www. (z. B. https:// u. a.), sollte es mit angegeben werden. Sofern man die Adresse aus dem Browser kopiert, ist sie ohnehin vollständig.

Im Literatur- und Quellenverzeichnis werden die Internetseiten ganz regulär alphabetisch geordnet. Eine separate Sammlung am Ende ist unüblich, kann aber so gewünscht werden.

Kleiner Leitfaden zum Zitieren wissenschaftlicher Literatur

Allgemeine Hinweise und Grundsätze, die beim Zitieren wissenschaftlicher Literatur zu beachten sind:

1. **Genaue und vollständige Angaben:**
   - Vorname und Nachname des Verfassers oder Herausgebers (der Nachname muss ausgeschrieben sein, beim Vornamen reicht im Notfall auch der Anfangsbuchstabe)
   - vollständiger Titel, einschließlich möglicher Untertitel
   - Erscheinungsort und Erscheinungsjahr bei Aufsätzen: wo erschienen, d. h. in welcher Zeitschrift (Band und Jahrgang angeben) oder in welchem Sammelband (Herausgeber und Titel nennen)
   - Seitenzahlen nicht vergessen
   - bei Reihen: Reihenname und Bandzahl ergänzen.
2. **Einheitlichkeit der Zitierweise,** d. h. das einmal gewählte System muss beibehalten werden.
3. **Akademische Titel** (M. A., Dr., Prof. Dr.) von Verfassern und Herausgebern werden nicht angegeben.

4. **Herausgeber von Reihen** werden in der Regel nicht genannt.
5. **Verlage** werden nicht genannt.
6. **Bei mehr als 3 Verfassern,** Herausgebern oder Erscheinungsorten wird in der Regel nur der erste genannt; durch den Zusatz „u. a." wird kenntlich gemacht, dass weitere Personen beteiligt waren bzw. weitere Erscheinungsorte vorliegen.

Aus: http://www.histsem.uni-bonn.de/downloads/Proseminar.pdf (Stand: 20.08.2009)

Training

Übung

A Zitieren Sie die **fett gedruckten Teile** des Satzes als wörtliches Zitat und kennzeichnen sie die Auslassungen!

[Zitat aus: Schiller: Maria Stuart, 3 – 8]

Paulet:
Vom obern Stock ward er herabgeworfen,
Der Gärtner hat bestochen werden sollen
Mit diesem Schmuck – Fluch über Weiberlist!
Trotz meiner Aufsicht, meinem scharfen **Suchen**
Noch Kostbarkeiten, noch geheime Schätze!
Wo das gesteckt hat, liegt noch mehr!

B An einer Stelle muss innerhalb des wörtlichen Zitats ein Bezug hergestellt werden, damit der Leser des Zitats den Inhalt richtig verstehen kann. Welche Stelle ist das?

C Formen Sie das obige Zitat in ein indirektes Zitat um!

D Geben Sie das Unterkapitel 2.1 dieses Buches mittels Harvard- oder Chicago-Style als Quellenangabe an.

E Suchen Sie sich im Internet eine Seite zu Ihrem Seminararbeitsthema und speichern Sie wichtige Informationen auf Ihrem PC ab. Überprüfen Sie, ob die von Ihnen markierten Inhalte wirklich abgespeichert wurden!

F Geben Sie diese Internetseite korrekt in den Quellenangaben wieder!

2.1.4 Bibliografieren

Bibliografien und Literaturverzeichnisse

Bibliografien sind Verzeichnisse, die die Gesamtliteratur einer Thematik zusammenfassen. **Als Literaturverzeichnis** bezeichnet man eine Zusammenstellung von Werken, die zum Abfassen einer Arbeit verwendet wurden (also nicht die gesamte Thematik abdecken). Mithilfe dieser Verzeichnisse kann der Leser entweder weitere Themenbereiche vertiefen oder Inhalte und übernommene Daten oder Ideen überprüfen. Ein Literaturverzeichnis folgt in der Regel der alphabetischen Anordnung der Verfassernamen, Bibliografien können andere Reihenfolgen aufweisen (nach Standardwerken, Aktualität, (subjektiver) Wichtigkeit). Die einzelnen Elemente der Quellenangaben im Literaturverzeichnis können in unterschiedlicher Reihenfolge angeordnet werden, es gibt mehrere richtige Möglichkeiten. Vor der Erstellung des Literaturverzeichnisses sollte also mit der Lehrkraft abgesprochen werden, welches Schema verbindlich ist. Wichtig ist in jedem Falle, genau wie beim Zitieren im Text der Arbeit die **Einheitlichkeit der Zitiertechnik** zu gewährleisten. Alle folgenden Angaben sind wichtig, auch die Angaben zu der Auflage, weil nur so bei einer aktualisierten Neuauflage gesichert ist, dass im jeweiligen Werk die Seiten mit den angegebenen Zitaten gefunden werden.

Wichtig: Alle Quellen, aus denen Sie wörtlich oder sinngemäß zitiert haben, müssen sich im Literaturverzeichnis wiederfinden! Sortieren Sie diese Angaben alphabetisch nach den Nachnamen der Autorinnen und Autoren.

Wichtige Angaben

Beim **Bibliografieren** eines Buches gelten folgende Reihenfolgen und Regeln:

1. Nachname und Vorname des **Verfassers**: Die Auflistung der Literatur erfolgt in alphabetischer Reihenfolge der Nachnamen. Nach einem Komma steht der Vorname. Bei mehreren Verfassern werden drei genannt; sind es mehr als drei, wird nach dem Erstautor ein „et al." („und andere") oder ein „u. a." gesetzt.
2. Danach kann in Klammern das **Erscheinungsjahr** gesetzt werden. Dies erleichtert die Suche bei Zitatangaben. Existiert keine Jahresangabe, so wird „o.J." (= ohne Jahr) angegeben.
3. Nach einem Doppelpunkt folgen **Titel** und – falls vorhanden – Untertitel des Buches, an dessen Ende ein Komma steht. Hier folgt die Angabe der Auflage, falls es sich nicht um die Erstauflage handelt.
4. Angabe des **Verlagsortes**: Wird das Erscheinungsjahr nicht hinter dem Verfassernamen genannt, so erscheint es nach dem Verlagsort.

Beispiele

Monografie:
Name des Autors, Vorname: Titel, Untertitel (falls vorhanden), Auflage (falls vorhanden), Verlagsort Erscheinungsjahr.

Braun, Hans-Joachim: Die 101 wichtigsten Erfindungen der Weltgeschichte, München 2005.

Gibt es **mehrere Autoren**, trennt man sie per Schrägstrich oder fügt – bei mehr als drei Autoren – „u. a." (= und andere) an:

Klinger, Nadja/König, Jens: Einfach abgehängt. Ein wahrer Bericht über die neue Armut in Deutschland, Reinbek 2008.

Bücher ohne Autorenangabe:

Der Fischer-Weltalmanach 2009, Frankfurt/M. 2009.

Sammelband:
Name, Vorname: Titel, Untertitel, in: Name, Vorname (Hrsg.): Titel, Untertitel, Auflage (falls vorhanden), Verlagsort(e) Erscheinungsjahr, Umfang.

Gailus, Manfred: Die Straße, in: Dipper, Christoph/Speck, Ulrich (Hrsg.): 1848. Revolution in Deutschland, Frankfurt/M. und Leipzig 1998, S. 155–169.

Reihentitel:
Sind Monografien oder Sammelbände in Reihen erschienen, wird die entsprechende bibliographische Angabe um die Bandangabe erweitert.

Geiger, Heinz u. a.: Hilfsmittel und Arbeitstechniken der Literaturwissenschaft. 3. Auflage, Opladen 1978. Grundstudium Literaturwissenschaft, Bd. 2.

Zeitschriftenaufsätze:
Name, Vorname: Titel. Untertitel, in: Zeitschriftentitel. Untertitel (falls vorhanden), Heftnummer, Jahrgang, Umfang.

Weißeno, Georg: Wer kümmert sich eigentlich um die Menschenrechte? Politikdidaktische Rekonstruktion einer Unterrichtsskizze, in: Politische Bildung, Heft 1, 2000, S. 79–91.

Zeitungsbeiträge:
Name, Vorname: Titel. Untertitel, in: Zeitungstitel, Jahrgangsnummer, Erscheinungsdatum, Umfang.

Uchatius, Wolfgang: Wir könnten auch anders, in: Die Zeit Nr. 22 vom 20. Mai 2009, S. 15–17.

Lexikonartikel:
Nachname, Vorname: Art. „Titel des Artikels", in: Name des Lexikons, Nummer des Bandes, Erscheinungsort Erscheinungsjahr, Spaltenzahl des Artikels.

Moraw, Peter: Art. „Karl IV.", in: Lexikon des Mittelalters, Band 5, München 2002, Sp. 971–974.

Internetquellen

Auch bei Zitaten aus dem Internet müssen die genaue Fundstelle sowie das Datum des aktuellen Stands der Website nachgewiesen werden.

Websites mit bekanntem Verfasser werden wie folgt zitiert:
Name, Vorname (Jahr): Titel, Untertitel. URL (Uniform Resource Locator, vollständige Bescheibung einer Internetadresse) (letzter Stand)

Saedler, Heinz (2004): Pflanzengenetik in der Landwirtschaft – Fluch oder Segen? http://www.biologie.uni-hamburg.de/b-online/d01_5/eisenh.htm (Stand: 02.10.2004).

Websites mit unbekanntem Verfasser zitiert man wie folgt:
Genaue Bezeichnung des Betreibers der Website (Hrsg., Jahr): Titel, Untertitel, URL (letzter Stand)

Bundesministerium für Bildung und Forschung (Hrsg., 2009): Exzellenzinitiative. http://www.bmbf.de/de/1321.php (Stand: 08.07.2009)

Da sich gerade bei Internetadressen leicht falsche Angaben ergeben, die dem Leser beim Nachsehen ein „Error" einhandeln, und da zudem die Seiteninhalte schnell ausgetauscht werden, müssen die ausgewerteten Seiten ausgedruckt im Anhang oder in einer gesonderten Beilage gesammelt und mit der Facharbeit abgegeben oder zumindest vorgezeigt werden.

Übung

A Bringen Sie Ordnung in das untenstehende Literaturverzeichnis: Bibliografieren Sie die aufgeführten Werke korrekt und setzen Sie sie in die richtige Reihenfolge.

- Das Parlament der Menschheit: Die Vereinten Nationen und der Weg zur Weltregierung, von Paul Kennedy. 2007 in München erschienen.
- Medienpsychologie, 11. Jahrgang, 1999, S. 157–181. Burst, Michael: Zuschauerpersönlichkeit als Voraussetzung für Fernsehmotive und Programmpräferenzen.
- Nerdinger, Elemente künstlerischer Gestaltung. Eine Kunstgeschichte in Einzelinterpretationen. München 1986
- Hasebrook, Joachim: Wem nützt Multimedia, und warum? Konstanz 1998. (S. 101–124 in „Multi Media Mania. Reflexionen zu Aspekten neuer Medien" von René Pfammatter (Herausgeber).)
- Geografische Rundschau: Calgary – Erfolgsstory einer kanadischen Präriestadt, von Barbara Hahn, Nr. 2/2008, S. 4–11.

B Erstellen Sie auf ca. einer Seite ein Literaturverzeichnis zum Thema eines Referates oder auch Ihrer Facharbeit. Die Bibliografie sollte neben mehreren Büchern mindestens zwei Artikel aus wissenschaftlichen Fachzeitschriften, einen Artikel aus einem Sammelband und zwei Internetquellen umfassen.

2.2 Fachbezogene Arbeitstechniken

2.2.1 Empirische Methoden in den Naturwissenschaften

Das Experiment

„Alles messen, was messbar ist – und messbar machen, was noch nicht messbar ist." Wenn auch nicht erwiesen ist, ob dieser Ausspruch tatsächlich von Galileo Galilei stammt, so macht er dennoch deutlich, welche grundlegende Arbeitsweise die Naturwissenschaften seit Beginn des 16. Jahrhunderts beherrscht.

Theorie und Experiment

Die beiden Säulen der Naturwissenschaft sind **Theorie und Experiment**. Die Theorie liefert Voraussagen (Hypothesen), die experimentell überprüft werden. Zeigt sich dabei Übereinstimmung, wird die Theorie gestützt (Verifikation) – andernfalls muss die Theorie korrigiert werden (Falsifikation).

Abb. 1: Theorie und Experiment. Eigene Darstellung

Ein bekanntes Beispiel dafür ist die Theorie des Äthers. Im 19. Jahrhundert war bekannt, dass Licht viele Eigenschaften einer Welle besitzt. Ähnlich den Wasser- und Schallwellen waren Beugung und Interferenz auch beim Licht experimentell nachgewiesen. Alle bis dahin bekannten Arten von Wellen bedürfen eines Mediums, in dem sie sich ausbreiten. So können sich Schallwellen zum Beispiel nicht im Vakuum fortpflanzen. Daher lag die Vermutung nahe, dass auch das Licht so ein Medium benötigt – den Äther. Die Theorie sagte voraus, dass sich die Erde bei ihrer Bewegung um die Sonne durch diesen Äther bewegen muss und dabei einen sogenannten „Ätherwind" erzeugt. Die Relativgeschwindigkeit dieses „Ätherwindes" sollte messbar sein.

Der US-amerikanische Physiker Albert Abraham Michelson führte das Experiment erstmals 1881 in Potsdam durch. Ein Lichtstrahl wird dabei an einem halbdurchlässigen Spiegel geteilt. Ein Teil durchläuft die nachfolgende Strecke senkrecht zur Bewegungsrichtung der Erde, der andere Teil parallel dazu. Anschließend werden die beiden Teile wieder überlagert und zeigen aufgrund der unterschiedlichen Laufzeiten helle und dunkle Streifen (Interferenzmuster). Dreht man die Anordnung schließlich um 90°, sollte sich die Lage der Interferenzstreifen ändern, da sich dabei auch die Lichtwege relativ zum vermuteten Äther ändern. Es konnte aber keine Verschiebung

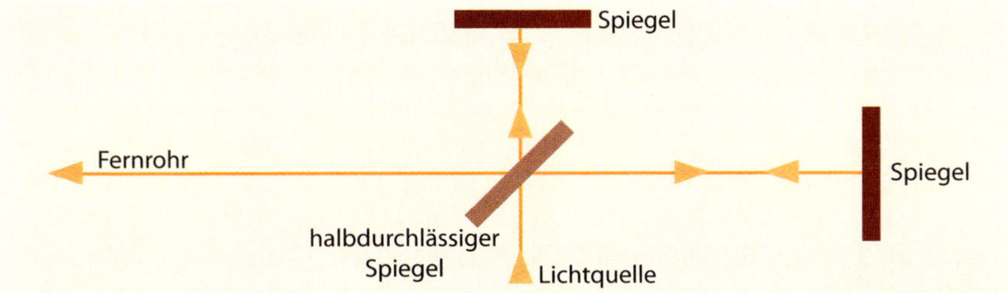

Abb. 2. Eigene Darstellung

der Interferenzstreifen beobachtet werden. Die vorhergesagte Relativgeschwindigkeit war nicht messbar. Auch viele verbesserte Wiederholungen des Experiments mit gesteigerter Genauigkeit zeigten keine Relativgeschwindigkeit. Die Theorie eines unbewegten oder nur teilweise von der Erde bewegten Äthers war damit nicht haltbar. Die Ergebnisse des Experiments stimmten aber mit den Vorhersagen der speziellen Relativitätstheorie ALBERT EINSTEINS überein – der heute allgemein anerkannten Theorie. Die Lichtgeschwindigkeit ist in allen Richtungen gleich. Es gibt keinen bevorzugten absoluten Raum. MICHELSON selbst konnte sich mit diesem Ergebnis Zeit seines Lebens nicht abfinden. Bis zu seinem Tode führte er das Experiment immer wieder mit einer verbesserten Anordnung durch – nie konnte er jedoch eine Relativgeschwindigkeit nachweisen.

Reproduzierbarkeit

Am Beispiel des MICHELSON-Experiments wird deutlich, dass es nicht darauf ankommt, ob die Hypothesen der Theorie verifiziert werden können; auch eine Falsifikation ist ein wichtiges wissenschaftliches Ergebnis. Wichtig ist dagegen, dass an ein **wissenschaftliches Experiment** verschiedene Anforderungen gestellt werden, die unbedingt einzuhalten sind:

- Es muss sich um ein **objektives Verfahren** handeln, um unverfälschte und überprüfbare Ergebnisse zu erzielen.
- Das Experiment muss **vergleichbare Messergebnisse** liefern (mit Angabe der erreichten Messgenauigkeit).
- Außerdem muss das Experiment vom Beobachter unabhängig und **reproduzierbar** sein.
- Daraus ergibt sich, dass unbedingt ein **ausführliches Versuchsprotokoll** geführt werden muss, in dem Absichten, Bedingungen und Einflüsse auf den Versuch angegeben werden (siehe Beispiel „Messung der Schallgeschwindigkeit in der Luft").

In jeder Versuchsreihe wird mindestens eine Variable variiert und beobachtet, wie sich die abhängige Variable ändert. Die Einflüsse von Störfaktoren werden möglichst unterdrückt. Als **Beispiel** möge ein Experiment zum Wurf dienen. Die Wurfweite hängt vom Abwurfwinkel und der Abwurfgeschwindigkeit ab. Um den Einfluss beider Größen ermitteln zu können, variiert man zunächst nur die Abwurfgeschwindigkeit bei fest vorgegebenem Abwurfwinkel. Diese Messreihe wird dann jeweils für verschiedene Abwurfwinkel wiederholt. Als Störgröße tritt vor allem Luftreibung auf. Um deren Einfluss möglichst gering zu halten, sollte der geworfene Körper möglichst klein und schwer sein. Messungen unter definierten Bedingungen nennt man auch **Laborexperimente**. In verschiedenen Bereichen (z. B. Soziologie, Geologie usw.) werden auch Messungen ohne Veränderung der natürlichen Verhältnisse durchgeführt. Diese heißen **Feldexperimente**. Die Abbildung zeigt als Beispiel einen Strömungsreaktor des Instituts für Troposphärenforschung in Leipzig. Bei diesem Laborexperiment wird die Partikelbildung aus anorganischen und organischen Teilchen in einer laminaren (parallel fließenden) Strömung untersucht. Dabei können die Zusammensetzung der Luft und die Strömungsgeschwindigkeit gut gesteuert werden. Dagegen sind diese Parameter im Feldexperiment (z. B. mit einem Fesselballon) nur schwer kontrollierbar. Die Prozesse in der realen Atmosphäre sind viel komplexer. Die Zusammensetzung der Luft schwankt sowohl zeitlich als auch örtlich. Aber nur durch das Feldexperiment lässt sich klären, ob die Erkenntnisse des Laborexperiments auf die reale Atmosphäre übertragbar sind. Bei Feldexperimenten in der Biologie und Psychologie bietet sich zudem der Vorteil, dass die Versuchspersonen viel natürlicher und unvoreingenommener agieren, wenn sie sich in einer ihnen vertrauten Umgebung aufhalten.

Abb. 3: Strömungsreaktor. *© Dr. Olaf Böge, Institut für Troposphärenforschung, Leipzig*

Auch den Aufbau von **Funktionsmodellen** kann man in bestimmter Hinsicht zu den Experimenten zählen. Hier kommt es dann auf die Funktionstüchtigkeit des Gerätes an. Ziel könnte z. B. der Bau eines Roboters sein, der einen anfliegenden Ball erkennt, die Bewegung des Balls analysiert und diesen dann abwehrt. Aber auch einfachere Modelle, wie ein UKW-Empfänger oder ein Verbrennungsmotor, sind solche Funktionsmodelle. Das Ziel kann die Bewältigung einer bestimmten Aufgabe sein oder die Veranschaulichung eines Sachverhalts.

Praktische Umsetzung

Im Rahmen eines W-Seminars werden Experimente nur sehr selten zur Überprüfung von ganz neuen Hypothesen dienen. Sie sollen eher die Methoden naturwissenschaftlichen Arbeitens verdeutlichen und Sachverhalte veranschaulichen. Oft wird man stärker vereinfachen müssen, nicht alle Störgrößen ausschalten können und nicht die erforderliche Genauigkeit erreichen. Um trotzdem die wichtigen Kriterien der Objektivität und Reproduzierbarkeit zu erfüllen, muss auch hier auf ein systematisches Vorgehen und Protokollieren Wert gelegt werden. Folgende **Herangehensweise** hat sich bewährt:

Theoretischer Rahmen

Welche **Frage** soll mit dem Experiment beantwortet werden? Welche Theorie liegt zugrunde? Diese Fragen werden am Beginn der Planungen zum Experiment stehen. Fast alle in der Schule durchführbaren Experimente sind schon von anderen Personen durchgeführt worden. Was haben diese Versuche ergeben? Gibt es Besonderheiten zu beachten? Lassen sich die Versuchsanordnungen verbessern oder vereinfachen? Beim Herstellen von Funktionsmodellen ist es wichtig zu hinterfragen, welche Funktion das zu bauende Gerät erfüllen soll.

Vorüberlegungen

Welche **Materialien, Geräte** usw. sollen verwendet werden? Woher können diese Materialien beschafft werden? Bei vielen Versuchen in der Chemie und Physik müssen Sicherheitsbestimmungen beachtet werden. Tierversuche und das Experimentieren mit radioaktiven Substanzen dürfen nicht stattfinden. Unbedingt erforderlich ist eine genaue Skizze des Versuchsaufbaus. Das gleiche gilt für die Beschreibung des Versuchsablaufs. Dabei ist genau zu überlegen, welche Größen variiert werden und welche Größen konstant bleiben sollen.

Durchführung

Bei der **Durchführung des Versuchs** ergeben sich häufig Beobachtungen, die es nahe legen, den Versuchsaufbau oder das Vorgehen abzuwandeln. Bei der Untersuchung des Wurfs könnte man zum Beispiel feststellen, dass böiger Wind die Ergebnisse stark beeinflusst, und man entscheidet sich, den Versuch in einem ausreichend großen, geschlossenen Gebäude durchzuführen. Diese Beobachtungen notiert man sich ebenso wie die Messergebnisse (Tabellen bieten die beste Übersicht). Um Fehler abzuschätzen, muss jede Messung mehrfach wiederholt werden.

Auswertung

Bei den meisten Experimenten wird man die **Ergebnisse** anhand von Diagrammen anschaulich darstellen. Auf jeden Fall gehört eine Abschätzung der Genauigkeit der Ergebnisse zur Auswertung dazu. Schließlich vergleicht man die Versuchsergebnisse mit den Voraussagen der Theorie. Zeigt sich eine Übereinstimmung, sodass die Theorie gestützt wird (Verifikation), oder wird sie widerlegt (Falsifikation)? In manchem Fall wird man auch feststellen müssen, dass sich aufgrund der mangelnden Genauigkeit des Ergebnisses keine Entscheidung treffen lässt.

Ausblick

Gibt es **weitere Fragestellungen**, die sich aus dem durchgeführten Versuch ergeben? Kann man die erreichte Genauigkeit noch steigern? Finden sich Möglichkeiten, das Ergebnis praktisch anzuwenden? So kann man bei der Untersuchung des Wurfs feststellen, dass Sportler einen kleineren Abwurfwinkel wählen als den, der im Versuch ermittelt wurde. Die Ursache liegt in der Anatomie des menschlichen Körpers. Dazu könnte sich eine weitere Versuchsreihe anschließen.

Beispiel: Messung der Schallgeschwindigkeit in Luft – Versuchsprotokoll

Theoretischer Hintergrund

Der Schall breitet sich als Welle in einem Medium aus. In der Luft schwingen dabei die Luftteilchen in Ausbreitungsrichtung des Schalls. Der Schall benötigt für eine Strecke von 1 km etwa 3 s. Die Ausbreitungsgeschwindigkeit der Schallwelle hängt von der Temperatur der Luft ab.

Temperatur in °C	Schallgeschwindigkeit in Luft in m/s
-10	325,4
-5	328,5
0	331,5
5	334,5
10	337,5
15	340,5
20	343,4
25	346,3
30	349,2

Abb. 4. Eigene Darstellung

Vorüberlegungen

Um die Schallgeschwindigkeit zu bestimmen, muss man ermitteln, welche Zeit der Schall für eine bestimmte Strecke benötigt. Wegen der Reaktionszeit weisen Messungen mit einer einfachen Stoppuhr aber große Fehler auf. Man vermeidet diese Fehler, wenn man eine elektronische Stoppuhr verwendet, die von der Schallwelle automatisch gestartet und angehalten wird.

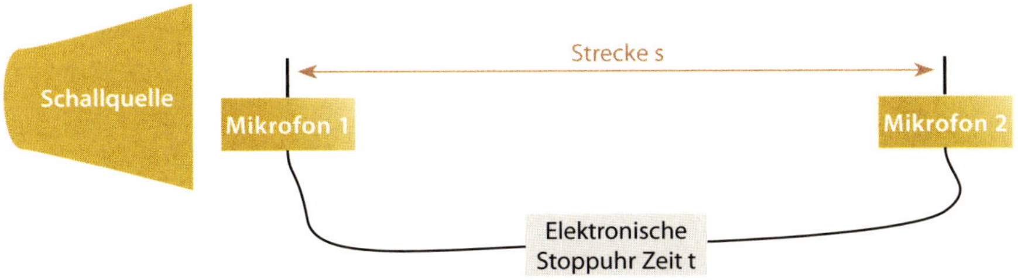

Abb. 5. Eigene Darstellung

Die Strecke s sollte möglichst groß gewählt werden. Störende Geräusche und Reflexionen des Schalls müssen vermieden werden. In eine Messwerttabelle trägt man die gemessene Zeit t in Abhängigkeit von der vorgegebenen Strecke s ein. Die Geschwindigkeit v ist dann der Quotient aus Strecke und Zeit. Der Versuch wird mehrfach wiederholt, um die erreichte Genauigkeit beurteilen zu können. Die Raumtemperatur während des Versuchs wird notiert (am Anfang und am Ende!).

Durchführung

Datum: 15.03.2008
Lufttemperatur: 20 °C

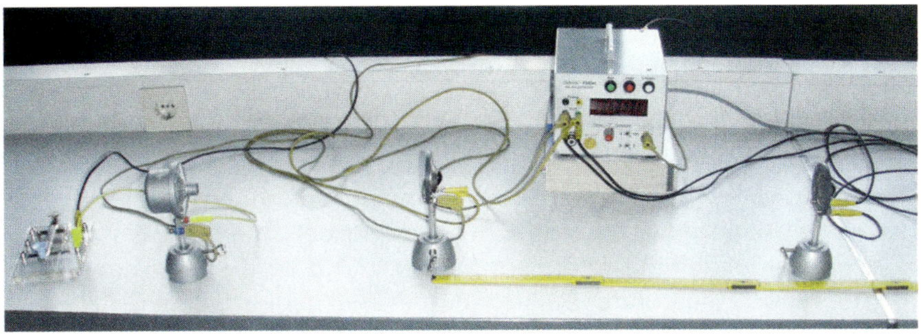

Abb. 6. privat

Als Schallquelle dient ein Lautsprecher, der bei Betätigung eines Tasters einen kurzen „Knackton" abgibt.

Strecke s = 1,00 m

Versuch Nr.	1	2	3	4	5	6	7	8	9	10
Zeit t in ms	2,8	3,0	2,9	2,6	3,1	2,9	2,8	2,9	3,0	3,0
Schallgeschwindigkeit v in m/s	357	333	345	385	323	345	357	345	333	333

Strecke s = 2,00 m

Versuch Nr.	1	2	3	4	5	6	7	8	9	10
Zeit t in ms	5,9	5,8	5,7	6,0	5,8	5,6	5,8	5,8	6,0	5,7
Schallgeschwindigkeit v in m/s	339	345	351	333	345	357	345	345	333	351

Strecke s = 3,00 m

Versuch Nr.	1	2	3	4	5	6	7	8	9	10
Zeit t in ms	8,8	8,7	8,9	8,7	8,8	8,9	8,7	8,6	8,8	8,7
Schallgeschwindigkeit v in m/s	341	345	337	345	341	337	345	349	341	345

Auswertung

Folgende Mittelwerte ergeben sich bei den einzelnen Messstrecken:

Strecke s in m	1	2	3
v in m/s	346±39	344±13	343±6

Wie zu erwarten, ist der Fehler bei der kleinsten Messstrecke am größten. Der Fehler durch die Längenmessung ist gering. Wenn man davon ausgeht, die Strecke auf einen Zentimeter genau bestimmen zu können (absoluter Fehler $\Delta s = 1$ cm), beträgt der prozentuale Fehler $\Delta s/s$ bei der ersten Messreihe 1% und bei der letzten Messreihe nur noch 0,4%. In der Fehlerrechnung wird grundsätzlich aufgerundet. Bei der Zeitmessung dagegen liegt der absolute Fehler bei 0,3 s. Der prozentuale Fehler liegt daher zwischen 11% und 4%. Trägt man alle Messwerte in ein t-s-Diagramm ein und zeichnet eine Ausgleichsgerade durch die Messwerte, ergibt sich die Schallgeschwindigkeit als Anstieg dieser Geraden.

Messung der Schallgeschwindigkeit

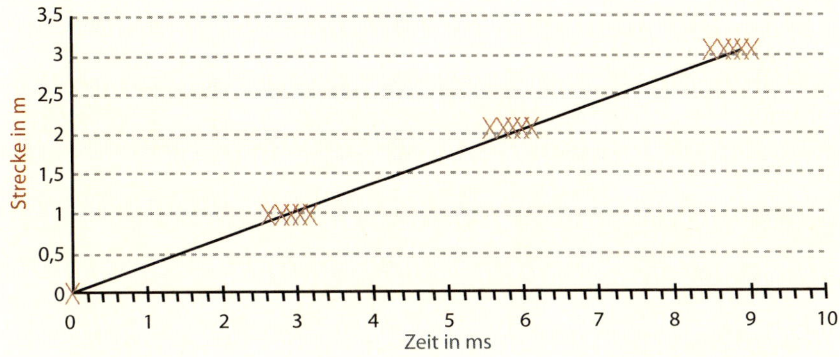

Abb. 7. Eigene Darstellung

Der Anstieg beträgt etwa (340±10) m/s. Im Rahmen der erreichten Messgenauigkeit zeigt sich bei der Raumtemperatur von 20 °C gute Übereinstimmung mit dem theoretisch vorhergesagten Wert von 343 m/s.

Ausblick

Um die Temperaturabhängigkeit der Schallgeschwindigkeit nachzuweisen, ist eine hohe Messgenauigkeit erforderlich. Eine Messstrecke von mindestens 4 m sollte daher eingehalten werden. Außerdem müsste die Temperaturdifferenz mindestens 10 °C betragen. Dazu könnte der Versuch zudem im Freien durchgeführt werden – z. B. im Sommer und Winter. Der experimentelle Nachweis dafür, dass der Luftdruck die Schallgeschwindigkeit in Luft nicht beeinflusst, fällt dagegen schwerer. Der Versuch müsste dazu eventuell in großer Höhenlage und auf Meereshöhe durchgeführt werden.

Übung

A Bei einem Federpendel hängt die Periodendauer T von der Masse m des schwingenden Körpers und der Federkonstante D der verwendeten Feder ab.

Es gilt: $T = 2\pi\sqrt{\frac{m}{D}}$

Entwerfen Sie ein Versuchsprotokoll, um diese Voraussage zu überprüfen, und geben Sie mögliche Störfaktoren an!

B Bau einer Früchtebatterie: Nehmen Sie eine frische Zitrone, einen Apfel oder eine rohe Kartoffel und stecken Sie verschiedene Gegenstände aus Metall hinein; zum Beispiel eine 5-Cent-Münze, eine Büroklammer, Aluminiumfolie, Kupferblech, verzinkte Schrauben, Nägel oder ähnliches. Messen Sie anschließend die Spannung zwischen jeweils zwei dieser Gegenstände. Zwischen welchen Metallen erhält man die größte Spannung?

ACHTUNG: Die Frucht darf nach dem Experiment nicht mehr verzehrt werden!

C Sie sollen ein Funktionsmodell herstellen, mit dem die Adaption und Akkommodation des menschlichen Auges veranschaulicht werden kann. Informieren Sie sich über die beiden Funktionen und wählen Sie mögliche Materialien aus. Entwerfen Sie eine Skizze für ein mögliches Modell.

Simulation

Modell zur Verhaltensnachahmung

Eine **Simulation** bezeichnet die **Verhaltensnachahmung** eines Systems oder Prozesses. Dazu muss für den realen Vorgang ein passendes Modell gefunden werden. Durch Experimentieren mit diesem Modell werden dann Vorhersagen gefunden, die schließlich wieder mit dem realen Vorgang verglichen werden (→ Experiment). Simulationen erfolgen heute überwiegend mit dem **Computer**, jedoch haben auch andere Simulationen ihre Berechtigung. Man denke zum Beispiel an Crash-Tests oder Untersuchungen im Windkanal. Ein Modell des Fahrzeugs wird einer Strömung ausgesetzt, deren Geschwindigkeit gesteuert wird. Luftwiderstand und Strömungsverlauf können im Kanal gut gemessen werden. Von diesen Messungen wird auf die Fahreigenschaften geschlossen und die Karosserie optimiert.

Vorteile von Simulationen

Simulationen bieten viele **Vorteile**. Sie sind meist kostengünstiger als das reale Experiment, und vor allem Computersimulationen sind gefahrlos durchzuführen. Manche Systeme sind auch zu komplex oder überhaupt nicht zugänglich für den Experimentator, um ohne Simulation untersucht werden zu können. Bekannte **Beispiele** für solche Simulationen finden sich zu den Themen Verkehr, Wetter, Klima und Astronomie. Auch bei der Ausbildung sind Simulationen gut einsetzbar (Flugsimulator). Ein bekanntes Beispiel sind **Klimasimulationen**. Das gesamte System aus Sonneneinstrahlung, Atmosphäre, Erdboden, Wasserflächen und menschlichem Einfluss ist so komplex, dass die leistungsfähigsten Rechenanlagen der Welt mit der Simulation dieser Vorgänge beschäftigt sind. Trotzdem sind die verwendeten Modelle noch so ungenau, dass die Vorhersagen verschiedener Simulationen zu weit voneinander abweichenden Ergebnissen kommen. Vermeintlich geringfügige Einflussfaktoren haben teilweise große Wirkungen. Allgemein muss daher jede Simulation hinterfragt werden. Die je nach Modell mehr oder weniger starke Vereinfachung kann zu Unbrauchbarkeit führen. Deshalb muss überprüft werden, ob die Ergebnisse der Simulation auf die Realität übertragbar sind.

Simulation von Satellitenbahnen

Als Beispiel für eine Computersimulation, bei der eine direkte Berechnung zu komplex und ein realer Versuch zu teuer ist, ist die Simulation von **Satellitenbahnen**. Im Modell wird vereinfachend angenommen, dass sich der Satellit – zumindest kurzzeitig – geradlinig mit konstanter Geschwindigkeit bewegt. Nach einem Zeitschritt wird über die Gravitationskraft die Beschleunigung berechnet und daraus die neue Geschwindigkeit und der neue Ort des Satelliten. Für genügend kleine Zeitschritte ergibt sich die Bahn des Satelliten beliebig genau. Dieses Prinzip wird **Methode der kleinen Schritte** genannt. Ein Vergleich mit den Bahnen bekannter Satelliten zeigt gute Übereinstimmung.

Mat So läuft der Crashtest ab

[…] Beim **Frontcrash** prallt das Testfahrzeug mit 64 km/h und 40 % Überdeckung gegen eine feststehende deformierbare Barriere. Besetzt ist das Fahrzeug vorne mit zwei 50% Hybrid III Erwachsenendummies, an denen die biomechanischen Belastungen an Kopf, Hals, Brustkorb, Becken und Beinen gemessen werden, und hinten mit zwei Kinderdummies, die je einem durchschnittlichen 1½ – 3-jährigen Kind entsprechen.

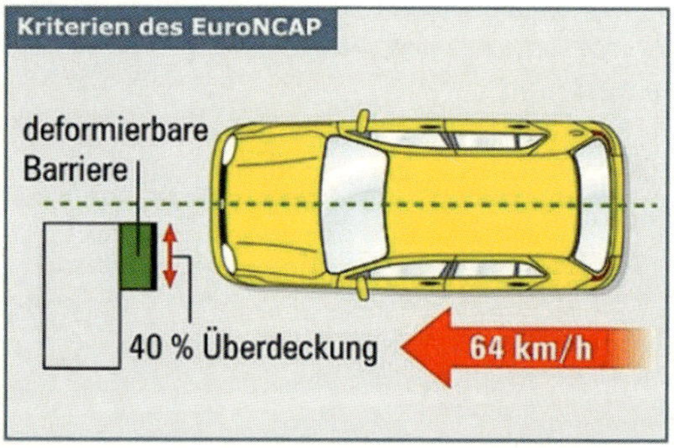

Beim **Seitencrash** prallt eine mobile deformierbare Barriere mit 50 km/h seitlich gegen das stehende Testfahrzeug. Dabei ist die Barrierenmitte auf den Fahrer gerichtet. Besetzt ist das Fahrzeug vorne auf dem Fahrerplatz mit einem 50% EuroSID-1 Erwachsenendummy, an dem die Belastungen an Kopf, Brustkorb, im Bauchbereich und am Becken gemessen werden. Die Besetzung hinten ist gleich wie beim Frontcrash.

Der **Pfahlaufpralltest** ist ein zusätzlicher Seitenaufprall, der bei Fahrzeugen mit seitlichem Kopfschutzsystem (z.B. Kopfairbag) durchgeführt wird. Vorbedingung ist jedoch, dass beim Seitencrash im Kopfbereich bereits volle Punktzahl erzielt wurde! Das Testfahrzeug wird bei diesem Zusatztest auf einem Schlitten mit 29 km/h seitlich gegen einen senkrechten Stahlpfahl mit einem Durchmesser von 254 mm geprallt. Der Stoß erfolgt im Kopfschwerpunkt eines 50 %-EuroSID-1 Erwachsenendummy auf dem Fahrersitz. Es werden hierbei die Kopfbelastungen gemessen und bewertet. Maximal können dadurch zum Ergebnis vom Seitencrash noch weitere 2 Punkte erzielt werden.

Die **Insassensicherheit** wird nach einem Punktesystem beurteilt. Jede Körperregion erhält 4 Punkte bei sehr niedrigem Verletzungsrisiko, 3 Punkte bei niedrigem, 2 Punkte bei mittlerem, 1 Punkt bei hohem und 0 Punkte bei sehr hohem Verletzungsrisiko. Zur Gesamtbeurteilung werden zunächst die Punkte der einzelnen Körperregionen jeweils für den Frontcrash, den Seitencrash und den Pfahlaufprall addiert. Beim Frontcrash zählt dabei je Körperregion immer nur die kleinere Punktezahl aus Fahrer- und Beifahrerergebnis. Die so ermittelte Gesamtpunktezahl des Frontcrashs zusammen mit der des Seitencrashs und des Pfahlaufpralltestes ergibt dann das Gesamturteil. Das Gesamturteil kann aber durch maximal 3 Zusatzpunkte verbessert werden, wenn im Fahrzeug ein spezielles Warnsystem zum Gurtanlegen für Fahrer, Beifahrer und hintere Plätze vorhanden ist. Der Grund: Bei den meisten tödlichen Unfällen sind die Insassen nicht angegurtet!

Werden beim Frontcrash Kopf, Hals oder Brust oder beim Seitencrash Kopf, Brust, Becken oder Bauchbereich übermäßig belastet und dadurch einmal nur 0 Punkte erreicht, wird ein Stern durchgestrichen – es findet also eine Abwertung des Gesamturteils um einen Stern statt. Das Verletzungsrisiko an den jeweiligen Körperregionen wird durch „farbige Männchen" dargestellt (grün = niedrige Belastung, rot = hohe Belastung). EuroNCAP (**Euro**pean **N**ew **C**ar **A**ssessment **P**rogramme) testet in der Regel die Modellvariante mit der niedrigsten Sicherheitsausstattung (europäisches Basismodell). Die getestete Ausstattung mit Airbag ist aus den Ergebnistabellen ersichtlich. Eine höherwertige Sicherheitsausstattung kann das Ergebnis verbessern. Bitte beachten Sie, dass ein Vergleich nur zwischen Fahrzeugen gleicher Größe und Klasse möglich ist: Ein Drei-Sterne-Kleinfahrzeug bietet nicht den gleichen Schutz wie ein Drei-Sterne-Mittelklassefahrzeug!

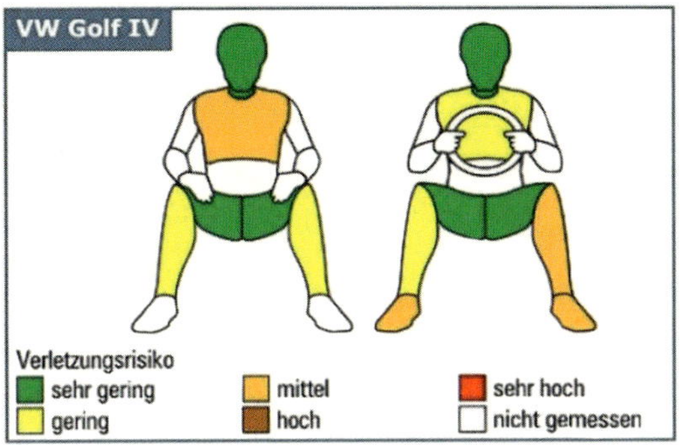

Beide Abbildungen: http://www.autobild.de/artikel/crashtest-dacia-logan-und-vw-golf-iv_50012.html

Der EuroNCAP-Crashtest beinhaltet neben den Tests zur Fahrzeugsicherheit (Front-, Seitencrash und Pfahlaufprall) auch einen zusätzlichen Test zum **Fußgängerschutz**. Hierbei wird das Verletzungsrisiko bei einem Frontaufprall mit 40 km/h sowohl für Kinder als auch für Erwachsene bewertet. Stellvertretend für die Beine und Köpfe werden ummantelte Metallzylinder und unterschiedlich schwere Kugeln gegen definierte Punkte der Fahrzeugfront geschossen und die Belastungen der „Körperteile" gemessen. Beim Fußgängerschutz können maximal 4 Sterne erreicht werden.

Der Text wurde dem Online-Angebot des ADAC entnommen: http://www.adac.de/Tests/Crash_Tests/Automodelle/Was_ist_der_ADAC_Crashtest_/ (Stand: 06.07.2009)

Übung

A Nutzen Sie die „Methode der kleinen Schritte" und simulieren Sie mithilfe einer Tabellenkalkulation die Bewegung eines Federschwingers (siehe Beispieltabelle). Stellen Sie Geschwindigkeit und Ort des Federschwingers in Abhängigkeit von der Zeit grafisch dar. Wählen Sie als Zeitschritt 0,001 s und ändern Sie nacheinander die Parameter Anfangsgeschwindigkeit, Masse und Federkonstante. Wählen Sie jeweils drei verschiedene Werte und notieren Sie sich die Amplitude und Periodendauer der Schwingung.

Testen Sie nun die gleichen Parameter bei Zeitschritten von 0,01 s und 0,1 s und vergleichen Sie!

Anfangsbedingungen:

	A	B	C	D	E
1	y(0) in m	v(0) in m/s	dt in s	m in kg	D in N/m
2	0	2	0,001	0,1	5
3					
4	n	v in m/s	y in m	a in m/s^2	t in s
5	1	= B2+D5*$C$2	= A2+B5*$C$2	= –E2/D2*A2	0
6	2	= B5+D6*$C$2	= C5+B6*$C$2	= –$E$2/$D$2*C5	= E5+$C$2
7	3	= B6+D7*$C$2	= C6+B7*$C$2	= –$E$2/$D$2*C6	= E6+$C$2
8	4	= B7+D8*$C$2	= C7+B8*$C$2	= –$E$2/$D$2*C7	= E7+$C$2

B Beschreiben Sie, welche grundlegenden Vereinfachungen bei einem ADAC-Crashtest in Kauf genommen werden (Mat).

C Immer mehr Hersteller können für ihre Fahrzeuge die maximale Punktzahl beim EuroNCAP-Test vorweisen. Trotzdem sinkt der Anteil der Schwerverletzten und Toten bei Verkehrsunfällen an allen Unfällen mit Personenschäden nur geringfügig. Erklären Sie diese Diskrepanz.

D Erläutern Sie, welche Probleme sich bei der Übertragung der Testergebnisse auf die Realität ergeben.

Beobachtung

Beobachter-unabhängigkeit

Manche Vorgänge in der Natur entziehen sich der direkten Einflussnahme des Menschen. So beruhen fast alle Erkenntnisse in der Astronomie letztlich „nur" auf **Beobachtungen**. Dabei versucht der Beobachter von seinem Standpunkt aus, die Objekte nach bestimmten Kriterien einzuteilen und zu bezeichnen. Eingebunden in eine Theorie, werden wiederum Vorhersagen getroffen, die anhand weiterer Beobachtungen überprüft werden. So wie man beim Experimentieren auf Reproduzierbarkeit achten muss, strebt man hier nach **Beobachterunabhängigkeit**. Allerdings ist der Beobachter immer schon in eine gängige Theorie eingebunden und so „voreingenommen". Der französische Schriftsteller und Philosoph JEAN-JACQUES ROUSSEAU schrieb: „Bevor man beobachtet, muß man sich Regeln für seine Beobachtungen machen."

Beobachtungen beschränken sich allerdings nicht nur auf die Astronomie. Weitere Themenfelder für solche empirischen Untersuchungen sind Psychologie, Soziologie und Verhaltensforschung.

Entwicklung eines Sonnenmodells

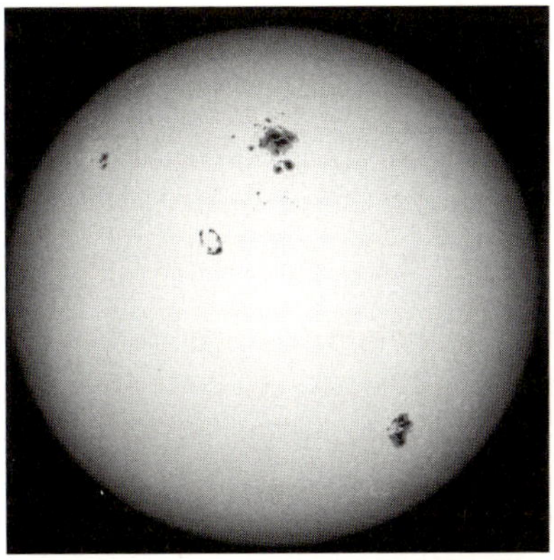

Abb. 1: Die Sonne.
© Rüdiger Buggenthien, Lübeck

Als **Beispiel** soll die Entdeckung der Energiequelle der Sonne dienen. Die Sonne versorgt uns ständig mit Licht und Wärme. Diese Beobachtung ist schon seit geraumer Zeit bekannt. Nach der Entdeckung des Energieerhaltungssatzes stellte sich die Frage, woher die Energie der Sonne kommt, die von ihr abgestrahlt wird. Beobachtungen zeigen, dass bei der Erde etwa 1.360 W pro m^2 ankommen. Nimmt man weiter an, dass die Sonne die Strahlung in alle Richtungen gleichmäßig aussendet, kommt man auf eine unvorstellbare große Strahlungsleistung von insgesamt 3,82 10^{26} W. Mehrere Theorien zur Quelle dieser Energie mussten aufgegeben werden, da diesen zufolge die Quelle meist schon nach relativ kurzer Zeit versiegt wäre. Einzig die Kernfusion im Inneren der Sonne blieb als Möglichkeit, eine so riesige Energiemenge über einen langen Zeitraum zu liefern. Immer genauere Beobachtungsmethoden führten schließlich zu einem **Sonnenmodell** (= Theorie zu Aufbau und Vorgängen im Sonneninneren), das allen aktuellen Beobachtungsergebnissen standhält.

Übung

A Verfolgen Sie im Herbst oder Winter über vier Wochen das Aussehen des Mondes mit bloßem Auge. Einmal pro Woche versuchen Sie den Mond jeweils am frühen Abend, am späten Abend und am Morgen zu entdecken. Notieren Sie sich Datum, Uhrzeit und die Himmelsrichtung, in der der Mond sichtbar war, und skizzieren Sie die Gestalt der beleuchteten Mondoberfläche. Erklären Sie, welche Schlussfolgerungen Ihre Beobachtung zulässt.

B Beobachten Sie im Frühjahr das Auftreten von Nacktschnecken in Gärten. Die Schnecken sind besonders während der Dämmerung im Gemüsegarten und Staudenbeet aktiv. Geben Sie an, welche Pflanzen von den Schnecken bevorzugt und welche von Ihnen gemieden werden.

C In jeder klaren Nacht kann man Sternschnuppen (Fachbegriff: Meteore) erkennen, wenn man genügend Geduld besitzt. Sie werden verursacht, wenn Staubteilchen oder kleine Gesteinsbrocken (sogenannte Meteoride) die Erdbahn kreuzen und in der Erdatmosphäre verglühen. Zu bestimmten Zeiten kreuzt die Erde die Bahn bestimmter Meteoridenströme (z. B. im August die Perseiden). Dann kann man besonders viele Meteore erkennen, die alle aus einer Richtung kommen. Daneben treten aber ständig sogenannte sporadische Meteore auf. Das sind Meteoride, die keinem Strom folgen und rein zufällig verteilte Bahnen haben. Sie kommen daher auch nicht bevorzugt aus einer bestimmten Richtung. Da die Erde sich aber auf ihrer Bahn um die Sonne mit etwa 30 km/s bewegt, ist die Wahrscheinlichkeit einer Kollision mit solchen Meteoriden in der Bewegungsrichtung der Erde höher. Die Zahl der auftretenden sporadischen Meteore müsste also vom Abend bis zum Morgen ansteigend sein. Erfassen Sie die Anzahl der Meteore, die pro Stunde auftauchen, im Laufe einer Nacht und versuchen Sie, diese Hypothese zu bestätigen. Tipp: Wählen Sie eine klare, mondlose Nacht und dunklen Himmel im Spätherbst oder Winter. Vermeiden Sie eine Beobachtung, während große Meteorströme aktiv sind.

Meteorstrom	Orioniden	Leoniden	Geminiden	Quadrantiden
Aktivitätszeitraum	2.10.–7.11.	14.–21.11.	7.–17.12.	1.–5.1.

Zusammenfassung

Experiment

- Ziel: Überprüfung der Hypothesen einer Theorie
- Verifikation der Theorie bei Übereinstimmung der Ergebnisse mit der Hypothese
- Falsifikation bei fehlender Übereinstimmung
- Anforderungen:
  - Objektivität
  - Beobachterunabhängigkeit
  - Reproduzierbarkeit
- Bestandteile:
  - theoretischer Rahmen (Einbettung in die Theorie, Ziel des Experiments)
  - Vorüberlegungen (Materialien, Geräte, Aufbau ...)
  - Durchführung (Beobachtungen, Ergebnisse)
  - Auswertung (Diagramme, Fehlerabschätzung, Vergleich mit Theorie)
  - Ausblick (neu aufgeworfene Fragestellungen, Anwendungen ...)

Simulation

- Ziel: Nachahmen des Verhaltens eines Systems durch ein Modell
- Vorhersagen der Simulation werden mit Beobachtungen des realen Systems verglichen (Verifikation/Falsifikation)
- Vorteile:
  - kostengünstig
  - gefahrlos
  - auch für sehr komplexe Systeme möglich
  - Schwierigkeit: Ergebnisse sind nicht immer auf das reale System übertragbar.

Beobachtung

- Ziel: Überprüfung einer Theorie ohne Beeinflussung des untersuchten Systems (Beobachterunabhängigkeit)
- Untersuchte Objekte werden nach bestimmten Kriterien eingeteilt und bezeichnet.
- Vorhersagen der Theorie werden mit Beobachtungen verglichen (Verifikation/Falsifikation).

2.2.2 Kritische Analyse von statistischem Material

Die Analyse von Statistiken ist oft ein wesentlicher Bestandteil sozial- und wirtschaftswissenschaftlicher Arbeiten und kann auch im Rahmen einer entsprechenden Seminararbeit wichtig sein. Statistiken sind in einer besonderen Sprache abgefasst, die sich auf wenige Begriffe, auf Zahlen und grafische Zeichen (Säulen, Kurven, Kreise) beschränkt. Auf diese Weise werden eine Vielzahl und eine Vielfalt von Fakten unter ganz bestimmten (vom Verfasser der Statistik ausgewählten) Gesichtspunkten zusammengefasst, geordnet und überschaubar gemacht. Um die Statistiken richtig zu verstehen, orientiert man sich am besten an bestimmten **Leitfragen**. Nur auf diese Weise wird man auch auf Unklarheiten, Mängel und Fehler aufmerksam, die nicht selten in Statistiken enthalten sind.

Kritische Prüfung von Zahlenmaterial

Es sollte einem immer bewusst sein, dass man mit Zahlenmaterial Tatsachen verzerrt darstellen kann, obwohl es zumeist den Anschein vollkommener Objektivität und unbezweifelbarer Richtigkeit erweckt. Häufig werden jedoch ganz **besondere Interessen** verfolgt. Dies gilt v.a. in der Wirtschafts- und Sozialstatistik. Deshalb ist es notwendig, nicht nur nach der Quelle der Statistik zu fragen, sondern auch kritisch zu überprüfen, wie die Zahlen in einer grafischen Darstellung präsentiert wurden. Mit der Art der Darstellung lassen sich Sachverhalte verharmlosen oder dramatisieren. Deshalb sollte bei Statistiken und Grafiken stets auf die Beschreibung und Deutung auch das kritische Hinterfragen folgen.

1. Leitfragen zur Beschreibung

- Auf welche Frage will die Statistik eine Antwort geben (Diagrammüber- oder -unterschrift)?
- Was wird in Beziehung zueinander gesetzt? Müssen Begriffe geklärt werden?
- Wer hat die Statistik verfasst, auf welchen Daten beruht diese? Wie wurden die Daten erhoben? Sind die Daten repräsentativ?
- Welche Darstellungsform wurde gewählt? Welche Zahlenarten wurden verwendet?

Mögliche Zahlenarten:
Absolute Zahlen sind die genauen (oder gerundeten) Mengenangaben.

Prozentzahlen geben entweder Anteile an, die zusammen immer 100% ergeben, oder die Veränderung im Vergleich zu einem früheren Zeitpunkt.

Indexwerte sind Verhältniszahlen, die sich auf einen gleich 100 gesetzten Ausgangswert eines Basisjahres beziehen.

- Wie genau sind die Zahlenwerte (exakt, gerundet, geschätzt, vorläufig, „k. A." = „keine Angabe", d. h. Zahlen sind nicht verfügbar)?
- Auf welchen Zeitraum bezieht sich die Statistik? Achten Sie hier nicht nur auf die dargestellten Zeiträume, sondern auch auf den Zeitpunkt der Diagrammerstellung!
- Wie sind die Achsen eingeteilt (Achsenbeginn beim Nullwert oder nicht, Zeitsprünge, Maßeinheiten, Verzerrungen durch ungeeignete Gruppenbildung, Veränderung der beobachteten Größe – z. B. Westdeutschland vor, Gesamtdeutschland nach 1991 u. a.)?

2. Leitfragen zur Deutung

- Werden Verlaufsphasen deutlich (Zu- und Abnahme, Stagnation)?
- Gibt es einen Trend oder eher eine sprunghafte Entwicklung?
- Welches sind aussagekräftige Minimal- und Maximalwerte?
- Gibt es Zusammenhänge?
- Wie lassen sich die dargestellten Entwicklungen erklären (z. B. historisch, politisch, durch Entscheidungen des Gesetzgebers oder der Firmenleitung)?

3. Leifragen zur kritischen Beurteilung

- Lassen sich die dargestellten Zahlen wirklich vergleichen? Wurden bei relativen Zahlenangaben die Bezugswerte genannt?
- Ist die gewählte grafische Darstellung geeignet?
- Ist der gewählte Zeitraum geeignet?
- In wessen Auftrag wurde die Statistik verfasst? Welche Interessenslage ist beim Auftraggeber/Verfasser zu vermuten?
- Lässt sich ein bestimmtes Interesse an der Gestaltung und der Veröffentlichung vermuten? Soll dem Leser ein bestimmter Eindruck vermittelt werden? Verfolgt der Verfasser gar eine manipulative Absicht?

Mat 1

Gefräßiger Sozialstaat

So viel Prozent des beitragspflichtigen Verdienstes müssen an den Sozialstaat* abgeführt werden (Arbeitnehmer- und Arbeitgeberanteil)

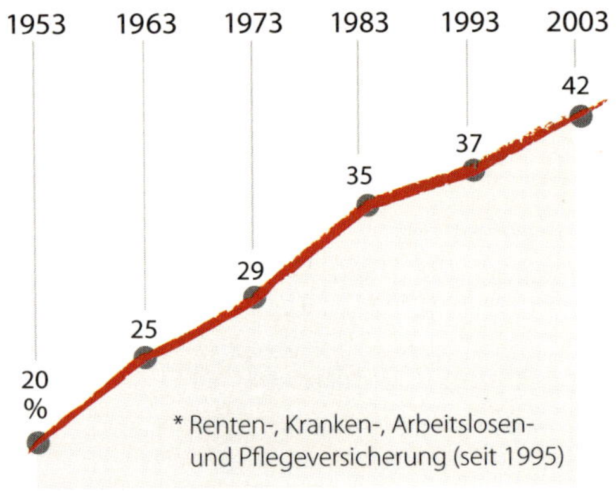

* Renten-, Kranken-, Arbeitslosen- und Pflegeversicherung (seit 1995)

Maßvoller Sozialstaat

So viel Prozent des beitragspflichtigen Verdienstes müssen an den Sozialstaat abgeführt werden (Arbeitnehmer- und Arbeitgeberanteil)

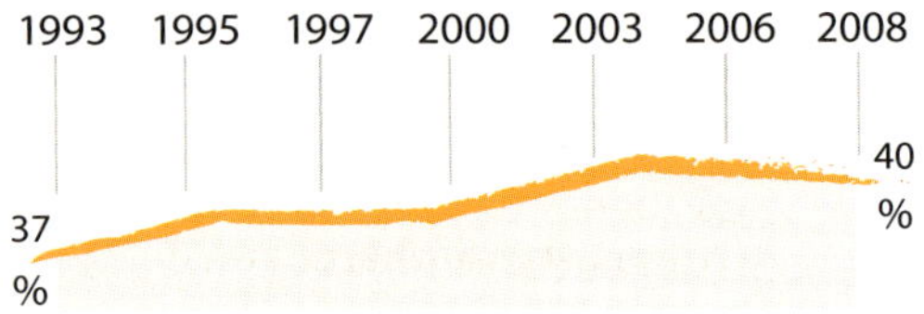

Quelle: BMA/BMWA

Mat 2 Generationenvertrag im Wandel

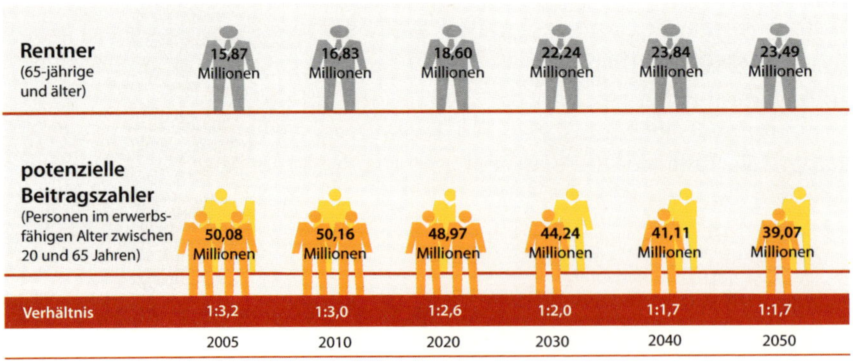

Quelle: Statistisches Bundesamt, 11. koordinierte Bevölkerungsvorausberechnung 2006, Variante 1-W2, Obergrenze der „mittleren" Bevölkerung

Übung

A Beschreiben, deuten und hinterfragen Sie kritisch die unterschiedliche Wirkung der Grafiken zur Entwicklung der Sozialversicherungsbeiträge anhand der Leitfragen ab S. 64.

B Wer könnte ein Interesse an einer verzerrten Darstellung der Daten zu den Sozialversicherungsbeiträgen haben? Überlegen Sie sich, wer eher die linke und wer eher die rechte Grafik (→ Mat 1) veröffentlichen würde, und begründen Sie Ihre Einschätzung.

C
1. Analysieren Sie die Grafik „Generationenvertrag im Wandel" (→ Mat 2) mithilfe der Leitfragen auf S. 64f.
2. Diskutieren Sie, inwiefern die Darstellung den Sachverhalt treffend darstellt oder aber teilweise verfälscht.

Kapitel aus: Demel, Michael, in: Wirtschaft & Recht, Band 3, Bamberg 2009, S. 55f.

3 Themenfindung

3.1 Vom Rahmenthema zum Arbeitstitel

Bereits mit der Wahl eines W-Seminars entscheidet man sich für ein bestimmtes **Rahmenthema**. Dabei werden mehrere Vorschläge für Seminararbeiten unterbreitet. Im Ausbildungsabschnitt 11/1 wird dann ein individuelles Seminararbeitsthema gemeinsam mit der Lehrkraft festgelegt. Hier ist man nicht an die vorgegebenen Seminararbeitsthemen, sondern nur an das Rahmenthema und die Zustimmung der Lehrkraft gebunden. Die Wahl will gut überlegt sein.

Interesse

Eine wichtige Rolle bei der Themenwahl wird das **persönliche Interesse** spielen. Ein Thema, das den Bearbeiter fesselt, wird von ihm i.d.R. umso leichter überzeugend darzustellen sein. Auch Rückschläge während der Bearbeitung sind dann leichter zu verkraften. Durch Neugier weckt man Kräfte, die bei der Bearbeitung des Themas nützlich sein werden. Häufig bieten sich Themen an, die einen aktuellen Bezug haben oder in Zusammenhang mit lokalen Gegebenheiten stehen. Man sollte sich genau überlegen: Was will ich wissen und warum will ich das wissen?

Praktische Umsetzung

Kenntnisse und Fertigkeiten

Eine positive Motivation geht von Themen aus, zu denen man **private oder schulische Vorkenntnisse** besitzt. Jemand ist etwa bereits aktiv in einem amateurastronomischen Verein, hat bereits verschiedene Aufführungen eines Theaterstücks gesehen, ist in einem Sportverein tätig usw. Auch Urlaubserfahrungen können hilfreich sein. Wer schon einmal auf Teneriffa war, hat dort vielleicht die Sternwarten oder den Gipfel des Teide besucht und damit eine besondere Motivation und Beziehung zum Thema. Diese Erfahrungen könnten in ein Seminarthema zur Astronomie oder zur Erdkunde einfließen. Für manche Themen sind **bestimmte Fertigkeiten** Voraussetzung. Um eine Computersimulation zu erstellen, benötigt man ausreichende Kenntnisse in einer Programmiersprache. Mit ungenügenden Französischkenntnissen lässt sich kaum eine Recherche französischsprachiger Originalliteratur durchführen. Solche nicht geeigneten Themen kann man leicht ausschließen.

Durchführbarkeit

Zu weit gefasste Themen bergen die Gefahr, dass das Thema nicht in der gegebenen Zeit und maximal erlaubten Seitenzahl abzuhandeln ist. Das Thema muss in diesem Fall inhaltlich begrenzt werden. Umgekehrt reicht ein zu eng gefasstes Thema nicht aus, um die erforderliche Seitenanzahl zu erfüllen. Das Thema sollte genügend Möglichkeiten bieten, Zusammenhänge zu erläutern und eigene Ideen zu entwickeln. Um diese Entscheidung treffen zu können, ist es schon in dieser Phase notwendig, eine erste Literaturrecherche durchzuführen (→ Kapitel 4: Informationsbeschaffung). Ziel ist es, sich einen Überblick über das Themenspektrum zu verschaffen, zu prüfen, ob genügend verfügbare Literatur vorhanden ist. Falls an eine Kooperation mit externen Partnern gedacht ist, sollten auch diese so früh wie möglich kontaktiert werden, um die Möglichkeiten einer Zusammenarbeit auszuloten.

Bei **praktischen Arbeiten** müssen diese mit den an der Schule vorhandenen Mitteln umgesetzt werden können und auch dürfen. So verbieten sich Experimente mit radioaktiven Substanzen, Spannungen über 5 kV und Tierversuche im Rahmen schulischer Aktivitäten. Experimente sind bereits in der Anfangsphase zu planen, um ihre Durchführbarkeit abschätzen zu können.

Kriterien bei der Themenwahl

Bei der Suche nach einem geeigneten Thema sind verschiedene Kreativitätstechniken hilfreich (→ Kapitel 3.2). Bei allen infrage kommenden Themen muss man sich über folgende Fragen Klarheit verschaffen:

- Welche Fragestellung steht im Mittelpunkt? Was ist das Ziel der Arbeit?
- Welchen Sinn und welche Bedeutung hat die Fragestellung?
- Welche Kenntnisse und Fertigkeiten sind bei der Bearbeitung des Themas nötig?
- Welche Methoden müssen angewendet werden? Sind diese Methoden im schulischen Rahmen durchführbar?
- Findet sich genügend Literatur?
- Lässt sich die Arbeit in der zur Verfügung stehenden Zeit abschließen?

Thema eingrenzen

Falls die letzte Frage mit Nein beantwortet werden muss, kann man das Thema inhaltlich oder methodisch eingrenzen. Dazu gibt es mehrere Möglichkeiten. Bei praktischen Arbeiten kann die anzuwendende Methode angegeben werden. Zum Beispiel statt: „Der schiefe Wurf" präzisiert: „Analyse eines schiefen Wurfs mit Videotechnik". Man kann das Thema auch auf **Spezialfälle oder einen lokalen Bezug** einschränken. Zum Thema „Die deutsche Wiedervereinigung" könnte der fertig formulierte Titel lauten: „Bedeutung und Auswirkungen der Wiedervereinigung am Beispiel Sachsens und der XYZ AG". Dabei sollte man immer die Kriterien zur Themenwahl im Auge behalten und die gewählte Eingrenzung in der Arbeit begründen.

Titel formulieren

Hat man schließlich ein Thema gefunden, gilt es, den Titel der Seminararbeit zu formulieren. Dazu sollte man sich noch einmal vor Augen führen, was das Ziel der Arbeit ist und welche Methoden angewendet werden. Der Titel soll einfach sein, aber präzise und eindeutig das Thema der Seminararbeit beschreiben. Auch Personen, die den Inhalt der Arbeit nicht kennen, müssen dem Titel entnehmen können, worum es in der Arbeit geht.

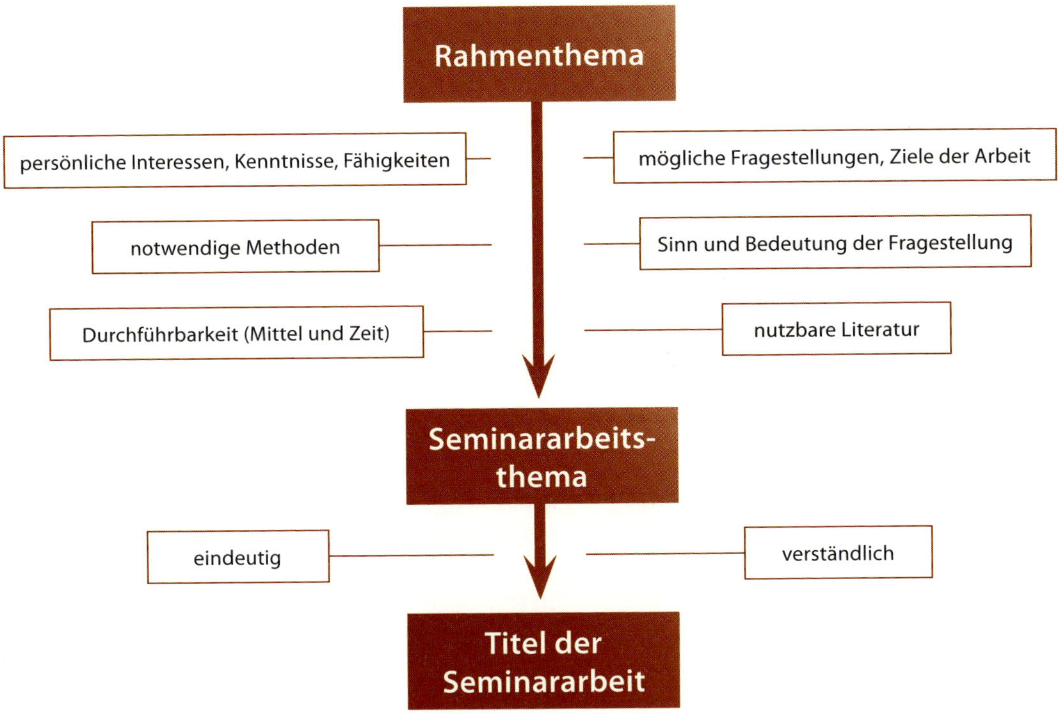

Abb. 1. *Eigene Darstellung*

Training

Übung

In der folgenden Tabelle sind verschiedene Arbeitsthemen gegeben, die noch relativ weit gefasst sind.

Arbeitsthema	Titel der Seminararbeit
Untersuchung akustischer Spektren	
Konjunkturindikatoren in den USA	
Nationalsozialismus vor 1933	
Shakespeare im Film	
Experimenteller Nachweis der Mendelschen Regeln	
Nullstellenbestimmung	
Verschmutzung von Wasser im Schwimmbad	
Sportverletzungen	
Christusdarstellungen in der Kunst	
Flucht aus der DDR	

A Verschaffen Sie sich jeweils einen Überblick über einige der Themen und erstellen Sie eine Liste mit für das Gebiet wichtigen Schlagworten.

B Formulieren Sie aus den Arbeitsthemen jeweils einen möglichen Titel für eine Seminararbeit.

3.2 Eingrenzung des Themas – Kreativitätstechniken

Schon bei der **Ideenfindung** lassen sich verschiedene Kreativitätstechniken anwenden, die im Folgenden vorgestellt werden sollen. Besondere Bedeutung haben diese Verfahren aber auch, um die verschiedenen Aspekte eines Themas zu sortieren und eine erste Gliederung zu erstellen (→ Kapitel 5.2).

Brainstorming

Ein wichtiges Verfahren ist sicher das sogenannte **Brainstorming**. Es geht auf den US-amerikanischen Autor Alex Osborn zurück, der in der Werbebranche tätig war und festgestellt hatte, dass Arbeitstreffen die Kreativität der Mitarbeiter eher bremsten. Aus Angst vor Kritik der Kollegen wurden nur wenig neuartige Ansätze gefunden. Der Amerikaner C. H. Clark griff die Idee des Brainstormings auf und entwickelte sie weiter. Er verfasste Ende der 1950er Jahre das Standardwerk „Brainstorming: the dynamic way to create successful ideas". Jedes Brainstorming geschieht in **zwei Phasen**.

Praktische Umsetzung

Methode

Nach einer kurzen Einführung in das Thema nennen die Teilnehmer **spontan Ideen**, die von einem Protokollanten festgehalten werden. Dabei ist keinerlei Kritik an den geäußerten Ideen zugelassen, seien sie auch noch so abwegig. Je ungewöhnlichere und je mehr Ideen geäußert werden, umso besser! Es können auch bereits vorgebrachte Ansätze ergänzt oder abgewandelt werden. Für die Dauer des Brainstormings sollte vorher eine feste Zeit vereinbart werden. Je nach Gruppengröße können das z. B. 15 bis 20 Minuten sein. Nach einer Pause werden die Ideen dann **vorgelesen, bewertet und eventuell sortiert**.

In Abwandlung dieser Methode kann man die Einfälle auch **schriftlich** zu Papier bringen. Dadurch lässt sich Brainstorming auch allein nutzen. Man kann das Rahmenthema und – falls schon vorhanden – auch die eigenen Ideen dazu auf ein Blatt Papier schreiben und dann alle Stichworte notieren, die einem dazu einfallen. Es sollten keine Einfälle von vornherein ausgeschlossen werden, auch wenn sie im ersten Moment abwegig erscheinen. An diesem Prozess können sich auch Freunde und Mitschüler beteiligen. Es entstehen eine **Sammlung von Schlagworten** zum Thema und eventuell auch **erste Gliederungspunkte** (→ Kapitel 5.2).

Anschließend kann man aus diesen Schlagworten Themen formulieren. Dabei sollten die Kriterien zur Themenwahl beachtet werden (→ Kapitel 3.1).

Beispiel Ideenliste Brainstorming

Physik im Sport

- Hammerwerfen
- Speerwerfen
- Sprint
- Formel 1
- Kräfte beim Skifahren
- Kräfte beim Segeln
- Skispringen
- Videoanalyse von Bewegungen
- Optimaler Abwurfwinkel
- Reibung bei der Skiabfahrt
- Bobfahren
- Flugbahn eines Fußballs
- Tennis
- Hebelgesetze beim Ringen
- Kraftwandler im Fitnesscenter

Brainwriting Pool

Auch in der Gruppe eignen sich solche Techniken in etwas abgewandelter Form sehr gut. Es gibt viele **verschiedene Varianten**, die sich zum Teil nur geringfügig unterscheiden.

Beispiel:

Alle Gruppenmitglieder sitzen um einen Tisch herum und erhalten mehrere Karteikarten. Jeder notiert dann alle Gedanken, die ihm zum Thema einfallen. Wer keine neuen Ideen mehr hat, legt seine beschriebene Karteikarte auf einen Stapel in der Tischmitte (**Brainwriting Pool**) und holt sich von dort eine Karte, die bereits von einem anderen Gruppenmitglied beschrieben wurde. Nachdem er sich diese Karte durchgelesen hat, baut er diese Idee weiter aus oder ihm fallen durch die Anregungen ganz neue, eigene Vorschläge und Assoziationen (Verbindung, Verknüpfung) ein, die er auf einer neuen Karteikarte notiert. Dieser Vorgang kann so lange fortgesetzt werden, bis die Teilnehmer keine Ergänzungen mehr vornehmen. In einem zweiten Schritt werden alle Karteikarten vorgelesen. In einer Diskussion bewerten die Teilnehmer die gefundenen Ideen und suchen die besten Vorschläge heraus.

Metaplan

Eine Technik, die sich gut eignet, um die mittels Brainstorming erhaltenen Ideen zu ordnen und zu strukturieren, ist der **Metaplan**. Obwohl ursprünglich nur ein Markenname, steht der Begriff heute für eine Moderationsmethode, die weit verbreitet ist.

Eine Pinnwand wird in der Vorbereitung mit Papier bespannt (aufgrund der Größe eignet sich z. B. Packpapier). Außerdem werden Kärtchen in verschiedenen Formen und Farben bereitgestellt. Gleiche Formen und Farben sollen für gleiche Inhalte verwendet werden. Dabei haben sich folgende Formen bewährt:

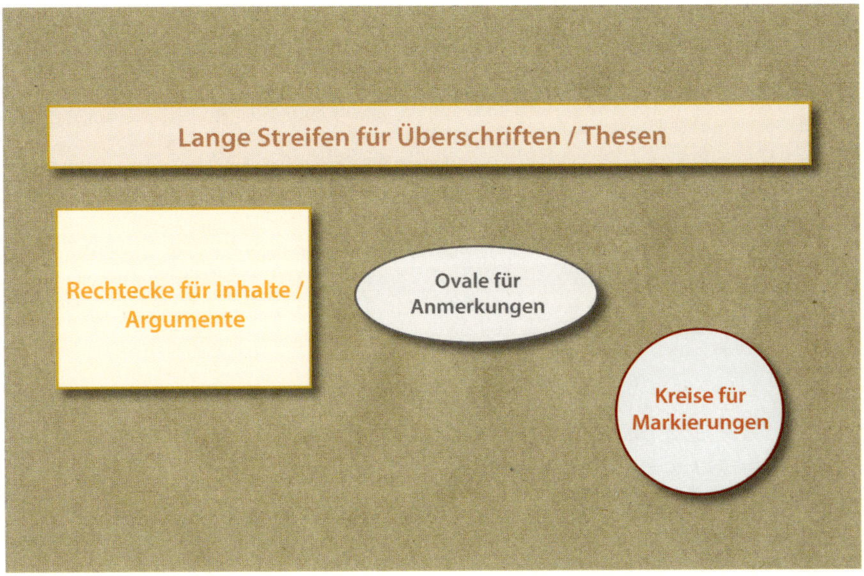

Abb. 1: Metaplan. Eigene Darstellung

Die **gesammelten Ideen** werden nun auf die Kärtchen geschrieben und an die Pinnwand geheftet. Der Vorteil des Metaplans liegt darin, dass die Kärtchen jederzeit neu angeordnet werden können. Sie sind für alle sichtbar und können mit Anmerkungen und Markierungen versehen werden. Bei Bedarf lassen sich Pfeile und Linien zusätzlich mit Filzstiften anbringen.

Diese Methode lässt sich auch von einer einzelnen Person anwenden und eignet sich dann insbesondere, um eine **Gliederung** zu erstellen. Die übersichtliche grafische Darstellung unterstützt den Denkprozess und ermöglicht flexible Umgestaltungsmöglichkeiten.

Die Idee des Clustering geht auf Gabriele L. Rico zurück. Sie beschreibt sie in ihrem Buch „Garantiert schreiben lernen" als Grundmethode des kreativen Schreibens. Ausgangspunkt war der Versuch, beim Finden kreativer Lösungen beide Hirnhälften zu nutzen. Die linke Hälfte ist vor allem für begriffliches Denken, die rechte Hälfte für bildliches Denken zuständig (→ Kapitel 1.2). Vom zentralen Thema ausgehend, werden **Assoziationsketten** gebildet, die jeweils miteinander verbunden werden. Gänzlich neue Assoziationen beginnen wieder beim zentralen Thema. Später können Zusammenhänge zwischen den verschiedenen Schlagworten durch Verbindungen verdeutlicht werden. Dadurch entstehen Haufen (Cluster) von Schlagworten mit ähnlichem Inhalt; in einem Cluster werden so Ideen gesammelt. Clustering

Beispiel eines Clusters zum Thema Großteleskope

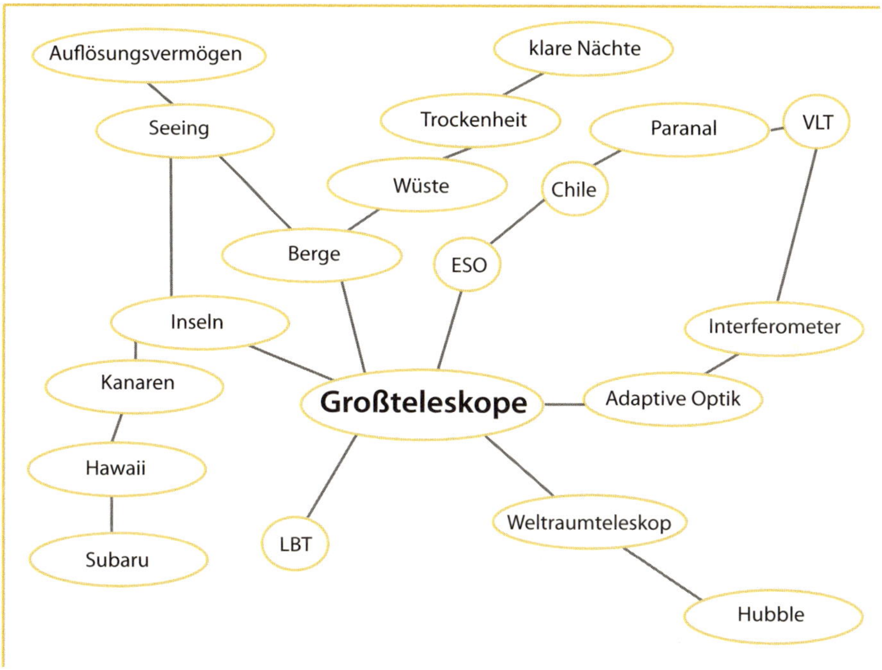

Abb. 2. Eigene Darstellung

Der Begriff **Mindmap** bedeutet so viel wie „Gedankenkarte". Er stammt von Tony Buzan, einem britischen Mentaltrainer und Buchautor. Ähnlich wie beim Clustering werden die Begriffe grafisch sortiert, aber zusätzlich in eine **hierarchische Struktur** gebracht. Mindmapping

Das zentrale Thema wird in der Mitte eines Blattes angeordnet. Nach außen verzweigen dann verschiedene Haupt- und Unteräste, die jeweils nur sehr wenige Schlüsselworte enthalten sollen. Zur besseren Anschauung sind Farben und Illustrationen erlaubt. Wie beim Brainstorming sind alle Ideen zugelassen – sie werden aber sofort in eine Hierarchie eingeordnet. Man kann aber die Ergebnisse eines Brainstormings auch in eine Mindmap übertragen.

Inzwischen gibt es mehrere Anbieter für Software, mit der man Mindmaps **im Computer** erstellen kann. Ein kostenfreies OpenSource-Programm ist z. B. FreeMind (http://freemind.sourceforge.net). Solche Programme lassen sich sehr gut einsetzen, um die Mindmap anderen Personen zu präsentieren. Bei der Ideenfindung sollte man jedoch auf Stift und Papier zurückgreifen, da sich nur so spontane Einfälle zügig festhalten lassen.

Beispiel Mindmap zum Sonnensystem

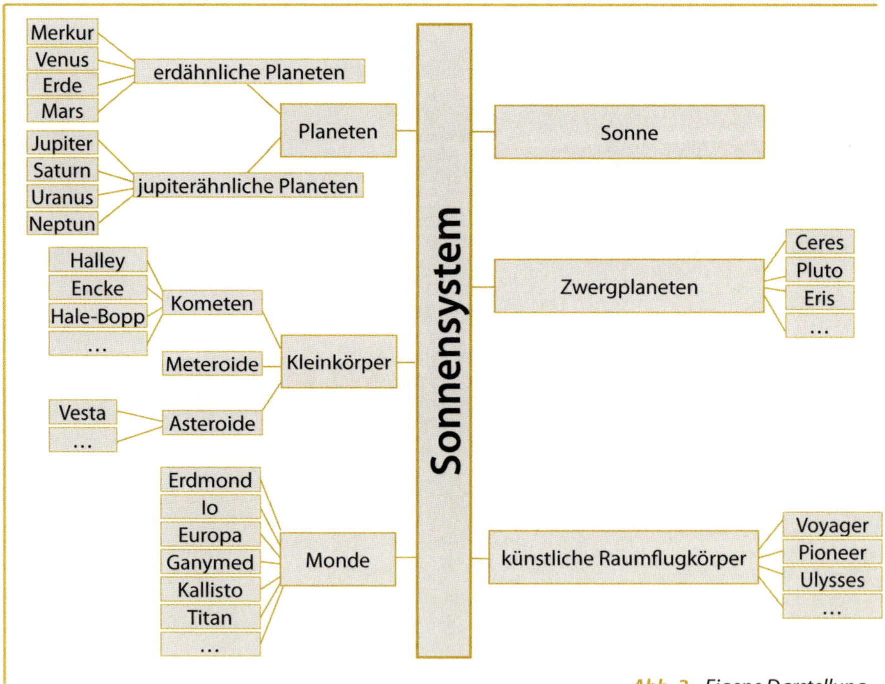

Abb. 3. Eigene Darstellung

Training

A Suchen Sie mittels Brainstorming nach Ideen, wie das Freizeitangebot für Jugendliche in Ihrer Stadt verbessert werden kann.

Übung

B Sammeln Sie Ideen für das nächste Schulfest. Verwenden Sie dazu einmal ein Brainstorming und einmal eine Mindmap.

C Für die Schülerzeitung sollen Sie einen Artikel zum Thema „Jugendarbeitslosigkeit" schreiben. Erstellen Sie einen ausführlichen Cluster.

D Ihr Seminar plant bereits jetzt eine Abschlussveranstaltung als Höhepunkt des W-Seminars. Tragen Sie im Team Ideen mittels Brainwriting Pool zusammen und strukturieren Sie diese mithilfe eines Metaplans.

Zusammenfassung

Brainstorming

- Ziel: Ideensammlung
- spontane Ideen werden notiert; keine Wertung oder Kritik!
- nach vorher vereinbarter Zeit werden die Ideen bewertet und sortiert

Brainwriting Pool

- Ziel: Ideensammlung
- jeder Teilnehmer notiert seine Ideen auf Karteikarten, die dann in die Tischmitte gelegt werden; wer keine Ideen mehr hat, nimmt Karteikarten vom Stapel und ergänzt diese
- anschließend erfolgt die Bewertung und Sortierung der Karten/Ideen

Metaplan

- Ziel: Sortierung und Strukturierung von Ideen
- Überschriften, Inhalte, Anmerkungen usw. werden auf Karteikarten mit unterschiedlichen Formen und Farben festgehalten
- Anordnung der Karten auf einer Pinnwand

Clustering

- Ziel: Ideensammlung
- vom zentralen Thema ausgehend werden Assoziationsketten gebildet; kommt man nicht weiter, beginnt man wieder beim zentralen Thema
- man verbindet zusammenhängende Schlagworte

Mindmapping

- Ziel: Ideensammlung und -sortierung
- Beginn mit zentralem Thema in Blattmitte
- Ideen werden in eine baumartig verzweigende Struktur eingetragen

4 Informationsbeschaffung

4.1 Suchstrategien

Jeder Freude über die endgültige Themenfindung steht die Herausforderung der **Informationssuche** gegenüber: Woher soll man sich Information beschaffen? Wie zuverlässig sind die Quellen? Wie kann man den Überblick über die beschafften Informationen behalten? Dies soll Inhalt dieses Kapitels sein.

Überblick verschaffen

Die **ersten Informationsquellen** sollten Lexika und Nachschlagewerke (Print oder Internet) sein. Mit dieser Literatur kann man sich einen ersten Überblick über das Thema verschaffen. Lexikonartikel sind meist so gegliedert, dass sie Auskunft über Begriffsdefinitionen, historische Hintergründe und die Teilbereiche der gewählten Thematik geben. Das könnte schon eine erste Grobgliederung beinhalten. Auch finden sich häufig Hinweise auf weiterführende Literatur. Zusätzlich erhält man verschiedene Suchbegriffe zum Thema, die für die weitere Informationsbeschaffung wichtig sind.

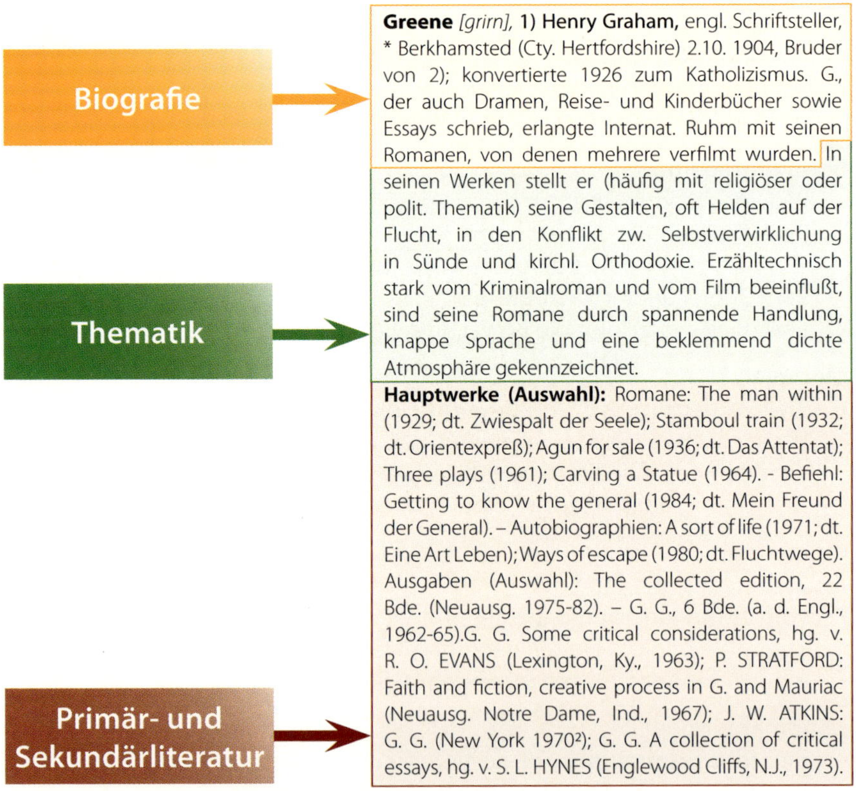

Greene *[grirn],* **1) Henry Graham,** engl. Schriftsteller, * Berkhamsted (Cty. Hertfordshire) 2.10. 1904, Bruder von 2); konvertierte 1926 zum Katholizismus. G., der auch Dramen, Reise- und Kinderbücher sowie Essays schrieb, erlangte Internat. Ruhm mit seinen Romanen, von denen mehrere verfilmt wurden. In seinen Werken stellt er (häufig mit religiöser oder polit. Thematik) seine Gestalten, oft Helden auf der Flucht, in den Konflikt zw. Selbstverwirklichung in Sünde und kirchl. Orthodoxie. Erzähltechnisch stark vom Kriminalroman und vom Film beeinflußt, sind seine Romane durch spannende Handlung, knappe Sprache und eine beklemmend dichte Atmosphäre gekennzeichnet.

Hauptwerke (Auswahl): Romane: The man within (1929; dt. Zwiespalt der Seele); Stamboul train (1932; dt. Orientexpreß); Agun for sale (1936; dt. Das Attentat); Three plays (1961); Carving a Statue (1964). - Befiehl: Getting to know the general (1984; dt. Mein Freund der General). – Autobiographien: A sort of life (1971; dt. Eine Art Leben); Ways of escape (1980; dt. Fluchtwege). Ausgaben (Auswahl): The collected edition, 22 Bde. (Neuausg. 1975-82). – G. G., 6 Bde. (a. d. Engl., 1962-65).G. G. Some critical considerations, hg. v. R. O. EVANS (Lexington, Ky., 1963); P. STRATFORD: Faith and fiction, creative process in G. and Mauriac (Neuausg. Notre Dame, Ind., 1967); J. W. ATKINS: G. G. (New York 1970²); G. G. A collection of critical essays, hg. v. S. L. HYNES (Englewood Cliffs, N.J., 1973).

Abb. 1. *Brockhaus Enzyklopädie in 24 Bänden, 19. Aufl. 1989, Bd. 9, S. 85*

Erste brauchbare Ergebnisse finden sich auch mithilfe von **Online-Suchmasken** der sogenannten „Erweiterten Suche" einer Bibliothek (→ Kapitel 4.3). Häufig erhält man andere und bessere Ergebnisse bei der Recherche, wenn bestimmte Begriffe ersetzt werden: Statt des Begriffes „Geburt" bei der Themenstellung „Geburt des Universums" sollte man den Begriff „Entstehung" verwenden. Daher ist es sinnvoll, sich anfangs möglichst viele Suchbegriffe und Synonyme zu notieren.

Synonyme

Als **weitere Informationsquellen** stehen Bücher und Zeitschriften in Bibliotheken, das Internet, TV-Sendungen, Umfragen und Interviews zur Verfügung.

4.2 Ordnungssysteme für Informationsquellen

Sinn von Ordnungssystemen

Auch wenn es anfangs nach mehr Arbeit aussieht: Ohne ein gewisses Ordnungssystem für die Rechercheergebnisse verliert man schnell die Übersicht über Begriffe, Inhalte und den Fundort von Informationen. Um den Überblick zu behalten, sollte man sich schon zu Beginn der Recherche ein **Ordnungssystem** anlegen. Am Ende ist man dankbar für den schnellen Informationszugriff beim Erstellen der Bibliografie oder des Quellennachweises. Ordnungssysteme lassen sich elektronisch (am PC) und manuell erstellen. Beide Systeme sind gut miteinander zu kombinieren.

Manuelle Ordnungssysteme

Zeitungsartikel und **Kopien** aus Büchern oder Lexika lassen sich in einem sogenannten Stehordner sammeln. Zu besseren Übersicht verwendet man Registerblätter oder Legemappen, die thematisch beschriftet sind. Das erleichtert den schnellen Zugriff und erhöht die Übersichtlichkeit.

Ordnungssystem in der Vorbereitungszeit

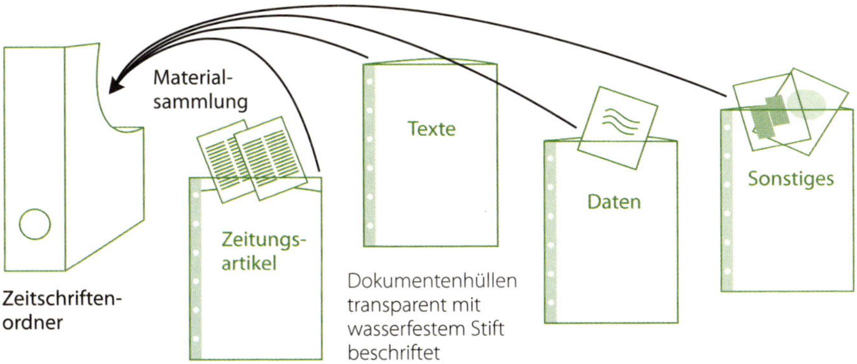

Abb. 2. *Nach: Barsch-Gollnau, Signue u. a., Selbstständig Arbeiten – überzeugend präsentieren, Bamberg 2007, S. 24*

Auch Aussortiertes sollte nicht gleich weggeworfen werden – vielleicht wird es später doch noch benötigt. Dazu legt man einen zweiten Sammelordner an, den Papierkorb, der erst nach Abgabe der Arbeit geleert werden sollte.

Ordnungssysteme am PC

Viele Informationen (Texte, Darstellungen) erhält man aus dem Internet, sie liegen also nicht als Druckobjekte vor. Diese Dokumente oder schon bearbeitete Teile werden am besten in einem **elektronischen Ordnungssystem** am Computer abgelegt. Mittels verschiedener Unterordner verliert man die Übersicht nicht.

Beispiel für ein elektronisches Ordnungssystem

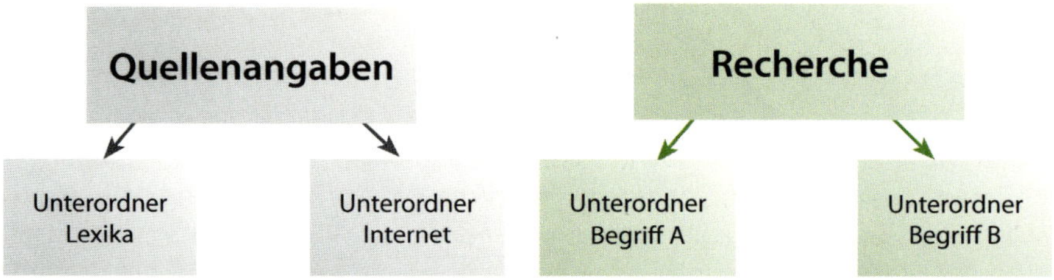

Abb. 2. *Eigene Darstellung*

Gleichzeitig können die Ordner in Zehner- oder Hunderterschritten durchnummeriert werden, um eine flexible und erweiterbare Übersicht zu erhalten.

Beispiel für ein flexibles Ordnungssystem am PC

Hauptordner	Unterordner
100 Recherche	110 Begriff A 120 Begriff B 121 Begriff B Meyers Lexikon 122 Begriff B Wikipedia 130 Suchbegriffe/Synonyme
200 Einleitung	210 Gedanken 220 Grobfassung
300 Hauptteil	310 Grobgliederung 320 Fassung 1
400 Bibliografie	410 Bücher 420 Zeitschriften 430 Internet
500 Inhaltsverzeichnis	510 1. Version 520 2. Version
600 Papierkorb	

Abb. 3. *Eigene Darstellung*

Mit diesem System ist jeder Teil der Arbeit jederzeit zugänglich, können einzelne Fassungen verglichen und Teile wiederhergestellt sowie neue Ordner mit anderen Inhalten an allen Stellen platziert werden. Dazu wählt man in der Symbolleiste „Ansicht" den Menüpunkt „Symbole anordnen nach" aus und klickt das gewünschte Sortierungssystem an.

Wichtige Angaben im Ordnungssystem

Der Ordner **Recherche** dient zum Ablegen wichtiger Inhalte zu Begriffen, wichtiger Zusammenhänge oder Definitionen. Dabei sollten immer die Quellen angegeben werden, damit dort notfalls nachgeschlagen werden kann. Während des Verfassens fallen einem Ideen für die **Einleitung** oder den **Schluss** ein. Damit diese nicht verloren gehen, werden sie sofort im Ordner Einleitung und Schluss abgespeichert. In einem Ordner für den **Hauptteil** können die einzelnen Kapitel oder Fassungen des Hauptteiles abgelegt oder ein Gedankengerüst niedergeschrieben werden. Besonders wichtig ist die Datei **Bibliografie**: Hier müssen – geordnet nach Büchern, Zeitschriften und Internetquellen – alle Quellendaten vermerkt werden. Nur so können sie bei Bedarf schnell wiedergefunden werden; auch erleichtert man sich das Erstellen eines Literatur- und Quellenverzeichnisses.

Für **Bücher** sollten folgende Informationen gespeichert werden (⟶ Kapitel 2.1.4):	Bei **Quellen aus dem Internet** (⟶ Kapitel 2.1.3):
• Name und Vorname des Autors	• Internetadresse (URL)
• Titel des Buches	• Titel der Quelle/Suchbegriff
• Erscheinungsjahr und -ort	• Autor oder Institution
• Verlag	• ggf. Datum der Erstellung
• Auflage	• Datum des Zugriffs
• Bezugsort, evtl. mit Signatur	• Inhalt der Seite

Abb. 4. *Eigene Darstellung*

Beim **Abspeichern von Internetquellen** sollte beachtet werden, dass der Autor (in diesem Fall der Schüler) bei der Nutzung von Inhalten einer Website für die Richtigkeit und die Verfügbarkeit dieser Inhalte verantwortlich ist. Deshalb ist es wichtig, nicht nur die oben angegebenen Daten, sondern auch die jeweils herangezogenen Inhalte abzuspeichern. Nur so ist die **Quellensicherheit** gewährleistet, wenn Inhalte eines Internetauftritts verändert werden oder eine Seite vom Server genommen wird.

Suchergebnisse aus dem Internet lassen sich auch mit einem Internetprogramm ordnen: Mit einer kommentierten und nach Datum geordneten Linkliste kann man die genutzten Internetseiten speichern.

4.3 Informationen aus Büchern

4.3.1 Ordnungsprinzipien einer Bibliothek

Um an wichtige Fachliteratur heranzukommen, ist es notwendig, sich mit der Funktionsweise einer Bibliothek vertraut zu machen. Es empfiehlt sich, an einer Führung durch die Stadt- oder Universitätsbibliothek teilzunehmen. Die Suchwortkataloge der Bibliotheken sind meist miteinander vernetzt, sodass der Benutzer per Internet die Bestände mehrerer Bibliotheken einsehen kann. Erfolgreich ist die Recherche in Büchern vor allem für fundiertes Basiswissen und didaktisch aufbereitete Einheiten. Aktuelle Informationen findet man eher in Zeitschriften oder im Internet.

In einer Bibliothek wird zwischen **Freihand- und Magazinbereich** unterschieden. Bücher des Freihandapparates können vor Ort gelesen oder ausgeliehen werden. Bücher, die sich im Magazin befinden, müssen vorher bestellt und am darauffolgenden Tag abgeholt werden. Außerdem gibt es im Freihandbereich einen sogenannten **Präsenzbestand**, der zwar im Lesesaal benutzt, aber nicht entliehen werden darf. Die Beschaffung von Literatur in einer Bibliothek scheint auf den ersten Blick komplizierter zu sein als eine Informationsbeschaffung mittels Internet, hat aber viele **Vorteile**.

- Oft ist die **Qualität der Inhalte** höher, da die Informationssicherheit einen wichtigen Parameter für den Markterfolg eines Buches darstellt.
- Der Benutzer arbeitet mit einer **überschaubareren Datenmenge** und findet somit schneller und zielsicherer wichtige Informationen.

Regensburger Verbund-klassifikation

Das Ordnungssystem der meisten Bibliotheken folgt der **Regensburger Verbundklassifikation** (RVK). Dieses System besteht aus 34 Fachsystematiken, die mit Großbuchstaben gekennzeichnet sind. Weitere Buchstaben- und Zahlenkombinationen machen eine Feingliederung möglich. Eine Verschlüsselung ist in allen Bibliotheksbereichen zu finden.

So bezeichnet in der Signatur GN 7658 das G Germanistik, Slavistik, GN Moderne Deutsche Literatur zwischen 1946 und 1990 und zwischen den Zahlenfolgen 7658 bis 7761 finden sich die Autoren mit dem Anfangsbuchstaben L; 7658 ist der Autor Erich Loest.

Dieses RVK dient nicht dazu, gezielt ein bestimmtes Buch zu finden, sondern es grenzt **Themengebiete** ab. Wer sich zunächst nicht an die Kataloge setzen will, um Literatur zu suchen, kann sich so schon einmal einen Überblick über das Themengebiet verschaffen. **Wichtige Lexika** zu jedem Themengebiet finden sich immer zu Beginn eines Fachgebietes. Ein kleiner Überblick:

- Allgemeine Lexika: Brockhaus, Meyers-Lexikon, Encyclopedia Britannica
- Theologie: Theologische Realenzyklopädie (TRE; ev. Religion), Lexikon für Theologie und Kirche (kath. Religion)
- Sprachwissenschaft: Bußmann: Lexikon der Sprachwissenschaft
- Literaturwissenschaft: Kindlers Literaturlexikon, Wilpert: Sachwörterbuch der Literatur
- Klassische Philologie: Der Neue Pauly. Enzyklopädie der Antike
- Anglistik: DTV-Atlas Englische Sprache
- Geschichte: DTV-Wörterbuch der Geschichte, Der große Ploetz
- Wirtschaftswissenschaften: Das Lexikon der Wirtschaft, pocket wirtschaft (beide bei der Bundeszentrale für politische Bildung, auch online)
- Geografie: Brunotte: Lexikon der Geographie in 3 Bänden
- Mathematik/Informatik: Bronstein: Taschenbuch der Mathematik
- Physik: DTV-Atlas der Physik, Lexikon der Physik (Spektrum Akad. Verlag)
- Chemie: DTV-Atlas
- Biologie: DTV-Atlas
- Musik: Musik in Geschichte und Gegenwart (in 17 Bänden)
- Kunst: KUNST Bildatlas

4.3.2 Suche im Katalog (OPAC)

Bücher, die nicht im Freihandbereich stehen, müssen vorbestellt werden. Sollte das gewünschte Buch nicht im Magazin vorrätig sein, so ist es problemlos per Fernleihe, d.h. aus einem weltweiten Bestand, ausleihbar.

Man kann sich aber auch von zu Hause aus bequem einen Überblick über einen Themenbereich beschaffen, indem man via Internet die Kataloge der Bibliotheken mit Suchbegriffen füttert. Durch die Umstellung auf das OPAC-System (= Online Public Access Catalogue) gibt es **vielseitige Suchmöglichkeiten**.

- Öffnen der Recherchemaske. Diese Maske für die sogenannte **Standardsuche** sieht meist wie folgt aus:

- In das Feld „Alle Felder" können **Schlagworte, Teile eines Titels** oder der **Autorenname** eingegeben werden. Hier erhält man die meisten Treffer mit dem jeweiligen Suchbegriff, allerdings auch wenig differenziert.

Stichwort und Schlagwort

- Größer ist die Trefferquote für relevante bzw. passende Quellen bei der Benutzung des **Schlagwortes**: Hier sucht das System den Begriff nur im Schlagwortkatalog der Bibliothek, in dem der gesamte Bestand nach Fachbereichen sortiert ist. Ein Fachbuch über die Entwicklung der alpinen Gletscher würde z.B. mit den Schlagworten „Gletscher – Alpen – Glazialmorphologie – Klimatische Veränderung" zu finden sein. Wenn ein Teil des Titels bekannt ist, sucht man mit diesem Begriff als **Stichwort**. Das Stichwort muss im Titel vorkommen, sonst kann das System nicht fündig werden.

- Es kann auch über den **Verfasser** oder den **Titel** – falls bekannt – ein Buch gesucht werden. Mit der [Pfeil nach unten]-Taste können weitere Parameter für die Suche eingestellt werden: Signatur, Verlag, ISBN. Diese Eingaben haben aber nur Sinn, wenn die genannten Daten schon bekannt sind.
- Mit den **Operatoren** „und", „oder" sowie „und nicht" können Kombinationen verschiedener Parameter angewendet werden.
- Wenn ein Stichwort oder einen Autorennamen nicht genau bekannt ist, so wird in der Recherche das Stichwort eingegeben, soweit es bekannt ist, und mit einem * ergänzt. Das Sternchen fungiert als Platzhalter und sucht alle Begriffe oder Namen, die mit den eingegebenen Buchstaben beginnen oder enden. Beispiel: Mit „Geo*" findet man alle Bücher, die im Katalog unter den Schlagwörtern „Geografie, Geologie, Geometrie, Geomorphologie ..." abgespeichert wurden; entsprechendes gilt für „*logie".

  Wenn man nicht nach einem speziellen Titel sucht, erzielt man mit der Schlagwortsuche die besten Ergebnisse.

Training

A Besuchen Sie Ihre Bibliothek (Schul-, Stadt-, Universitätsbibliothek) und informieren Sie sich über das dortige Ordnungssystem. Übung

B Suchen Sie im OPAC-System einer Bibliothek Bücher und Zeitschriften zu einem Stichwort, z. B. „Klimawandel". Differenzieren Sie zwischen Zeitschriften/Zeitschriftenreihen und Büchern.

C Spezifizieren Sie Ihre Suche mittels Schlagwortketten.

4.3.3 Bibliografie

Oft findet man am Ende von Büchern oder Zeitschriften eine **Bibliografie**. Dies ist nicht nur eine Übersicht der verwendeten Literatur (Literaturverzeichnis), sondern eine Gesamtübersicht der Literatur zu einem Thema. Bibliografien sind wichtige Instrumente der wissenschaftlichen Arbeit, da hier (fast) die **gesamte Literatur eines Fachbereiches** zusammengestellt ist. Die Systematik kann unterschiedlich sein, entweder alphabetisch nach Autoren, chronologisch oder der (subjektiven) Wertigkeit nach. Eine Grundform der Bibliografie stellen die Bibliothekskataloge dar. Bibliografien eignen sich besonders, um einen Überblick über die Thematik zu erhalten (→ Kapitel 2.1.4). Die Deutsche Nationalbibliothek erstellt seit 1913 die Deutsche Nationalbibliografie, in der auch alle Publikationen der BRD erfasst und katalogisiert sind. Diese Nationalbibliografie ist auch online erreichbar: **http://www.ddb.de/service/zd/dnb.htm**

4.4 Recherche im Internet

Arbeitsweise von Suchmaschinen

Informationen im Internet zu suchen bedeutet, sich mittels Suchmaschinen in Server einzuloggen, auf welchen Internetseiten gespeichert sind. Suchmaschinen arbeiten allerdings rein formal: Findet sich ein Suchbegriff auf einer Internetseite, so taucht diese Seite in der Übersicht der Suchergebnisse auf. Die Informationstiefe spielt dabei keine Rolle. Ist ein Begriff innerhalb eines Textes rein metaphorisch gebraucht, so wird die Seite ebenfalls von der Suchmaschine als Suchergebnis aufgelistet, obwohl die Information wertlos ist. Über das Ranking entscheiden nur die Zugriffszahlen der Nutzer. Diese Zugriffszahlen sagen aber wiederum wenig über die Brauchbarkeit einer Internetseite aus. Schnelle und systematische Suche sieht anders aus.

4.4.1 Recherche mit Standardsuchmaschinen

Wer mit den Standardsuchmaschinen (z. B. **www.altavista.de**; **www.google.de**; **www.fireball.de**) recherchiert, sollte folgende Regeln beachten:

Einsatz von Operatoren

- **Suchbegriffe** sollten genau überlegt sein. Oft ist die Verwendung von Synonymen hilfreich. Je präziser die Begriffe, desto erfolgreicher die Suche!
- **Kombinierte Suche**: Mit der Eingabe zweier Suchbegriffe und der Verwendung der meist vorgegebenen Operatoren „and“ (beide Begriffe müssen im Dokument vorkommen) und „or“ (einer der beiden Begriffe muss vorkommen) kann die Suche verfeinert werden.

- Feststehende Phrasen oder Zitate sollten in **Anführungszeichen** gesetzt werden. Nur so wird nach der gesamten Phrase gesucht.
- Optimierung der Recherche mit der **„Erweiterten Suche“**. Über die Funktionsweise wird man mit dem „Hilfe“-Button informiert.
- Es empfiehlt sich, nur die **ersten Seiten** der Trefferliste zu öffnen. Meist bieten diese die besten Informationen.
- Die relevanten Seiten sollten herausgesucht und im **Ordnungssystem** gespeichert werden (→ Kapitel 4.2). Die Auswertung kann später in aller Ruhe erfolgen.
- Mit der Eingabe „Linkliste + THEMA“ (THEMA dient hier als Platzhalter für einen Suchbegriff) findet man Internetseiten zu **speziellen Themen**.

Sind die Artikel aufgerufener Seiten zu umfangreich, können die Schlagworte mit dem gleichzeitigen Drücken von „Strg“ und „F“ innerhalb des Textes markiert werden. Mit der Enter-Taste wird der Begriff im weiteren Verlauf markiert.

4.4.2 Recherche mit speziellen Suchmaschinen

Überblick über Themenfelder

Eine Alternative zu den Standardsuchmaschinen stellen die **Cluster-Suchmaschinen** dar. Sie arbeiten nicht mit Schlagworten, sondern suchen übergeordnete Begriffe im Netz. In den gefundenen Seiten kommt der Suchbegriff dadurch nicht zufällig vor, sondern ist – wie im Katalog einer Bibliothek – ein Schlagwort. Für alle Schlagworte finden sich wiederum Unterverzeichnisse, sodass sich ein Cluster ergibt. Dadurch kann der Nutzer einen Überblick über die Thematik erhalten. Einige Beispiele für Cluster-Suchmaschinen sind: **www.allesklar.de**, **www.clusty.com** und **www.vivismo.com**.

Es existiert eine Vielzahl von Suchmaschinen für fast alle Themenfelder. **www.klug-suchen.de** oder **www.suchfibel.de** geben eine Übersicht über diese **thematischen Suchmaschinen**. Google Scholar ist eine spezielle Suchmaschine zum Auffinden wissenschaftlicher Literatur. Oft werden bei der Recherche die Portale von Zeitungen und Zeitschriften vergessen. Spezielle Suchmaschinen für **Zeitungsartikel** sind **www.paperball.de** und **www.presse-suche.de**. Manche Schulen bieten ein Abonnement eines E-Papers. Hierfür sollte man sich bei der zuständigen Lehrkraft erkundigen. Alle namhaften Zeitungen und Zeitschriften besitzen eine Archivseite mit länger zurückliegenden Artikeln. Zeitungen und Zeitschriften haben den Vorteil, dass sie – oft eher als Bücher – aktuelle Informationen enthalten. Lohnend sind auch die **kostenpflichtigen Internetauftritte** bei **www.spektrum.de**, **www.bild-der-wissenschaft.de** oder ähnlichen Wissenschaftsseiten. Auch die Archive und Internetauftritte von Interessenverbänden, Parteien und Institutionen sind häufig einen Besuch wert. Eine kurze exemplarische Übersicht:

Allgemeine Informationsseiten:
- www.bpb.de (Bundeszentrale für politische Bildung)
- www.km.bayern.de/blz (Landeszentrale für politische Bildung Bayern); auch die meisten anderen Bundesländer haben eigene Landeszentralen
- www.deutschland.de (ein Informationsportal der Bundesregierung)

Für statistische Daten:
- www.destatis.de (Statistisches Bundesamt)

Parteien:
- www.cducsu.de
- www.spd.de
- www.gruene.de
- www.fdp.de
- www.die-linke.de

Umweltverbände:
- www.greenpeace.de
(Homepage der internationalen Umweltschutzorganisation)
- www.bund.net (Bund für Umwelt und Naturschutz)

Arbeitgeberverbände und Gewerkschaften:
- www.bda-online.de (Bundesverband der Arbeitgeberverbände)
- www.dgb.de (Deutscher Gewerkschaftsbund)

Literaturseiten:
- http://gutenberg.spiegel.de (Originalwerke vieler Autoren zum kostenlosen Download)
- http://de.wikipedia.org/wiki/Literaturdatenbank (wichtige Adressen zur Recherche von Texten und Autoren)

4.4.3 Beurteilung von Internetseiten

Glaubwürdigkeit von Internetquellen

Da es jedem Menschen erlaubt ist, Informationen im Internet zu veröffentlichen, ist es bei der Internetrecherche besonders wichtig, die **Richtigkeit der Inhalte** zu überprüfen. Bei Buchveröffentlichungen werden die Inhalte vom Autor und dem zuständigen Lektorat im Verlag überprüft. Auch wollen Verlag und Autor mit dem Verkauf des Buches Geld verdienen – erkennbare inhaltliche Mängel wären dafür hinderlich. Internetinformationen sind in der Regel kostenfrei und verfügen meist über keine Kontrollinstanz – deswegen müssen Internetquellen besonders auf ihre Glaubwürdigkeit hin überprüft werden. Mit folgenden Fragen kann die **Seriosität von Internetquellen** getestet werden:

1. Wer hat die Informationen ins Netz gestellt (**Impressum**)? Ist der Name des Autors genannt? Ist es die Seite einer (bekannten) Institution, z.B. Universität, Verein, Organisation? Diese Seiten können meist ohne größere Bedenken als zuverlässig eingestuft werden. Seiten von Privatpersonen sind dagegen besonders kritisch zu beurteilen. Mit einem Klick auf das Menü „Wir über uns“ o.ä. lassen sich Informationen über die Autorenschaft abrufen.
2. Welche **Qualifikation** besitzt der Autor?
3. Wie **aktuell** sind die Informationen? Wird die Seite regelmäßig auf den neuesten Stand gebracht (Datum der letzten Aktualisierung)?
4. Sind auf der Seite **Quellenangaben** notiert? Nur so können Inhalte auf ihre Richtigkeit überprüft werden.
5. Gibt es eine E-Mail-Adresse o.ä., um **Kontakt** mit den Betreibern der Seite aufzunehmen? Damit kann man die Verantwortlichen auf Fehler aufmerksam machen.
6. Ist die Seite **professionell gestaltet**? Professionelle Seiten, bei denen Inhalte im Vordergrund stehen, kommen meist ohne Werbung, schreiende Popups etc. aus.
7. Formalsprachliche Richtigkeit ist ein weiterer Indikator für die Qualität einer Internetseite.

Weitere Tipps zur Beurteilung von Internetquellen und Internetsicherheit sind unter **www.mekonet.de** zu finden.

Übung

A Starten Sie eine kurze Recherche zum Thema „Kinderarbeit“ und überprüfen Sie kritisch die Glaubwürdigkeit der Quellen anhand des obigen Fragenkatalogs.

B Vergleichen Sie den Informationsgehalt des Artikels „Novelle“ in einem allgemeinen Lexikon mit dem im Sachwörterbuch der Literatur von GERO VON WILPERT.

C Geben Sie den Begriff „Glazialmorphologie“ in einer Standardsuchmaschine und unter www.clusty.de ein und versuchen Sie eine Grobgliederung zum Thema „Beispiele der Glazialmorphologie“ zu erarbeiten. Mit welcher Suchmaschine gelingt das besser?

D Suchen Sie in Zeitungsarchiven und Cluster-Suchmaschinen Statistiken und Bilder zur Thematik des Gletscherrückzugs aufgrund des Treibhauseffektes heraus, die die Problematik verdeutlichen. Achten Sie dabei auf die Aktualität der Daten.

4.5 Archive und Museen

Archive im Internet

Archive sind Institutionen, die Unterlagen, Karten, Schriftstücke, Pläne, Bilder und Filme sichten, bewerten und sicher aufbewahren. Inzwischen werden viele Archivstücke auch elektronisch erfasst und archiviert. Damit macht man **wichtige Dokumente und Kulturgüter** Wissenschaftlern und Interessierten zugänglich. Ein Museum kann man als ein öffentlich zugängliches Archiv auffassen, das einen Teil seines Archivgutes ausstellt. Immerhin existiert in Museen in den Magazinen eine Vielzahl von nicht ausgestellten Exponaten.

Unter der Internetadresse **www.historicum.net/lehren-lernen/archiveinfuehrung/einleitung/** existiert ein Leitfaden zum Gebrauch von Archiven. Mithilfe des URL **www.archivschule.de** können Archive im Internet gesucht und genutzt werden. Auch bekannte Suchmaschinenbetreiber stellen Archive zur Verfügung. Je nach Thematik sollten **lokale Museen** (Stadtmuseum, Historische Museen …) und **Archive** (Stadtarchiv) genutzt werden. Hier finden sich Informationen aus erster Hand und Experten, die als Interviewpartner bereitstehen könnten.

Training

Übung

A Erkundigen Sie sich, welche Archive und Museen es bei Ihnen im Umkreis gibt.

B Unternehmen Sie einen virtuellen Rundgang durch das Deutsche Historische Museum: Besuchen Sie die Seite **www.dhm.de** und klicken auf LeMO (Lebendiges Museum Online).

Zusammenfassung

Kriterienkatalog für die Recherchearbeit

1. **Standardwerke:** Berücksichtigung von fachspezifischen Standardwerken (→ Kapitel 4.3.1, Ordnungsprinzipien einer Bibliothek). Vor allem für Grundlageninformationen und die Fachterminologie ist das Nachschlagen in Standardwerken unerlässlich. Auch gelten diese Werke als anerkanntes „Expertenwissen".
2. **Medienvielfalt:** Das Benutzen unterschiedlicher Medien (Printmedien, elektronische Medien …) sorgt für eine erweiterte Darstellungsweise. Filmsequenzen o.ä. bieten andere Zugangsmöglichkeiten für das Verständnis als Worte oder Bilder. Auch in Bezug auf die Aktualität und die Informationsdichte gibt es Unterschiede zwischen den verschiedenen Informationsmöglichkeiten (vgl. Punkte 3 und 4).
3. **Informationstiefe/Informationsbreite:** Fachbücher oder ausführliche Web-Artikel besitzen in der Regel eine hohe Informationsdichte und -tiefe, d.h. die thematische Aufbereitung ist detailliert und kleinschrittig. Lexikonartikel besitzen meist eine starke Informationsbreite; damit ist gemeint, dass viele unterschiedliche Aspekte der Thematik/des Stichwortes kurz dargelegt werden. Deswegen eignen sich Lexika besonders gut, um einen Überblick zu erhalten.
4. **Aktualität:** Zeitungs-, Zeitschriften- und Internetartikel besitzen meist die höchste Aktualität; in Büchern sind Daten i.d.R. mindestens ein halbes Jahr alt.
5. **Informationssicherheit:** Als Autor muss man für die Richtigkeit von Daten, Fakten, Quellen etc. sorgen. Ein Überprüfen aller Daten muss selbstverständlich sein.

5 Von der Information zur Argumentation

5.1 Reflexion der Arbeitsergebnisse

Überprüfung des eigenen Wissens

Sämtliche Quellen werden bereits während der Recherche unter dem Aspekt geprüft, wie brauchbar sie für die eigene Arbeit sind. Spätestens, wenn alle nötigen bzw. relevanten Quellen ausgewertet und Exzerpte geschrieben sind, sollte überprüft werden, ob die ausgewählten Inhalte genau zum gestellten Thema passen. Dabei können folgende **Fragestellungen** wichtig sein:

1. Passen die Inhalte genau zum gestellten Thema (Terminologie beachten)?
2. Was weiß ich jetzt über mein Thema?
3. Gibt es noch Bereiche, die ich vertiefen muss?
4. Gibt es Stellen, bei denen ich zu anderen Ergebnissen als die Literatur komme? Wieso ist das so?
5. Welche Fragen muss ich noch klären?
6. Wo will ich die Schwerpunkte setzen? Habe ich dazu schon genügend Material?

Auch kann es hilfreich sein, sich in diesem Stadium den allgemeinen Lexikonartikel durchzulesen, den man ganz zu Beginn vielleicht zurate gezogen hat. Jetzt müsste man beim Lesen an einigen Stellen Fragen beantworten oder selbst einige Aspekte ergänzen können.

5.2 Erstellen einer ersten Gliederung

Stellenwert der Gliederung

Müssen keine grundlegenden Fragen mehr geklärt werden, kann man mit einer vorläufigen Gliederung beginnen. Mit der Gliederung der wissenschaftlichen Arbeit beginnt der Übergang von der Materialsammlung und der Erarbeitung zum Darstellen der Ergebnisse. Die Gliederung ist ein wesentliches Element der wissenschaftlichen Arbeit: Sie soll die **Struktur der Arbeit** und den logischen Ablauf der Argumentation klar und übersichtlich abbilden. Die Erkenntnisse müssen so dargestellt werden, dass der Leser sie gut nachvollziehen kann. Bei einer ersten Gliederung handelt es sich keineswegs um eine Grobgliederung; je feiner zu Beginn gegliedert wird, desto leichter tut man sich meist später beim Schreiben. Die erste Gliederung muss sich nicht genau mit der Endgliederung – dem Inhaltsverzeichnis – decken, sie kann für Entwicklungen im Arbeitsprozess offen bleiben. Ein **roter Faden** und ein **schlüssiger Aufbau** der Arbeit sollten allerdings schon deutlich werden: Wie soll der Leser durch die Thematik geführt werden? Wie wird er eingeführt? Wo liegen die Schwerpunkte? Hierbei hilft das Verfassen eines Exposés (→ Kapitel 5.3). Eine Gliederung sollte schlüssig und aussagekräftig sein; hierbei ist zu beachten, dass die Unterbegriffe zu den jeweiligen Oberbegriffen passen. Als Hilfestellung können Haftnotizen dienen: Jeder Gliederungspunkt wird auf einen Zettel geschrieben. Dann müssen alle Zettel in die passende Reihenfolge gebracht werden. Umstellungen sind nun visuell leichter vorzunehmen und auch rückgängig zu machen. Wenn verschiedene Gliederungen am PC erstellt werden, so sollte das jeweilige Datum angegeben werden.

Gliederungsstile

Es gibt eine ganze Reihe von **Gliederungsmöglichkeiten**; mögliche Formen sind etwa:

- die **chronologische** Gliederung (nach dem zeitlichen Ablauf eines Geschehens),
- die Gliederung nach **Ursache und Wirkung** (oder umgekehrt: beginnend mit der Wirkung die Ursache zu analysieren),
- die Gliederung **vom Allgemeinen** (Bekannten) hin **zum Besonderen**,
- die **vergleichende** oder **gegenüberstellende** (diskursive) Gliederung,
- die **induktive** Gliederung (vom Beweis oder Beispiel zur Theorie führend)
- oder die **deduktive** Gliederung (umgekehrt von der Theorie zur Anwendung führend).

Auch eine Verbindung verschiedener Gliederungsstile kann sinnvoll sein. So kann eine historische Arbeit chronologische, aber auch vergleichende oder induktive Aspekte haben. Hilfreich ist, sich in mögliche Leser der Arbeit hineinzuversetzen und zu prüfen, ob die Gliederung auch ohne Vorwissen über das behandelte Thema nachvollziehbar und klar ist.

Training

Übung

A Erstellen Sie zum Thema „Klimawandel – natürlich oder Mensch gemacht?" (→ Kapitel 2.1.2, S. 33) vier Gliederungen, die sich an den oben genannten Möglichkeiten orientieren.

B Welche Gliederung ist bei diesem Thema wohl die geeignetste?

C An welchen Stellen könnte man Schwerpunkte setzen?

5.3 Das Exposé

Wissenschaftliche Arbeiten entstehen nicht spontan, sondern geplant. Das Exposé kann hierbei eine hilfreiche Stütze sein.

Zweck des Exposés

Ein Exposé ist eine schriftliche, knappe, **vorausschauende Beschreibung** der Seminararbeit. Im Rahmen eines Seminarkurses dient diese zum einen der Selbstdisziplinierung. Man wird sich bewusst über den geplanten Inhalt der Arbeit und das konkrete Vorgehen. Zum anderen ermöglicht es der betreuenden Lehrkraft frühzeitig, sich einen Überblick zu verschaffen und den Schüler zielgerichtet zu beraten. Gelegentlich kann das Exposé auch helfen, den Lehrer von einem selbstgewählten Thema zu überzeugen.

Stellenwert im Seminar

Da das Exposé im wissenschaftlichen Betrieb ein **Standardverfahren** darstellt, wird es im Seminar häufig verlangt und bewertet. Ein sinnvoller Zeitpunkt, um es anzufertigen, ist das Ende der Orientierungsphase. Durch das schriftliche Fixieren fallen eventuelle Schwächen auf und können noch korrigiert werden. Dies rechtfertigt auch den zusätzlichen Zeitaufwand, da spätere Umstrukturierungen der Arbeit wesentlich zeitintensiver sind. Außerdem können einzelne Teile des Exposés – wie z. B. die Einleitung oder das methodische Vorgehen – u. U. direkt in die Arbeit übernommen werden.

Inhalte und Aufbau

Abb. 1: Inhalte des Exposes. *Eigene Darstellung*

Die Ergebnisse der bisherigen Auseinandersetzung mit dem eigenen Thema werden in einem fortlaufenden Text knapp festgehalten (→ Abb. 1). Dazu gehören die Themafindung (→ Kapitel 3), die Einarbeitung in die (fachspezifische) Methodik (→ Kapitel 2) und in die Thematik, wobei der aktuelle Forschungsstand berücksichtigt wird. Daneben werden die Material- und Quellenlage reflektiert (→ Kapitel 4) und der Zeitplan dargestellt (→ Kapitel 1). Je nach Thema können einzelne Aspekte auch zusammengefasst werden.

Problemstellung

Zunächst wird dargelegt, worin die **Relevanz des Themas** besteht. Wie ist man zu dem Thema gekommen? An welche anderen Themen knüpft es an? So kann z. B. eine interessante Unterrichtseinheit des vergangenen Schuljahrs zur Wahl dieses Seminarkurses und des eigenen Themas geführt haben. Worin liegt das Interessante des Themas? Häufig zieht einen die

Beschäftigung mit Themen aus dem Umfeld an, wie z. B. die Auseinandersetzung mit der lokalen Musikszene in einem Seminar zum Fach Musik.

Fragestellung

Anschließend wird erläutert, welche **Fragestellung** im Zentrum der Arbeit stehen soll. Dazu können auch weitere Teilfragen oder Thesen formuliert werden, sodass bereits eine erste Gliederung und ein möglicher Argumentationsgang erkennbar wird. Es gilt, diese Punkte möglichst konkret und realistisch festzulegen, um das anfangs oft zu weit gewählte Themengebiet so einzugrenzen, dass es im Rahmen eines Seminars sinnvoll bearbeitet werden kann (→ Kapitel 3). Auch wenn die Ergebnisse der Arbeit erst am Ende feststehen, sollte hier schon überlegt werden, welche Erkenntnisse die Arbeit liefern könnte oder sollte. So wird das Ziel der Arbeit deutlich und man verliert sich nicht in Nebensächlichkeiten.

Forschungsstand

Im Rahmen eines Seminarkurses soll im Exposé das Thema inhaltlich in einen **übergeordneten Zusammenhang** gebracht werden. Beschäftigt man sich beispielsweise in einem Seminar zur Sozialkunde mit dem Einzelschicksal eines Einwanderers in der eigenen Stadt, so kann hier Bezug auf die übergreifenden Erfolge und Probleme der Integration von Ausländern in jener Stadt genommen werden.

Methoden

Anschließend folgt eine Erläuterung der **gewählten Vorgehensweise** und Methoden, um die angestrebten Ziele zu erreichen. Bei empirischen Arbeiten werden z. B. die geplanten Versuche oder Umfragen vorgestellt. Bei geisteswissenschaftlichen Themen kann auf fachspezifische Methoden und Hilfswissenschaften hingewiesen werden, wie z.B. auf die Numismatik (Münzkunde) bei dem Thema „Der Römerschatz von Regensburg-Kumpfmühl" in einem Lateinseminar „Die Römer in Bayern".

Material- und Quellenzugang

Für diesen Punkt gilt es zu klären, ob und welche **Arbeitsgrundlagen** verfügbar sind. Dazu muss bei empirischen Arbeiten z. B. geprüft werden, ob die Experimente an der Schule oder bei den vorgesehenen Partnern technisch und rechtlich durchführbar sind. Soll eine Umfrage oder ein Interview durchgeführt werden, muss geklärt werden, ob die ausgewählten Personen dazu bereit sind. Bei geisteswissenschaftlichen Themen muss v. a. die Quellenlage geprüft werden (Material- und Quellenzugang → Kapitel 4). Sind die benötigten Texte, Bilder, Filme verfügbar? Wie ist die Quellenlage in den Bibliotheken? Sind relevante Archive und Akten vorhanden und zugänglich? Wie sieht es mit dem Datenschutz aus? Abzuklären ist auch, ob die finanziellen Kosten und der Zeitaufwand bei der Beschaffung noch tragbar sind.

Spätestens, wenn das Exposé erstellt wird, sollte man sich Gedanken darüber machen, bis zu welchen Zeitpunkten man welche Arbeitsschritte erledigt haben möchte. Hier sollte erneut überprüft werden, ob das Vorhaben in der vorgegeben Zeit durchführbar ist. Der **Zeitplan** hilft auch, unnötigen Zeitdruck am Ende der Arbeitsphase zu vermeiden (→ Kapitel 1).

Arbeitsplan

Schließlich wird noch die zentrale und rezipierte **Literatur** zum eigenen Thema dokumentiert (→ Kapitel 4.3.3). Dadurch erhält die Lehrkraft einen Überblick und kann auf eventuelle Lücken hinweisen.

Bibliografie

Schon das Exposé sollte den Kriterien einer schriftlichen wissenschaftlichen Arbeit genügen (→ Kapitel 6). Es sollte über ein Deckblatt mit Angaben zu Autor, Seminarkurs und Thema verfügen. Anschließend kann ein Inhaltsverzeichnis folgen. Der Text ist entsprechend dem Aufbau zu gliedern, mit Überschriften zu versehen und klar und sachlich auszuformulieren. Auch sollte auf eine saubere äußere Form (Layout, Sprachrichtigkeit) Wert gelegt werden, da auch an der Sorgfalt bei der Erstellung des Exposés das Engagement des Schülers abgelesen werden kann. In der Regel wird das Exposé zwei bis drei Seiten umfassen. Ist ein Arbeitsplan in Übersichtsform erstellt, werden dieser und die Bibliografie zusätzlich am Ende angefügt.

Formale Kriterien

Zusammengefasst sollte ein wissenschaftliches Exposé also folgende Fragen beantworten:

Fragenkatalog

1. Welche Problematik ist Ausgangspunkt der Arbeit?
2. Wie ist der Forschungsstand (Arbeiten zu dem gleichen oder einem ähnlichen Thema)? Gibt es verschiedene Erklärungsansätze?
3. Wo liegt der Bezug der vorliegenden Arbeit zu den bekannten Erkenntnissen? Worin liegt die Notwendigkeit einer „neuen“ Arbeit zum Thema? Dies können z. B. veraltete Datenlagen, neue wissenschaftliche Erkenntnisse, andere Fragenstellungen oder Vorgehensweisen sein.
4. Welche (ungeklärten) Fragen sollen in der Arbeit beantwortet (oder welche Aussagen widerlegt) werden (Fragestellung)?
5. Mit welchen Methoden soll die Fragestellung gelöst werden?
6. Welche Informationen (Schriftquellen, Interviews, Versuchsreihen …) müssen herangezogen werden (Material- und Quellenzugang)?
7. Wie sehen die vorläufige Gliederung und der Arbeitsplan aus?

Training

Mat Auszug aus einem Exposé zum Thema „Zusammenhang zwischen dem Dialekt der Stadt Bamberg und der Berufsgruppe der Gärtner und Häcker“

Dialektbücher über die Sprache der Bamberger gibt es viele (Wußmann, Reinfelder, Steiner, Batz etc.), der Dialekt der Stadt Bamberg unterscheidet sich aber durch eine Vielzahl von Ausdrücken aus der Sprache der Gärtner und Häcker von den umgebenden Dialekten. Auch liegen viele Erhebungen (Steiner 1957, Batz 1911) schon lange zurück. In Bamberg existieren viele besondere Ausdrücke, die ihren Ursprung im Gärtnerwesen haben. Eine diesbezügliche Untersuchung gibt es nach meiner Recherche noch nicht. […]

In meiner Arbeit möchte ich deswegen den Dialekt Bambergs besonders intensiv bezüglich der Wort- und Ausdrucksherkunft untersuchen und bestimmte Stichwörter mit den Ausdrücken anderer Dialekte vergleichen. Ein Schwerpunkt wird der Versuch sein, Ausdrücke aus dem besonderen Umfeld der Gärtner und Häcker hervorzuheben. Der Fokus liegt also nicht auf der Lautung, sondern der Wortschöpfung und Bedeutungsveränderung. […] Dazu werde ich von Dialektsprechern Tonbandaufnahmen machen und Redewendungen u.ä. aufzeichnen. Auch stütze ich mich auf Dialektwörter aus anderer Literatur, sofern diese Begriffe noch gebräuchlich sind. Aufgrund dieses Materials möchte ich die Frage beantworten, ob es berufsbedingte Unterschiede der Dialektausdrücke innerhalb der Stadt und anderen umgebenden Dialekten gibt. Auch soll in Ansätzen untersucht werden, wie gebräuchlich diese Begriffe noch sind und welche Begriffe und Wendungen, die früher existierten, heute nicht mehr vorzufinden sind. […]

Vorausgehen soll eine Einordnung des Bamberger Dialektes in die deutsche Dialektlandschaft (Ostfränkisch) (nach folgender Literatur: [...]) und eine kleine Übersicht über die Lautung, die Prosodie und die Semantik.

Aus: Schülerarbeit, anonym

Übung

A Untersuchen Sie, welche Fragen aus dem obigen Fragenkatalog in dem Exposé beantwortet werden und welche fehlen.

B
1. Wählen Sie einen einfachen Sachverhalt, in den Sie sich nicht einarbeiten müssen. Diesen sollen Sie wissenschaftlich beweisen. Dies kann z.B. der Nachweis sein, dass Wasser unter 0°C gefriert. Fertigen Sie hierzu in Gruppen stichpunktartig eine Vorlage für ein Exposé an, das die oben genannten Punkte enthält. Zudem soll das Exposé die Lehrkraft von der Bedeutung des „Forschungsvorhabens“ überzeugen.
2. Diskutieren Sie Ihre Ergebnisse im Kurs hinsichtlich Vollständigkeit und inhaltlicher Schlüssigkeit.
3. Verfassen Sie arbeitsteilig in Gruppen das Exposé. Achten Sie dabei auf einen sachlichen und präzisen Ausdruck.

5.4 Gedanken- und Argumentationsführung

Ist ausreichend Material zum Thema der Seminararbeit gefunden, gesichtet und geordnet worden und liegen die Ergebnisse der eigenen Untersuchungen vor, so kann der **erste Entwurf** formuliert werden. Dazu muss aus der Fülle von Informationen ein überzeugender Text, der die Fragestellung des Themas präzise beantwortet, entwickelt werden.

Wissenschaftliche Arbeitsweise

Die wissenschaftliche Arbeit besteht aber nicht nur daraus, Informationen zusammenzutragen, sondern auf der Basis dieses Materials Zusammenhänge herzustellen und eigenständige Gedankengänge oder kreative Problemlösungen zu entwickeln. Dazu ist es nötig, klar zwischen der **Übernahme** von bereits bestehenden Meinungen und Informationen und der **Eigenleistung** zu unterscheiden (→ Kapitel 2.1.3 Zitieren). Im formalen, sprachlichen sowie inhaltlichen Bereich zeichnet sich wissenschaftliches Arbeiten durch eine möglichst hohe **Genauigkeit** aus, damit das Ergebnis der Arbeit überprüfbar ist. Da die inhaltliche Struktur einer Seminararbeit zwangsläufig sehr stark abhängig von ihrem Thema ist, werden im folgenden Kapitel vor allem allgemeine Hinweise dargelegt.

Wissenschaftliche Argumentation

Ein wissenschaftlicher Sachtext, wie ihn eine Seminararbeit darstellt, besitzt argumentativen Charakter. Ihr Ziel ist es, einen Sachverhalt bzw. die Wahrheit von Behauptungen objektiv zu beweisen. Dazu sind allgemein einsichtige, nachvollziehbare **Argumente** (lat. „Beweismittel") nötig, die dauerhaft überzeugen und überprüfbar sind. Um eine Überprüfung zu ermöglichen, sind die Quellen, auf die sich die Argumentation stützt, zu nennen und die Daten der „Forschung" aus Experimenten, Umfragen, Interviews oder Modellen der Arbeit beizufügen. Im Unterschied dazu möchte die **Rhetorik**, wie sie etwa in der öffentlichen Rede eingesetzt wird, überreden bzw. eine Meinung verbreiten und weniger deren Wahrheit beweisen. Aufgrund dieser unterschiedlichen Zielsetzung werden verschiedene Mittel eingesetzt. So sind z. B. Wiederholungen ein anerkanntes und wirkungsvolles rhetorisches Mittel, sie sind für die wissenschaftliche Argumentation jedoch nicht geeignet. Schließlich wird eine Behauptung durch ihre Wiederholung nicht richtiger.

Logisches Schlussverfahren

Wie gelangt man nun zu einer bewiesenen These und damit zu neuen Aussagen? Hierfür gibt es zwei grundsätzliche Verfahren, das deduktive, das eine These stringent aus anerkannten Voraussetzungen ableitet, und das induktive, das aus verschiedenen Beobachtungen eine allgemeine Aussage herbeiführt (→ Abb. 1).

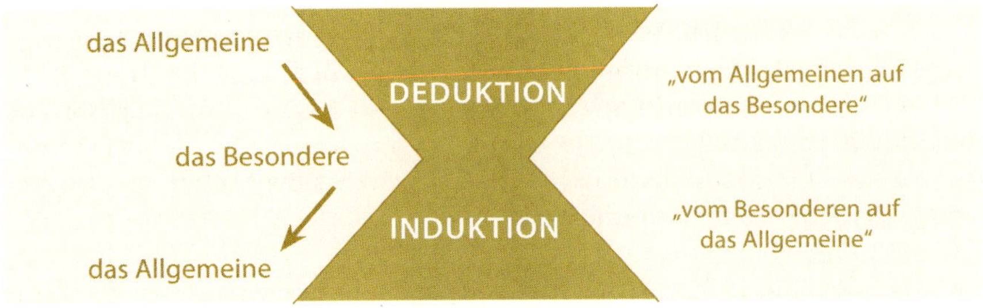

Abb. 1: Induktion und Deduktion. Eigene Darstellung

Deduktion

Um eine These zu beweisen, wird diese mit einem Argument begründet. Ein geeignetes Argument stellt weder eine Wiederholung der These mit anderen Worten dar noch darf das Argument ohne Zusammenhang mit der These sein, sondern es muss einen neuen Aspekt hinzufügen. Gleichzeitig muss es inhaltlich richtig sein. Um das Argument abzusichern, wird es in Beziehung zu einer Norm (anerkannte Voraussetzung) gesetzt. Dabei muss die Verknüpfung zwischen Argument und Norm logisch korrekt sein. Man leitet (deduziert) die These also aus einer Anzahl von Normen und einem Argument durch logische Schlüsse ab. Die These wird dadurch bewiesen. Folgendes Beispiel veranschaulicht dies: These (c): Peter darf den Pkw-Führerschein machen. Begründung (b): Er ist achtzehn Jahre alt. Norm (a): Jeder, der mindestens achtzehn Jahre alt ist, darf den Führerschein machen. Die These ist bewiesen, wenn Argument und Norm wahr sind. Ist eine Norm allgemein bekannt, muss sie nicht unbedingt genannt werden, wenn die Argumentation dadurch vereinfacht und klarer wird.

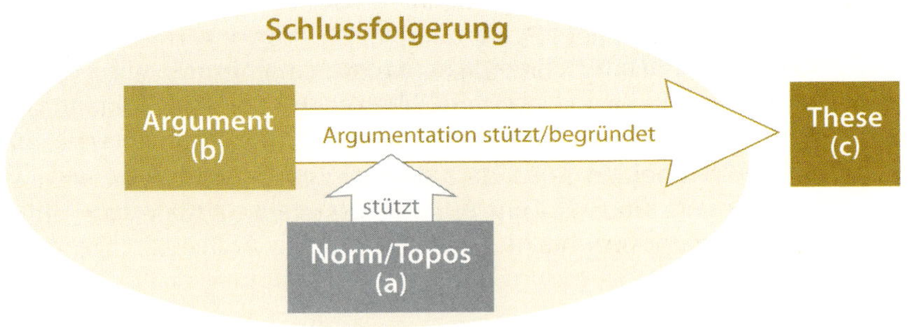

Abb. 2: Logisches Schlussfolgern. Nach: Cornelsen, Texte und Methoden 12, Berlin 1997, S. 47

Induktion

Neben dem deduktiven Vorgehen wird bei der Entwicklung neuer Erkenntnisse häufig auch umgekehrt, also induktiv vorgegangen. Dabei leitet man aus Beobachtungen, die empirisch gewonnen sein können, eine allgemeingültige Einsicht her. Dies kann durch die Überlegung erfolgen, worin die Einzelbeobachtungen übereinstimmen oder sich unterscheiden. Dies veranschaulichen die folgenden Beispiele:

Übereinstimmung

Es soll herausgefunden werden, worin die Ursache der Panikattacken einer Person liegen, die sie in vollen Fußballstadien, in Aufzügen, in Zugtoiletten usw. erleidet. Sucht man nach Merkmalen der Übereinstimmung, fällt die Beengtheit als **gemeinsames Kennzeichen** der Orte auf. Die neue Erkenntnis, die aus Einzelbeobachtung hergeleitet wird, ist Beengtheit als Ursache der Panikattacken (Klaustrophobie).

Unterschied

Die Ursache für ein Phänomen kann auch dadurch geklärt werden, dass sich bei zwei oder mehreren Fällen nur ein Umstand unterscheidet.

Beispiel zur Induktion mittels Unterschied

	Fluss	Pudding	Bier	Sonne	gesund
Person 1	ja	ja	ja	ja	nein
Person 2	nein	nein	ja	nein	nein
Person 3	ja	ja	nein	ja	ja
Person 4	nein	nein	nein	nein	ja

nach: http://de.wikipedia.org/wiki/Induktion_(Denken)

Vier Personen machen ein Picknick, zwei davon werden krank.
Patient 1 ist im Fluss geschwommen, hat Pudding gegessen, Bier getrunken und war die ganze Zeit in der Sonne. Patient 2 ist nicht geschwommen, hat keinen Pudding gegessen und war oft im Schatten, hat aber ebenfalls Bier getrunken. Person 3 (gesund): wie Patient 1, hat aber kein Bier getrunken. Person 4 (gesund): wie Patient 2, hat aber kein Bier getrunken. Das Phänomen ist hier die Erkrankung von Patient 1 und 2; der Umstand, den beide gemeinsam haben, ist, dass sie Bier getrunken haben. Person 3 und 4 sind jedoch gesund, das Phänomen taucht hier nicht auf. Sie unterscheiden sich von den ersten beiden darin, dass sie kein Bier getrunken haben. Das ist wiederum ein Umstand, den nur Person 3 und 4 gemeinsam haben. Die induktive Schlussfolgerung lautet, dass das Bier die Krankheit verursacht (→ Übung A).

Qualität der Schlussfolgerung

Die Wahrscheinlichkeit einer Folgerung hängt jedoch von der Anzahl und der Größe der Beobachtungen ab. Beobachtung 1: Peter darf mit siebzehn Jahren den Pkw-Führerschein machen. Beobachtung 2: Außer Peter dürfen auch andere den Pkw-Führerschein mit siebzehn machen. Folgerung: Siebzehnjährige dürfen den Pkw-Führerschein machen. Diese induktiv hergeleitete Folgerung besitzt zwar eine große Wahrscheinlichkeit, wir wissen aber, dass die beobachtete Gruppe noch ein weiteres Kriterium erfüllt: Sie dürfen nur mit Begleitperson fahren. Es gilt also, die Gültigkeit der Referenzgrößen zu berücksichtigen. Da im Beispiel nicht alle Siebzehnjährigen beobachtet wurden, kann auch nicht ohne weitere Beobachtungen auf alle geschlossen werden. Eine korrekte Folgerung wäre: Es gibt Siebzehnjährige, die den Pkw-Führerschein machen. Im Rahmen einer Seminararbeit muss also beachtet werden, ob die Grundlage der Argumentation, z. B. der Umfang des Experiments, ausreichend ist.

Die logischen Schlussverfahren werden sowohl bei der argumentativen Darlegung einzelner Aspekte der Arbeit (Subargumentation) wie auch in Bezug auf die gesamte Arbeit angewendet. Das heißt, aus der Summe der Einzelargumente (Einzelbeweise) ergibt sich die Richtigkeit der These(n) der Arbeit.

Kategorien wissenschaftlichen Arbeitens

Vor dem Schreiben der Arbeit sollte man sich klarmachen, welchen grundsätzlichen Aufbau die Arbeit besitzen soll. Wissenschaftliche Arbeiten können überwiegend **deskriptiven** Charakter haben. Der Schwerpunkt liegt dann auf der differenzierten Beschreibung eines Sachverhaltes, wie z. B. bei dem Thema „Deutsch-deutsche Wanderungsbewegungen bis 1989" im Rahmen eines Seminars zur demografischen Entwicklung in Deutschland aus der Sozialkunde. Arbeiten mit **komparativem** Charakter stellen zwei Sachverhalte vergleichend nebeneinander. Hier ist es notwendig, die Kategorien, die verglichen werden, sowie Unterschiede und Gemeinsamkeiten klar und deutlich herauszuarbeiten und zu benennen. Ein typisches Thema hier wäre z. B. „Das generative Verhalten Deutschlands und Frankreichs im Vergleich" aus dem eben genannten Seminar. **Evaluative** Arbeiten entstehen auf Grundlage einer möglichst breiten Informationsbeschaffung, z. B. in Form von Umfragen oder Fragebögen, die zunächst entworfen werden müssen. Dazu gilt es, geeignete Kategorien zu finden, um den Untersuchungsgegenstand möglichst genau zu erfassen. Die gewonnenen Informationen werden ausgewertet, in Bezug zu bestehenden Erkenntnissen gesetzt und abschließend bewertet, wie z. B. bei dem Thema „Der Dialektgebrauch in der eigenen Schule" in einem Seminar zum heimatlichen Dialekt im Fach Deutsch. **Bewertende** Arbeiten haben zum Ziel, einen Sachverhalt zunächst dazustellen, um dann ein differenziertes Urteil zu fällen. Das Thema „Die Kanon-Debatte am Beispiel von Marcel Reich-Ranickis Projekt ‚Der Kanon'" aus einem Deutsch-Seminar zur Kritik und Wertung literarischer Texte verlangt zunächst eine Beschreibung des Projekts und der Debatte, bevor eine Bewertung erfolgen kann. Diese muss begründet werden, indem z. B. Experten zitiert werden (→ Abb. 4 Argumentationstechniken, S. 107). Im naturwissenschaftlichen Bereich hat etwa die Arbeit mit dem Thema „Solarenergie – eine lohnende Möglichkeit der Energieversorgung in Deutschland?" bewertenden Charakter. Bei **analytischen** Arbeiten steht die Ermittlung der inneren Zusammenhänge eines Sachverhalts im Zentrum;

so kann man z. B. die Funktionsweise eines Mechanismus', die Struktur einer fremdsprachigen Rede oder die Zusammensetzung eines Präparats erforschen, wie es z. B. bei dem Thema „Der ‚global player' Aspirin® – Isolierung und Herstellung von Acetylsalicylsäure, Vergleich verschiedener ASS-Präparate" erforderlich wäre. In der schriftlichen Arbeit muss der Weg zur Erkenntnis genau beschrieben werden, damit das Ergebnis nachvollziehbar und überprüfbar ist. Werden z. B. Annahmen vorausgesetzt oder bestimmte Vorgehensweisen gewählt, müssen die Quellen genannt werden.

Argumentationsstruktur

Das Ziel ist eine stringente, zielgerichtete Argumentationsstruktur, indem folgende Elemente sinnvoll und bewusst anordnet werden: Die Argumentation besteht aus mehreren **Argumentationsblöcken**, die sich aus Behauptung, Begründung (der Behauptung) und Beispiel zur Veranschaulichung und Untermauerung von Behauptung und Begründung („3 Bs") zusammensetzen. Ein Argumentationsblock kann mit einer Folgerung abgeschlossen werden. Die Argumentation kann nach unterschiedlichen Schemata aufgebaut werden. Wie gerade beschrieben, kann vom Allgemeinen zum Besonderen (Deduktion) oder vom Besonderen zum Allgemeinen (Induktion) gegangen werden. Denkbar ist auch eine Darstellung vom Vergangenen zum Gegenwärtigen (Chronologie) oder vom lokalen Raum zum Großraum. Die Diskussion unterschiedlicher Standpunkte findet dann entweder in der **Subargumentation** statt, also innerhalb eines Argumentationsblocks, oder in den Anmerkungen, wenn sie nur eine untergeordnete Rolle spielt. Daneben kann ein Thema auch eine **kontroverse Argumentationsstruktur** verlangen. Es können unterschiedliche Lösungswege zu einer Problemstellung dargelegt und abschließend bewertet oder unterschiedliche Aspekte verglichen werden. Hier ist es notwendig, die Kategorien, die verglichen

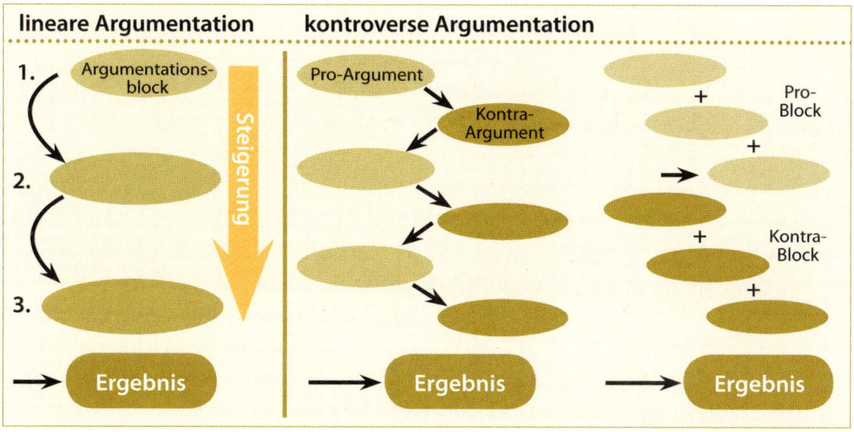

Abb. 3: Lineare und kontroverse Argumentation. *Aus: Barsch-Gollnau u. a., a. a. O., S. 61*

werden, sowie Unterschiede und Gemeinsamkeiten klar und deutlich herauszuarbeiten und zu benennen. Bei einer kontroversen Argumentation können die Pro- und Kontra-Argumentationsblöcke entweder abwechselnd oder zusammengefasst und nacheinander dargelegt werden. Auch hier ist auf eine klare Benennung der unterschiedlichen Standpunkte zu achten. Bei der Anordnung der einzelnen Argumente hat es sich bewährt, nach dem Prinzip der Steigerung vorzugehen. Am Ende sollte das Überzeugendste stehen. Das bedeutet aber nicht, dass man mit dem Unwichtigsten beginnen sollte. Schließlich muss am Beginn der Arbeit auch das Interesse des Lesers – und später evtl. des Zuhörers bei der Präsentation – geweckt werden.

Roter Faden

Der heute sprichwörtliche **rote Faden**, der sich durch alle Texte ziehen soll, erscheint erstmals in J. W. v. GOETHES Roman „Wahlverwandtschaften" in der Literatur, wo auch die Herkunft erklärt wird: „Wir hören von einer besonderen Einrichtung bei der englischen Marine. Sämtliche Tauwerke der königlichen Flotte, vom stärksten bis zum schwächsten, sind dergestalt gesponnen, dass ein roter Faden durch das Ganze durchgeht, den man nicht herauswirken kann, ohne alles aufzulösen, und woran auch die kleinsten Stücke kenntlich sind, dass sie der Krone gehören. […] Ebenso zieht sich durch Ottiliens Tagebuch ein Faden der Neigung und Anhänglichkeit, der alles verbindet und das Ganze bezeichnet." (Aus: Johann Wolfgang von Goethe, Die Wahlverwandtschaften, 2. Teil, 2. Kapitel, S. 116) Auch die Seminararbeit muss über diesen roten Faden verfügen, der sicherstellt, dass alle Ausführungen im engen Zusammenhang mit dem Thema stehen. Er hält die Arbeit im übertragenen Sinn zusammen. Dadurch entsteht eine zielgerichtete und überzeugende Argumentation. Die Konzentration auf den Themabezug unterstützt einen auch, den „Faden" in der zunächst unübersichtlichen Fülle von Daten und Fakten nicht zu verlieren, ähnlich wie Theseus mit dem Faden der Ariadne aus dem Labyrinth des Minotaurus gefunden hat.

Praktische Umsetzung

Vorgehen beim ersten Entwurf

Der erste Entwurf der Arbeit wird eine **Rohfassung** darstellen, die noch stark zu überarbeiten sein wird. Daher empfiehlt es sich, auf dem Papier einen breiten Rand für Gedanken, Korrekturen, Ergänzungen oder Ähnliches zu lassen. Dies gilt auch dann, wenn schon der erste Entwurf am PC geschrieben wird, da die Überarbeitung besser anhand eines Ausdrucks erfolgt; dieser ist übersichtlicher als der Ausschnitt auf dem Monitor. Im Übrigen bringt die Formulierung der Rohfassung am PC den Vorteil, den Umfang besser abschätzen zu können und einzelne Textteile einfach verschieben zu können. Es ist nicht notwendig, die Arbeit von der ersten bis zur letzten Seite durchzuschreiben. Man kann gut auch mit dem Kapitel beginnen, das einem am leichtesten fällt. Erfahrungsgemäß wird man hier rasch vorankommen, was sich auch motivierend auswirkt. Damit der Text übersichtlich bleibt, gilt es, großzügig mit Papier umzugehen. Jedes neue (Unter-)Kapitel sollte auf einer neuen Seite mit der Überschrift aus der Gliederung beginnen. Die Zitate sollten schon in den ersten Entwurf eingearbeitet werden, um eine schlüssige Argumentation zu erhalten. Beim Einfügen der Zitate ist auf deren richtige Übernahme zu achten. Unbedingt ist die Quelle anzumerken (→ Kapitel 2). Dies kann durch einen Verweis auf die Materialsammlung erfolgen. Besser ist es, die Quellenangabe umgehend in der Anmerkung festzuhalten. Auch lässt sich so der Umfang der Arbeit besser abschätzen.

Argumentationsziel – Themabezug

Während der Arbeit am Text ist darauf zu achten, dass das Argumentationsziel – die erkenntnisleitende Fragestellung – nicht aus den Augen verloren wird. Stets muss ein **klarer Zusammenhang** zwischen dem Thema und der Gedankenführung bestehen, der rote Faden muss erkennbar sein. Um Ausschweifungen zu vermeiden, muss überlegt werden, was gestrichen und was gekürzt bzw. zusammengefasst werden kann. Ausführungen, die nicht direkt zum Thema gehören, die für das Verständnis des Zusammenhangs aber notwendig sind, sollte man in die Anmerkungen verschieben. Dort kann auch knapper formuliert werden.

Schwerpunkte – angemessenes Abstraktionsniveau

Die Kapitel und Unterkapitel sollten – je nach Thema – jeweils einen in etwa ähnlichen Umfang besitzen. Ist eines besonders lang, lässt es sich meist teilen, sodass die einzelnen Aspekte differenzierter und klarer dargestellt werden können. Gleichzeitig ist darauf zu achten, dass sich die Kapitel und Unterkapitel der jeweiligen Ebene auf dem **gleichen Abstraktionsniveau** befinden. Es gilt, sich klarzumachen, wo die Schwerpunkte der Arbeit liegen sollen. Innerhalb des Kapitels muss konsequent zwischen Argumenten, Begründungen und Beispielen bzw. Beobachtungen unterschieden werden, was sich in der sprachlichen Gestaltung widerspiegeln muss (→ Kapitel 6).

Struktur eines Kapitels – stichhaltige Argumentation

Der Kapitelinhalt muss die Erwartung, die die Kapitelüberschrift weckt, erfüllen. Es muss überprüft werden, ob alle relevanten Aspekte des Teilgebiets abgehandelt wurden und ob die Gedankenführung jeweils schlüssig und zielgerichtet zu Ende gebracht ist. Untermauern ausreichend Zitate, Beobachtungen, Versuche oder Ähnliches die Argumentation, sind Gegenargumente berücksichtigt und entkräftet (→ Abb. 3)? Bereits hier sollte man sich überlegen, ob und wie man den Inhalt veranschaulichen kann. Es ist auch darauf zu achten, dass die Zusammenhänge innerhalb und zwischen den einzelnen Unterkapiteln deutlich werden.

Zwischenzusammenfassung – selbstständiges Urteil

Jeder Argumentationsblock bzw. jedes Unterkapitel sollte mit einer kurzen **Zwischenzusammenfassung** enden, in der man zu einer kritischen Wertung und zu einem selbstständigen Urteil in Bezug auf das dargebotene Material kommt. Dies sollte außerordentlich sorgfältig erfolgen, weil hier die selbstständige Auseinandersetzung mit dem Thema und damit die eigene Leistung im Rahmen der Seminararbeit besonders deutlich werden. Auf Grundlage dieser Zwischenzusammenfassungen kann dann am Ende eine fundierte begründete Antwort auf die erkenntnisleitende Fragestellung gegeben werden. Dies kann in Form eines kritischen Urteils oder einer neuen Erkenntnis erfolgen. So kann z. B. eine Zeitzeugenbefragung einen neuen Aspekt zur Lokalgeschichte liefern.

Ergebnisse des Seminarkurses

Beim Abfassen der Seminararbeit und der Gestaltung der eigenen Argumentation sollten auch die **Ergebnisse und Erkenntnisse aus dem Unterricht** im Seminarkurs berücksichtigt werden. So können inhaltliche Anregungen oder Hinweise auf interessante Literatur ebenso wie Erfahrungen aus praktischen Vorgehensweisen wie Versuchen oder Interviews genutzt werden. Daneben sollte überprüft werden, ob die eigenen Ergebnisse mit denen des Seminarkurses in Übereinstimmung gebracht werden können. Sollte dies nicht der Fall sein, muss die Ursache gefunden werden.

Möglichkeiten der Begründung	Stichhaltigkeit/ Überzeugungskraft	Evtl. auftretende Probleme
Berufung auf Autorität Experte, anerkannte Persönlichkeit	**Kompetenz der Autorität** Erkennt der Leser die Aussage an? Steht sie im korrekten Kontext?	Eine Autorität mit gegenteiliger Meinung kann gefunden werden.
Berufung auf Fakten Umfrageergebnisse, Statistiken, Forschungsergebnisse, belegbare Aussagen	**Gültigkeit** Kann der Leser die Aussage überprüfen? Passen die Fakten in den Zusammenhang?	Das Faktum bezieht sich nur auf ein Einzelbeispiel.
Berufung auf Allgemeines Allgemein anerkannte und gültige Normen, Wertvorstellungen, Gesetze, Redensart	**Verbindlichkeit** Ist der zitierte Wert für den Leser akzeptabel? Ist er im konkreten Fall zutreffend?	Die Allgemeingültigkeit von Werten kann in einzelnen Bereichen in einer pluralistischen Gesellschaft eingeschränkt sein.
Berufung auf Erfahrung Eigenes Erlebnis, eigene Einsicht	**Nachvollziehbarkeit/ Verallgemeinerbarkeit** Deckt sich die Erfahrung mit der des Lesers?	Die eigene Erfahrung kann nur zufällig sein. Sie kann sich mit der des Lesers nicht decken oder er hat diese noch nicht gemacht.
Analogie Bezug auf ähnliche Fälle, Vergleich	**Übertragbarkeit** Kann der Leser die Analogie nachvollziehen?	Es besteht nur eine scheinbare Übertragbarkeit, da die Voraussetzungen unterschiedlich sind.
Logische Folgerung Hinweis auf Kausalzusammenhänge	**Unbestreitbarkeit** Ist der Zusammenhang schlüssig?	Scheinlogik
Aufzeigen des Gegenteils/ Verlängerung Darstellung des als negativ empfundenen Gegenteils oder Folgen bei Nichtbefolgen der Argumentation	**Realitätsnähe** Beruht das aufgezeigte (negative) Gegenteil auf denselben Prämissen, ist es die einzige Alternative und ist es verifizierbar?	Die Folgerung ist zu konstruiert.

Abb. 4: Argumentationstechniken. *Aus: Cornelsen, a. a. O., S. 46*

Übung

A Logisches Schlussverfahren

Erklären Sie, wie in folgendem Beispiel zu der Folgerung gelangt wird.

Licht ermöglicht das Wachstum von Algen Licht ermöglicht das Wachstum von Getreide Licht ermöglicht …	**Beobachtung 1** **Beobachtung 2** **Beobachtung 3**
Pflanzen erzeugen Sauerstoff. Pflanzen erzeugen Stärke. Pflanzen erzeugen …	**Beobachtung 1** **Beobachtung 2** **Beobachtung 3**
Licht ist ein wesentlicher Faktor im Wachstum von Pflanzen und sorgt für die Erzeugung wichtiger Stoffe für das Leben auf der Erde.	**Wissenschaftliche Erkenntnis**
Tiere ernähren sich von Pflanzen.	**Neue Beobachtung**
Auch Tiere sind abhängig von Licht.	**Folgerung**

B Subargumentation

Arbeiten Sie die Struktur der Argumentationsblöcke heraus. Verwenden Sie dabei die Begriffe aus der Übersicht. Bewerten Sie anschließend ihre Wirkung bzw. Überzeugungskraft.

Der Schulweg sollte von Schülern nicht mit dem Fahrrad zurückgelegt werden. Dadurch wird die Gesundheit der Schüler aufs Spiel gesetzt. Letztes Jahr wurde einem Klassenkameraden von einem noch ganz verschlafenen Autofahrer die Vorfahrt genommen und er brach sich das Schlüsselbein.

Deutschland sollte seine Energie zunehmend auf Basis erneuerbarer Energiequellen erzeugen. Die fossilen Brennstoffe und auch Uran sind nur begrenzt vorhanden, müssen weitgehend importiert werden und steigen im Preis. Dies kann zu einer Abhängigkeit vom Ausland führen und in der Folge zu sehr hohen Preisen, die sich negativ auf Wirtschaft und private Haushalte auswirken.

Sport fördert die Gesundheit. Wer sich viel bewegt, hat meist ein geringeres Körpergewicht und damit ein geringeres Risiko, an den sogenannten Zivilisationskrankheiten zu erkranken. Ein Blick in die USA zeigt, dass verbreitete Bewegungsarmut zu Übergewichtigkeit breiter Gesellschaftskreise führt.

Übung

Es gibt gute Gründe, den Wehrdienst abzulehnen. Er bereitet die Rekruten auf den Dienst an der Waffe vor. Mittlerweile sind Einsätze, bei denen von der Waffe Gebrauch gemacht wird und man jemanden töten muss, an der Tagesordnung. Das Gebot „Du sollst nicht töten" gilt aber immer.

Rauchen ist nach wie vor die häufigste vermeidbare Todesursache in den Industrienationen. Gerade die Schule hat die Aufgabe, Raucherprävention zu betreiben, da die Tabakindustrie für jeden verstorbenen Raucher einen neuen ködern muss. Dies ist am einfachsten bei Jugendlichen. 82 Prozent der erwachsenen Raucher haben vor ihrem 20. Lebensjahr angefangen. Wer also einmal das 20. Lebensjahr erreicht hat, ohne mit dem Rauchen anzufangen, der hat gute Chancen, sein Leben lang Nichtraucher zu bleiben. Entsprechend sind die Werbestrategien auf Kinder und Jugendliche abgestimmt. Und die Strategien scheinen Erfolg zu haben: Jugendliche greifen immer noch viel zu häufig zur Zigarette, in Ländern wie England steigt der Anteil der jugendlichen Raucher gegen den Trend bei den Erwachsenen sogar an. 1988 rauchten dort 8 Prozent der 11- bis 15-Jährigen regelmäßig, 1996 bereits 13 Prozent. Der Anteil der 12- bis 18-jährigen Raucher ist auch in Deutschland in den letzten Jahren angestiegen, besonders bedenklich bei den Mädchen in den neuen Ländern. Hier hat sich der Anteil in acht Jahren verdoppelt. (Quelle: http://www.krebsgesellschaft.de/rauchen_datenzahlenfakten,1050.html)

Der Staat sollte Produkte mit hohem Zuckeranteil höher besteuern und mit abschreckenden Fotos von Übergewichtigen versehen lassen. Schließlich hat es sich der Staat zu Aufgabe gemacht, für die Gesundheit seiner Bürger zu sorgen und die Kosten für das Gesundheitswesen in Grenzen zu halten. So wird auch der Tabakkonsum durch Verbote, hohe Steuern und abschreckende Aufschriften auf den Verkaufsverpackungen eingeschränkt. Die Erkrankung, die durch Übergewichtigkeit hervorgerufen wird, ist v. a. Diabetes. Diabetes ist im Gegensatz zu Lungenkrebs zwar ähnlich schwerwiegend, führt jedoch wesentlich langsamer zum Tod und belastet daher das Gesundheitssystem deutlich stärker. Daher muss der Staat alles daran setzen, den Zuckerkonsum in Bevölkerung durch Steuern, Verbote und Prävention zu reduzieren.

C Arbeiten Sie die Argumentationsstruktur im nachfolgenden Text Mat heraus, indem Sie die argumentative Funktion der einzelnen Elemente benennen (→ Abb. 4).

Mat Armut trotz Arbeit

Viele Menschen leben trotz Erwerbstätigkeit unter der Armutsschwelle. Zwischen 1980 und 2005 hat sich die absolute Zahl der arbeitenden Personen, die in Haushalten mit einem Einkommen unter einem US-Dollar pro Tag und Kopf leben, um ein Drittel auf 520 Millionen reduziert. Bei zwei US-Dollar pro Tag und Kopf haben sich die entsprechenden Zahlen von 1980 bis 1990 erhöht und dann auf hohem Niveau bei knapp 1,4 Milliarden Personen stabilisiert. Aufgrund der steigenden Bevölkerungszahlen ist die relative Entwicklung noch wichtiger als die absoluten Zahlen. Gemessen an allen Beschäftigten hat sich die Zahl der arbeitenden Personen, die in Haushalten mit einem Einkommen unter einem bzw. zwei US-Dollar pro Tag und Kopf leben, kontinuierlich verringert. Vor allem Ostasien, insbesondere China, hat den größten Anteil an dieser Reduzierung.

Bis auf das subsaharische Afrika, die Staaten in Zentral- und Osteuropa und die GUS hat sich das Problem „Armut trotz Arbeit" in allen Regionen relativ verringert. Allerdings bleibt der Anteil der arbeitenden Personen, die in Haushalten mit einem Einkommen unter zwei US-Dollar pro Tag und Kopf leben, hoch. Von allen Beschäftigten lebten im Jahr 2005 in Ostasien über 46 Prozent, in Süd-Ostasien über 57 Prozent und in Südasien und im subsaharischen Afrika sogar 87 Prozent der arbeitenden Personen in Haushalten mit einem Einkommen unter zwei US-Dollar pro Tag und Kopf.

Das Problem „Armut trotz Arbeit" ist nicht auf die ökonomisch sich entwickelnden Staaten begrenzt. In den ökonomisch entwickelten Staaten steht die Verbreitung des Begriffes „working-poor" für das Problem, dass das Einkommen von immer mehr Menschen trotz Erwerbstätigkeit unter der jeweiligen Armutsschwelle liegt. Seit Anfang der 1990er Jahre lebt etwa die Hälfte der von relativer Armut betroffenen US-Amerikaner in Haushalten mit wenigstens einem arbeitenden Familienmitglied. Im Jahr 2004 lebten schätzungsweise 17,6 Millionen Menschen in den USA in „working-poor"-Haushalten. Seit den 1990er Jahren ist der Anteil der Menschen, die trotz Arbeit arm sind, höher als je zuvor seit dem Zweiten Weltkrieg.

Die hohe Anzahl an Haushalten, die arm sind, obwohl mindestens eine Person einer Beschäftigung nachgeht, ist ein Grund für die zunehmende Ungleichheit in vielen Staaten. Von 73 vom UNDP betrachteten Staaten hat sich in 53 Staaten, in denen über 80 Prozent der Weltbevölkerung leben, die Ungleichheit in den letzten zwanzig Jahren erhöht; nur in neun Staaten hat sie sich verringert. Die Ungleichheit hat dabei sowohl in wachstumsstarken als auch in wachstumsschwachen Staaten zugenommen.

www.bpb.de/wissen → Globalisierung → Soziale Probleme → Armut trotz Arbeit (Stand: 15.01.2009)

D Entwickeln Sie in Gruppen einen Argumentationsblock zu einer der folgenden Behauptungen:

Übung

- Forschungen im Bereich der Humangenetik werden es in naher Zukunft ermöglichen, Erbkrankheiten zu heilen.
- Junge Menschen sind bereits mit 16 Jahren in der Lage, politisch zu denken und an Wahlen teilzunehmen.
- Die Globalisierung bedeutet auch eine wachsende Konkurrenz für den Faktor Arbeit, sprich der deutsche Facharbeiter muss mit seinen Kollegen aus Indien konkurrieren.

Zusammenfassung

Liegt das Material der Arbeit vor, gilt es, die Fragestellung der Arbeit **präzise** und **überprüfbar** zu beantworten. Die **Eigenleistung** soll dabei deutlich werden. In wissenschaftlichen Arbeiten muss ein Sachverhalt logisch bewiesen werden. Dies kann entweder **deduktiv** oder **induktiv** erfolgen. Daneben erfordert die Arbeit entsprechend ihres Themas unterschiedliche **Herangehensweisen**: deskriptiv, komparativ, evaluativ, bewertend oder analytisch. Dementsprechend verwendet man eine lineare oder kontroverse Argumentationsstruktur.

6 Die Erstellung der schriftlichen Arbeit

6.1 Aufbau und formale Gestaltung

Bei der **Gestaltung** der endgültigen Fassung der schriftlichen Arbeit geht es darum, die Inhalte, die erarbeitet wurden, wirkungsvoll darzustellen. Ein schlüssiger Aufbau der Arbeit und eine ansprechende Gestaltung des Layouts tragen dazu bei.

6.1.1 Aufbau der Arbeit

Vorgaben für den Aufbau

Für eine wissenschaftliche Arbeit gelten **klare Vorgaben**, wie der Aufbau zu gestalten ist. Sie lässt sich in Vorspann, Textteil und Anhang unterteilen. Zum **Vorspann** zählen das Deckblatt, das Titelblatt, das Inhaltsverzeichnis sowie Verzeichnisse für Abkürzungen, Abbildungen sowie Tabellen und das Glossar, soweit sie vorhanden sind. Bei Fach- bzw. Seminararbeiten hat es sich jedoch eingebürgert, die Verzeichnisse und das Glossar in den Anhang aufzunehmen. Das Inhaltverzeichnis ermöglicht es dem Leser, rasch die Gliederung der Arbeit zu erfassen, Schwerpunkte zu erkennen und sich so leichter orientieren zu können. Der **Textteil** umfasst die Einleitung, den Hauptteil und den Schlussteil. Die **Einleitung** steckt den Rahmen der Arbeit ab. Sie ermöglicht es dem Leser, sich auf das Thema einzustellen, weckt Interesse und erleichtert dadurch das Verständnis. Davon profitiert auch der Autor, da er so sein Ziel – die Vermittlung seiner Inhalte – besser erreicht. Im **Hauptteil** findet die eigentliche Auseinandersetzung und Bearbeitung des Themas statt. Der **Schluss** fasst die Arbeit zusammen, rundet sie ab und stellt sie gegebenenfalls in einen größeren Zusammenhang. Hier bietet sich die Möglichkeit, die Quintessenz (das Wesentliche) der Arbeit aufzuzeigen, sie zu reflektieren und auf diese Weise die selbstständige Durchdringung der Thematik darzustellen. Diese abschließende Zusammenfassung muss am Ende jeder wissenschaftlichen Arbeit geleistet werden und basiert auf den Zwischenzusammenfassungen bzw. Teilergebnissen der einzelnen (Unter-) Kapitel. Der **Anhang** besteht aus den Anmerkungen, wenn diese nicht jeweils am Seitenende der dazugehörenden Fußnote stehen, dem Quellen- und Literaturverzeichnis, gegebenenfalls dem Material, das der Arbeit beigefügt werden soll, und der Schlusserklärung. Dazu gehören zum Beispiel Tabellen, Interviews oder Versuchsdokumentationen. Die Seiten des Anhangs zählen nicht zum vorgegebenen Umfang der Arbeit.

Titelseite und Deckblatt

Die Titelseite ist die „Visitenkarte" der schriftlichen Arbeit und sollte daher besonders übersichtlich und sauber strukturiert sein. Jede Schule hat genaue **Vorgaben**, welche Angaben auf dem Titelblatt genannt werden müssen. Folgende Angaben müssen jedoch immer enthalten sein: Name der Schule, Schuljahr, Seminarfach, Verfasser, Thema, betreuende Lehrkraft, Leerräume für Stempel mit Abgabetermin, Note und Punkte sowie Unterschrift der Lehrkraft. Es ist auch denkbar, vor dem Titelblatt noch ein **Deckblatt** einzufügen, welches nur Titel und Verfasser nennt und mit einem zum Thema passenden grafischen Element ansprechend gestaltet wird. Das Deckblatt kann der Karton des Einbands sein oder ein gesondertes Blatt, das an erster Stelle steht. Dann empfiehlt sich ein durchsichtiger Umschlag.

① Emmy-Noether-Gymnasium Erlangen
Noetherstr. 49b
91058 Erlangen

② Schuljahr 2007/08

Seminararbeit ③

im W-Seminar „Industrialisierung im Raum Nürnberg-Fürth"

④ **Die Bleistiftfertigung in Stein**

von ⑤
Martina Schneider

⑥
Betreuende Lehrkraft: OStR H. Meier

Abgabetermin: 21. Mai 2008
⑦

⑧ Punktzahl für die abgelieferte Arbeit (3x): ....

⑧ Punktzahl für Präsentation mit Prüfungsgespräch (1x): ....

⑧ Gesamtleistung in der Seminararbeit (Arbeit × 3 + Präsentation): ....

⑨
(Unterschrift des Kursleiters)

1 Adresse der Schule
2 Schuljahr
3 Name des Seminars
4 Titel der Arbeit
5 Verfasser/in
6 Betreuende Lehrkraft
7 Abgabetermin
8 Bewertungen
9 Raum für Unterschrift des Seminarleiters

Abb. 1: Beispiel einer Titelseite. *Eigene Darstellung*

Seitenzählung

Das Deckblatt wird in die **Seitenzählung** nicht mit einbezogen. Das Titelblatt ist die erste Seite, es wird aber ebenso wenig eine Seitenzahl aufgedruckt wie auf die Seite des Inhaltsverzeichnisses. Die erste Seite mit einer Seitenzahl ist die erste Textseite mit der Ziffer drei. Für die Seminararbeit hat es sich jedoch eingebürgert, das Inhaltverzeichnis in die „normale" Seitenzählung einzubeziehen. Die Seitenzählung beginnt also auf der (ersten) Seite des Inhaltsverzeichnisses mit der Ziffer zwei.

Inhaltsverzeichnis

Im **Inhaltsverzeichnis** werden alle (Unter-)Kapitelüberschriften mit der jeweiligen Seitenzahl aufgeführt. Hier ist noch einmal zu prüfen, ob auf jeder Gliederungsebene mindestens zwei Überschriften vorhanden sind, das heißt ein Kapitel muss mindestens zwei Unterkapitel aufweisen, wenn es weiter untergliedert werden soll. Die Nummerierung und die Überschriften im Inhaltsverzeichnis müssen identisch sein mit jenen im Text. Es ist sinnvoll, die Funktion der Textverarbeitungssoftware zur automatischen Erstellung von Inhaltsverzeichnissen – bei konsequent verwendeter Formatvorlage – zu nutzen. Im Inhaltverzeichnis werden auch die verschiedenen Verzeichnisse, das Glossar und der Materialienteil mit Seitenzahl als jeweiliges Kapitel der obersten Gliederungsebene aufgeführt.

Überschriften

Die Überschriften sollen den **zentralen Inhalt** des (Unter-)Kapitels benennen, sodass sich der Leser eine Vorstellung davon machen kann. Daher sind allgemeine Formulierungen wie zum Beispiel „Einleitung“, „Personenkonstellation“, „Allgemeines“ zu vermeiden. Die Überschriften sollen nach Möglichkeit durchgängig im **Nominalstil** und prägnant formuliert werden („Adenauers Wahl zum Bundeskanzler im Jahr 1949“). Unüblich ist der Verbalstil („Im Jahr 1949 wird Adenauer zum Bundeskanzler gewählt“). Beide Stile sollten möglichst nicht gemischt werden.

Nummerierung

Zur Nummerierung kann zwischen dem **numerischen** (1, 1.1, 1.1.1) und dem eher unüblichen **alpha-numerischen System** (A, I., 1., a, α) gewählt werden. Im naturwissenschaftlichen Bereich findet nur das numerische System Anwendung, das auch sonst zunehmend bevorzugt wird. Die beiden Systeme dürfen nicht vermischt werden. Die **Anordnung der Gliederungspunkte** kann nach dem Linien- oder Stufenprinzip erfolgen. Beim Linienprinzip werden die Nummerierungselemente linksbündig angeordnet und die Überschriften der Kapitel und Unterkapitel beginnen ebenfalls in einer Linie. Beim Stufenprinzip werden die jeweils niedrigeren Gliederungsebenen eingerückt. **Kapitelüberschriften** können fett hervorgehoben werden. Nach jedem Kapitel lässt man einen 1,5-zeiligen Abstand. In einer Arbeit von 10–15 Seiten sollte die vierte Gliederungsebene ausgeschlossen sein. Sie ist eher ein Hinweis auf Schwächen in der Struktur (→ Übung A).

Ordnung Anordnung	Numerische Ordnung	Alpha-numerische Ordnung
Linienprinzip	1 Teile 1.1 Kapitel 1.2 Kapitel 1.2.1 Abschnitt 1.2.2 Abschnitt 1.2.2.1 Unterabschnitt 1.2.2.2 Unterabschnitt	A) (Lateinische Großbuchstaben) I) (Römische Zahlen) 1) (Arabische Zahlen) a) (Lateinische Kleinbuchstaben) α) (Griechische Kleinbuchstaben) β) (Griechische Kleinbuchstaben) b) (Lateinische Kleinbuchstaben)

Stufenprinzip	1
	  1.1
	  1.2
	    1.2.1
	    1.2.2
	      1.2.2.1
	      1.2.2.2
		A)
		  I)
		    1)
		      a)
		        α)
		        β)
		      b)

Abb. 2: Nummerierungssysteme. Aus: www.im.rwth-aachen.de

Einleitung

Mit der **Einleitung** beginnt der Textteil der Seminararbeit. Sie soll den Leser jedoch nicht nur durch einige unverbindliche Worte zum Hauptteil führen; vielmehr gehört sie zum sachlichen Teil der Arbeit. Abhängig vom Thema der Arbeit müssen nicht immer alle der folgenden Punkte integriert werden, meist ist dies jedoch sinnvoll. Zunächst kann die **Motivation** erläutert werden, weshalb diese Thematik bearbeitenswert ist. Dies können zum Beispiel persönliche Gründe sein, Lücken in dem bisherigen Wissensstand (z. B. bei Themen mit lokalem Bezug) oder offene Fragestellungen im Rahmen eines größeren Projekts. Jede Arbeit muss dann inhaltlich abgegrenzt und in den dazugehörigen thematischen Zusammenhang eingeordnet werden. Daraus ergibt sich die **genaue Zielsetzung** bzw. die erkenntnisleitende(n) Fragestellung(en) der Arbeit. Dies ist auch der Beginn des roten Fadens der Arbeit, der im Schluss mit der zusammenfassenden Beantwortung der Fragestellung endet. Weiterhin sollte auch das **methodische Vorgehen** erläutert werden. Dies ist besonders wichtig, da das bewusste und fachlich korrekte methodische Vorgehen eine Grundlage wissenschaftlichen Arbeitens ist. Es können auch zentrale Begriffe definiert werden; zudem sollte auf die Materialbasis und eventuell aufgetretene Probleme bei ihrer Beschaffung hingewiesen werden. Die Einleitung kann mit einem groben Überblick über das Vorgehen, sprich über die Gliederung enden und damit eine Überleitung zum Hauptteil schaffen.

! Einleitung ca. 10% vom Gesamtumfang!

Hauptteil

Dort wird nun – wie in Kapitel 5.4 beschrieben – die Bearbeitung des Themas der Arbeit argumentativ dargelegt. Dabei kommt es, wie in Kapitel 6.2 erläutert, auch auf sprachliche Präzision an.

Schlussteil

Ähnlich wie die Einleitung besitzt auch der **Schlussteil** wesentliche Bedeutung für eine wissenschaftliche Arbeit. Er stellt nicht nur eine Abrundung dar, sondern ist vielmehr im Sinne einer **Schlussfolgerung** zu verstehen. Dazu wird die zentrale Fragestellung der Arbeit noch einmal kurz dargestellt und damit ein Bogen zur Einleitung geschlagen. Hier endet der rote Faden der Arbeit. Anschließend werden auf Basis der Zwischenzusammenfassungen die wichtigsten Aussagen noch einmal knapp dargestellt, miteinander in Beziehung gesetzt und vor allem reflektiert und bewertet. Auf diese Weise erhält man ein **fundiertes, differenziertes, kritisches Ergebnis**. Das kann auch bedeuten, dass die Ausgangshypothese durch die Forschung statt bestätigt (verifiziert) widerlegt (falsifiziert) wurde. Falls Teilfragen offen geblieben sind, kann dies hier begründet werden. Schließlich wird das Ergebnis noch in den Gesamtzusammenhang der Thematik eingeordnet und ein **Ausblick** gegeben. Dazu kann auf neue Fragestellungen, die sich im Laufe der Arbeit ergeben haben, hingewiesen werden. Bei praktischen Arbeiten können Anwendungsmöglichkeiten gezeigt werden.

Anmerkungen – Quellennachweise

In den **Anmerkungen** werden zunächst die **Quellen der Zitate** genannt. Da sich wissenschaftliche Erkenntnisse zumeist aus bereits bestehenden Erkenntnissen ergeben (logisches Schlussverfahren → Kapitel 5), ist es selbstverständlich, dass in wissenschaftlichen Arbeiten zitiert wird. Alle Ausführungen, die sich wörtlich oder sinngemäß auf andere Texte stützen und nicht vom Verfasser selbst stammen, müssen als Zitate gekennzeichnet werden. Damit sie verifiziert, d.h. belegt werden können, ist ein klarer Nachweis unumgänglich (→ Kapitel 2.1). Bei der Angabe der Quellen ist unbedingt auf die durchgängige Einhaltung eines Schemas zu achten. Dies kann durch Kurztitel, die im Text unmittelbar nach dem Zitat angegeben werden,

Quellenangaben im Textteil der Seminararbeit	
1. Kafitz, Dieter: Grundzüge einer Geschichte des deutschen Dramas von Lessing bis zum Naturalismus. Frankfurt/M. 1989^2. S. 112.	Erstes Zitieren einer Quelle im Text mit voller bibliografischer Angabe, kann auch nur mit Kurztitel erfolgen (→ 4.)
2. ebd.	Erneutes Zitieren der gleichen Quelle und gleichen Seite wie das unmittelbar vorausgehende Zitat
3. Kafitz, a.a.O., S. 115	Zitieren aus der gleichen Quelle wie zuletzt unter Kafitz genannt, aber eine andere Seite
4. Kafitz, Grundzüge, 1989, S. 117	Zitieren einer Quelle mit Kurztitel, wenn zwischendurch eine andere Quelle zitiert wurde
5. vgl. Kafitz 1989, S. 117 f.	Sinngemäßes, indirektes Zitat, das sich auf Seite 117 und die folgende bezieht
6. vgl. Kafitz 1989, S. 117 ff.	Sinngemäßes, indirektes Zitat, das sich auf Seite 117 und die folgenden bezieht

Abb. 3. *Eigene Darstellung*

erfolgen. Häufig schränkt das die Lesbarkeit des Textes ein. Es empfiehlt sich, durch Fußnoten auf die Quellenangabe zu verweisen. Die Quellenangaben können dann am Ende jeder Seite oder im Anhang (Endnoten) aufgelistet werden. Leserfreundlicher ist es, die Fußnoten auf die dazugehörige Seite zu drucken, zumal Textverarbeitungsprogramme die Verwaltung der Fußnoten übernehmen und auch beim Verschieben oder Löschen von Fußnoten die korrekte Zuordnung erhalten bleibt. Die Fußnoten können durch die gesamte Arbeit durchnummeriert werden.

Anmerkungen – Weiterführende Gedanken

Daneben ist in den **Anmerkungen** auch Raum für Gedanken, die nicht unmittelbar zum Thema gehören und die die Gedankenführung an dieser Stelle stören oder den Rahmen der Arbeit sprengen würden. In den Anmerkungen ist es dann möglich, diese Aspekte stark verknappt und nur ansatzweise darzustellen. Dies kann zum Beispiel eine kontroverse Diskussion in der Forschungsliteratur sein. Dadurch wird deutlich, dass sich der Verfasser differenziert mit dem Thema auseinandersetzt und die Ergebnisse fundiert sind. In den Anmerkungen können auch **Begriffserklärungen oder Hinweise** gegeben werden, die nicht direkt zum Thema gehören, aber zum Verständnis der Argumentation beitragen. Auch interessante Überlegungen, die jedoch vom Thema wegführen, können hier angerissen werden. Durch Querverweise in den Anmerkungen kann auf bereits Dargestelltes oder noch Darzustellendes verwiesen werden. Dadurch lassen sich der Eindruck der Lückenhaftigkeit, aber auch Wiederholungen im Text vermeiden. Es ist allerdings darauf zu achten, dass diese Anmerkungen nicht ausufern, indem auf einen engen Themabezug und eine klare Argumentationsführung im Text geachtet wird.

Anhang

Dem Schlussteil folgt der **Anhang**, in dem die Anmerkungen, wenn sie nicht in den Textteil integriert wurden, Verzeichnisse, Materialien und die Schlusserklärung Platz finden. Es ist üblich, zwischen Textteil und Anhang ein Trennblatt mit der Aufschrift „Anhang" einzufügen. Jede wissenschaftliche Arbeit muss über ein **Literatur- und Quellenverzeichnis** verfügen (→ Kapitel 2.1).

Verzeichnisse im Anhang

Gegebenfalls kann noch ein Abkürzungs-, Tabellen- und Abbildungsverzeichnis sowie ein Glossar erstellt werden. In einem **Abkürzungsverzeichnis** werden Abkürzungen aufgeführt, die nicht gängig oder vom Verfasser selbst entwickelt sind und in größerer Anzahl verwendet werden. Es ist allerdings zu bedenken, dass zu viele Abkürzungen das Lesen erschweren. In naturwissenschaftlichen Arbeiten mit zahlreichen Tabellen kann ein **Tabellenverzeichnis** mit den Nummern und Titeln der Tabellen und den dazugehörigen Seitenzahlen erstellt werden. Bildliche Darstellungen wie Fotos, Bilder, Diagramme, Karten oder Skizzen werden im Text ohne Unterscheidung ihrer

Art durchnummeriert und im Abbildungsverzeichnis mit Nummer, Titel und Seitenzahl aufgelistet. Werden in der Arbeit nur wenige Tabellen verwendet, können auch diese ins **Abbildungsverzeichnis** übernommen werden. Zweck des Tabellen- und Abbildungsverzeichnisses ist es, den Leser über Anzahl und Titel der Tabellen und Abbildungen zu informieren und ihm das Auffinden im Text durch die Seitenangabe zu erleichtern. In einem **Glossar** können ausgefallene Begriffe der Arbeit erklärt werden, sollten von diesen sehr viele für das Thema erforderlich sein.

Abbildungsverzeichnis		
Abb. 1	US-Konjunktur im Aufwind	S. 6
Abb. 2	Wirtschaftswachstum der USA 1950-2003	S. 7
Abb. 3	US-Haushalt: Von Defizit zu Defizit	S. 10
Tabellenverzeichnis		
Tab. 1	US-Arbeitsmarkt 1994-2003	S. 6
Tab. 2	Einwanderergruppen 1945-2004	S. 8
Tab. 3	Rüstungsausgaben	S. 11

Abb. 4: Beispiel für Verzeichnisse. *Eigene Darstellung*

Materialteil im Anhang

Im Anhang kann auch **Material** eingefügt werden, das im Textteil keinen Raum gefunden hat. Dies darf jedoch in keinem Fall als Möglichkeit genutzt werden, den Umfang der Arbeit scheinbar einzuhalten und möglichst viel in den Anhang zu verschieben. Informationen, die für das Verständnis der Argumentation nötig sind, müssen deshalb auch im Textteil Platz finden. Materialien, die in den Anhang gehören, sind vor allem **Dokumente** oder Forschungsergebnisse wie **Versuchsprotokolle, Umfrageergebnisse oder Interviewabschriften**, die wichtig für die Arbeit sind und die sich der Leser bzw. die Lehrkraft nicht oder nur sehr schwer besorgen kann. Die Inhalte der Materialien müssen im Textteil aufbereitet und zitiert worden sein.

6.1.2 Formale Gestaltung der Arbeit

Für die optische Gestaltung einer Seminararbeit machen die Schule und später die Universität meist eigene Vorgaben. Einige Grundsätze bei der Gestaltung des Layouts sollten jedoch immer beachtet werden.

Layout

Unter Layout versteht man die **optische Gestaltung** bzw. das fertige Erscheinungsbild eines Dokuments, hier der Seminararbeit. Es stellt sozusagen den „Behälter" für den Inhalt der Arbeit dar. Den Gestaltungsmöglichkeiten bei einer Seminararbeit sind schon durch ihren Charakter als wissenschaftliche

Arbeit recht enge Grenzen gesetzt. So sollte auf ein üppiges, aufwändiges Layout verzichtet werden. Es lenkt eher vom Inhalt ab, als dass es unterstützend wirkt. Ist der erste blendende Eindruck erst einmal verflogen, folgt die Ernüchterung und eventuelle inhaltliche Schwächen treten umso deutlicher hervor. Dennoch gilt es, auf ein ordentliches und übersichtliches Layout zu achten. In ihm spiegelt sich die Klarheit der Argumentation wider und es unterstützt dadurch die Vermittlung der Informationen. Zu einem klaren Layout tragen im Wesentlichen die Art und Größe der **Schrift**, die **Gestaltung des Textflusses** und die Platzierung der **Veranschaulichungselemente** (Grafiken, Tabellen etc.) bei.

Einheitlichkeit

Ein wichtiges formales Kriterium wissenschaftlicher Arbeiten ist die **Einheitlichkeit**. Häufig gibt es mehrere Möglichkeiten für das Gestalten von Gliederungen, Verzeichnissen, Überschriften oder Quellennachweisen. Hat man sich jedoch für ein System entschieden, muss es durchgängig eingehalten werden, da ein Wechsel zu Unklarheiten führen würde.

Schrift

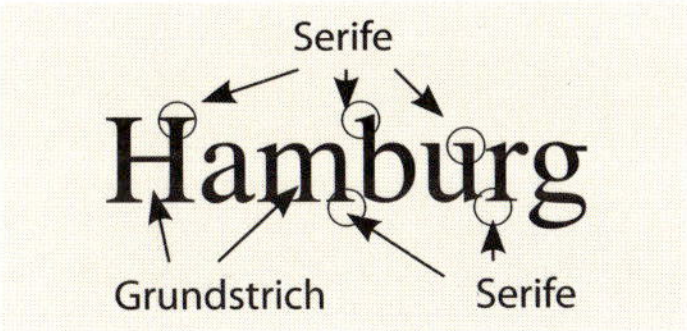

Abb. 1: Serifenschrift. Eigene Darstellung

Es ist auf eine Schriftart und -größe zu achten, die gut zu lesen sind. Sie stellen keine Parameter dar, um die Arbeit auf den gewünschten Umfang zu trimmen. Normalerweise verwendet man eine **Schriftgröße** von 12 Punkt; in den Fußnoten wird sie auf 10 Punkt reduziert. Die **Schriftart** sollte klar und nicht verspielt wirken. Bei Serifenschriften wird der Grundstrich des Buchstabens am Ende quer zu seiner Grundrichtung mit einer Linie (Serife) abgeschlossen.

Abstände

Der **Seitenrand** beträgt links wegen der Lochung/Bindung ~~meist~~ drei Zentimeter, rechts vier cm, um dem Korrektor ausreichend Raum für Anmerkungen zu lassen. Der obere und der untere Rand sind jeweils 2,5 bis drei cm breit. Zwischen der Seitenzahl und dem Rand sind ca. 1,5 cm Abstand einzuhalten. Die Seitenzahl kann mittig oder rechtsbündig, oben oder unten gedruckt werden. Die Blätter werden nur einseitig beschrieben. Für den fortlaufenden Text wird ein 1,5-zeiliger Zeilenabstand gewählt, in den Fußnoten ein einzeiliger. Der Text wird i.d.R. im Blocksatz gesetzt. Um zu große Lücken zwischen den Wörtern zu vermeiden, ist bei Bedarf das Wort am Zeilenende zu trennen. Dazu kann die automatische Silbentrennung des Textverarbeitungsprogramms verwendet werden. Blocksatz erfordert sorgfältiges Redigieren des Zeilenumbruchs; die automatische Silbentrennung führt dabei vielfach zu unbefriedigenden Ergebnissen. Flattersatz mit gut redigiertem Zeilenumbruch ist somit eine gleichwertige Lösung.

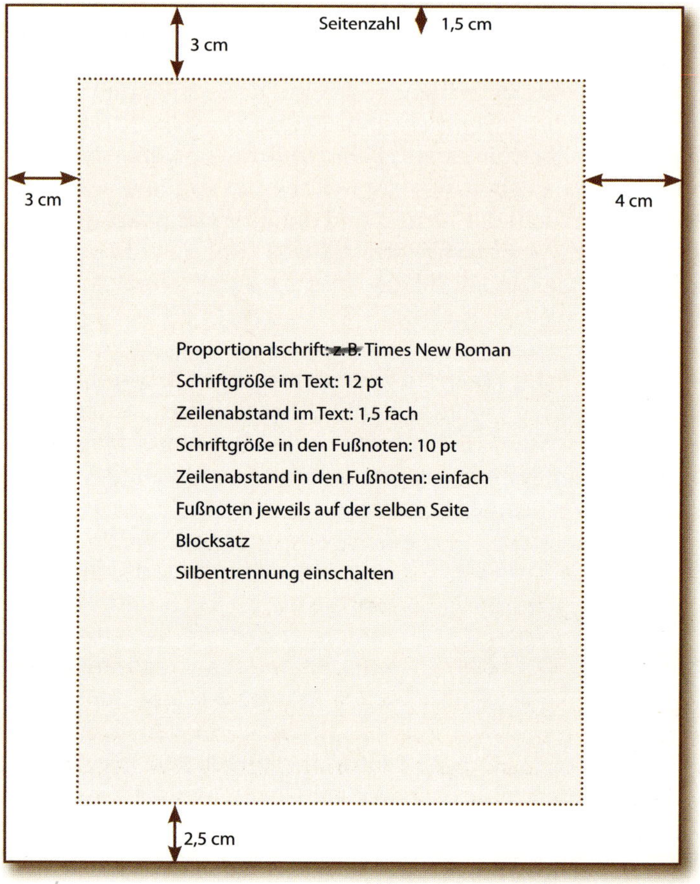

Abb. 2: Seitengestaltung. *Eigene Darstellung*

Überschriften

Überschriften werden mit der Gliederungsnummer linksbündig und fett gedruckt. Der Abstand vor der Überschrift ist größer als der zum folgenden Text, damit die Zugehörigkeit der Überschrift sogleich deutlich wird. In der Regel lässt man vor der Überschrift zwei, nach der Überschrift eine Leerzeile frei. Weitere Hervorhebungen wie Unterstreichung, eine größere Schriftart oder Zentrierung sind nicht üblich. Ein neues Kapitel sollte auf einer neuen Seite beginnen, da hierdurch die Arbeit übersichtlicher wird. Eine neue Seite wird auch begonnen, wenn nach der Überschrift kein Platz mehr für Text ist. Die Leerräume, die dadurch entstehen können, werden nicht dem Umfang der Arbeit zugerechnet. Grundsätzlich wirkt ein aufgelockertes Erscheinungsbild positiv und rechtfertigt einen etwas größeren Brutto-Umfang der Arbeit, der Netto-Umfang, also der Text, wird dadurch nicht berührt (10–15 Seiten sind der vorgegebene Umfang der Seminararbeit).

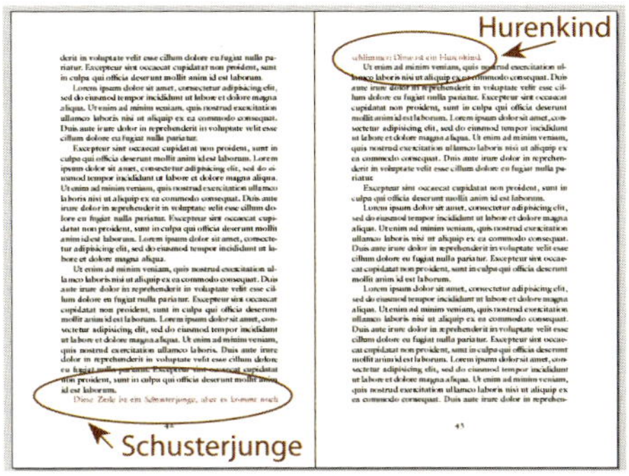

Abb. 3: Schusterjunge und Hurenkind.
Nach: http://upload.wikimedia.org/wikipedia/commons/3/3e/Hurenkind.jpg

Absätze

Ein wichtiges Gliederungselement sind die **Absätze** innerhalb eines Kapitels. So sollte jeder gedankliche Schritt mit einem Absatz beendet werden. Die Untergrenze sind zwei Sätze pro Absatz. Eine starke Strukturierung des Textes, die die Argumentation optisch unterstützt, erleichtert das Lesen und zwingt den Verfasser zu einem klaren Aufbau seiner Arbeit. Ein optisch unstrukturierter Text („Bleiwüste") ermüdet den Leser schneller und ist häufig Spiegel einer unstrukturierten Gedankenführung. Beim Drucken ist darauf zu achten, dass am Ende der Seite die erste Zeile („Schusterjunge") und am Beginn einer Seite die letzte Zeile („Hurenkind") eines Absatzes nicht isoliert stehen. Dieses Problem kann mittels der automatischen Absatzkontrolle der Textverarbeitungsprogramme vermieden werden.

Hervorhebungen

Mit **Hervorhebungen** im Text sollte sparsam umgegangen werden, da zu viele Hervorhebungen unruhig wirken, zu Unübersichtlichkeit führen und die Hervorhebungen damit ihren Zweck verfehlen. Nur vereinzelt können zentrale Begriffe kursiv hervorgehoben werden (Kursivsetzungen sind standardmäßig für fremdsprachige Worte reserviert). Auf Unterstreichen oder das Verwenden von mehr als zwei unterschiedlichen Schriftarten sollte grundsätzlich verzichtet werden; ein Schriftwechsel ist nur für Überschriften und Bildunter-/Tabellenüberschriften erlaubt. Neben der Veränderung des Schriftschnitts (fett, kursiv bzw. italic) können auch durch Einrücken, Veränderung des Zeilenabstands und der Schriftgröße Hervorhebungen vorgenommen werden. Bei **Auflistungen** bietet es sich an, diese etwas einzurücken. **Zitate**, die länger als drei bis fünf Zeilen sind, sollten durch eine kleinere Schriftgröße (10 Punkt), einen einzeiligen Zeilenabstand und breiteren Rand rechts und links hervorgehoben werden. Dies spart auch Platz, was dadurch gerechtfertigt ist, da es sich hier meist nicht um neue Erkenntnisse oder eine neue, eigene Argumentation handelt. Grundsätzlich ist jedoch zu überlegen, ob solch lange Zitate überhaupt notwendig und sinnvoll sind.

König Otto I. von Griechenland 9

4.1 Die erste Phase der Regentschaft

Auch ein bayerischer Zeitzeuge, der Historiker Mendelson, stimmt dem teilweise zu: „Die Klephten beschaffen sich weit vom Vaterland, das sie ausgestoßen hat, bewaffnet die Mittel zum Leben ...“[33] Die Klephten[34] nehmen ihr altes Diebesleben wieder auf,[35] die Regentschaft reagiert mit Armee und Guillotine. Mit am heftigsten tobt der Konflikt in Mani,[36] denn von den Maniaten wird verlangt, ihre Wehrtürme abzureißen, ihre Waffen abzugeben und den Zehnten an den Staat zu zahlen.[37] Aus dieser Zeit ist noch ein altes Volkslied überliefert:

> „Für freies Leben nur sind wir geschaffen, nicht Sklaven von Tyrannen woll'n wir seyn. Und keine Mähr' ist's, was wir euch singen, es ist die lautre Meinung unsres Herzens. Ein Jubel tönt dem König entgegen, als er zu Nauplia das Land betrat [...]. Noch nie im Leben war'n wir Sklaven. Ein armes Land ist unser ohne Schätze; Wir nannten König dich, so gib uns, wenn du hast. Das ist kurz gesagt unsere Willensmeinung. Wir sind zu Haus; kommt, wenn ihr Etwas von uns wollt.“[38]

Dies zeigt, dass die Verehrung für den König noch groß ist, die Maniaten sich jedoch dem Staat nicht unterwerfen wollen, auf ihre Rechte bestehen und bereit sind zu kämpfen. Der Aufstand kann nicht niedergeschlagen werden und man stellt die Klephten schließlich in Regierungsdienste. Auch im Umgang mit der Inselbevölkerung agiert die Regentschaft ungeschickt. Viele Griechen können sich keine Existenz aufbauen, weil die riesigen Staatsländereien bis ins Jahr 1856 immer noch nicht verteilt sind. Darüber beklagt sich auch Makryiannis: „Wo sind die besten Felder, wo sind die Werkstätten und Häuser der Türken, wo sind die Gärten und Felder mit Rosinen?“[39] Zudem empfinden viele Griechen Beamte und Verwaltung als bürokratisch und pedantisch.[40]

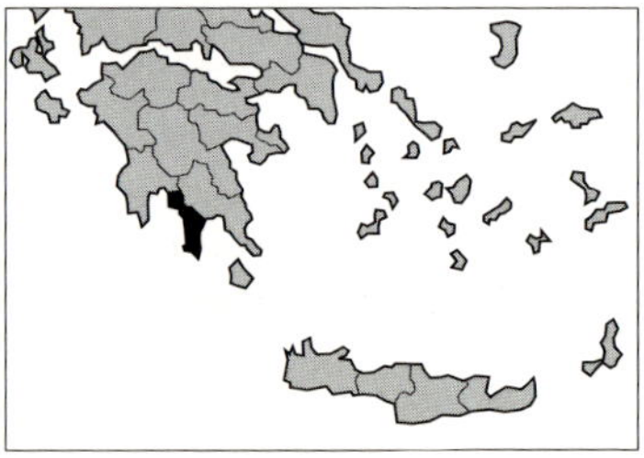

Abb. 2: Mani auf dem Pelepones

33 Ebd.
34 Diebesbanden, die das Herz des griechischen Aufstands waren. Vgl. Baumstark, Das neue Hellas, S. 617.
35 Vgl. Kotsowilis, König Otto I. von Griechenland im Licht neuer archivarischer Quellen, S. 1.
36 Vgl. W. Seidl, Bayern in Griechenland, S. 134.
37 Vgl. a. a. O., S. 131.
38 Ebd.
39 Vgl. C. Giorgos, Geschichte der griechischen Nation, S. 13.
40 Ebd.

Abb. 4: Beispiel einer sinnvoll gestalteten Textseite. *Aus: http://upload.wikimedia.org/wikipedia/commons/e/e6/GreeceMani.png*

Illustrationen

Die Inhalte der schriftlichen Arbeit müssen – anders als dann bei ihrer Präsentation im Rahmen eines Vortrags – nicht in jedem Fall optisch veranschaulicht werden. Anschaulichkeit und Visualisierung können jedoch zentrale Elemente wissenschaftlicher Arbeiten sein, solange sie nicht Dekorationszwecken dienen, sondern zielführend sind. Auf eine Bebilderung aus ästhetischen Gründen ist also zu verzichten. Gleichwohl ist es häufig sinnvoll, die Argumentation zu illustrieren, wenn die Abbildungen einen zusätzlichen, schwer zu verbalisierenden Inhalt besitzen oder als Beweis dienen. Dies können zum Beispiel **Fotos** sein, welche die Beschreibung eines Sachverhalts ergänzen, oder **Diagramme**, die Ergebnisse von Versuchen oder Umfragen festhalten. Aber auch **Tabellen** können im Textteil abgebildet werden, wenn sich die Argumentation unmittelbar auf diese Daten bezieht. Ansonsten sind Tabellen dem Materialteil des Anhangs beizufügen. Denkbar sind auch **Strukturskizzen**, die Zusammenhänge verdeutlichen – auch bei geistes- und sozialwissenschaftlichen Themen. Voraussetzung für die Verwendung von Illustrationen ist, dass im Text explizit auf sie Bezug genommen wird und sie dadurch in die Argumentation integriert werden. Die Illustrationen sind durchzunummerieren und mit einem Titel zu versehen, der ohne Leerzeile direkt unter der Abbildung steht. Die **Quelle der Abbildung** muss in den Anmerkungen wie bei einer Textquelle angegeben werden. Bei der Auswahl – besonders bei bildlichen Illustrationen wie zum Beispiel Fotos, Karikaturen oder Stichen – ist darauf zu achten, dass Größe und Druckqualität ausreichend sind, sodass die gewünschten Informationen auch transportiert werden können.

Kopf- und Fußzeile

Um die **Orientierung in der Arbeit** zu erleichtern, können auch Kopf- und/oder Fußzeilen verwendet werden. In der Kopfzeile können das jeweilige Kapitel und die Seitenzahl genannt werden. Es ist aber darauf zu achten, dass das Layout der Seite nicht überfrachtet wird.

Training

Mat 1 Gliederungspunkte

Vorwort • Goldsterns Leben bis Machtübernahme durch die Nationalsozialisten • Kindheit und Jugend • An der Front des Ersten Weltkriegs • Erste Jahre als Lehrer • Umzug nach Erlangen • Goldsterns Leben in der Diktatur • Erste Diskriminierungen • Einsatz für Mitbürger in Haft • Anzeige wegen einer Beleidigung eines SA-Manns • Berufsverbot • Der angebliche Ritualmord von Uttenreuth • Verhaftung durch die Nazis • Verhöre • Haftbedingungen • Entlassung aus der Haft • Emigration in die USA • Schicksal der Familienangehörigen • Goldsterns Leben in den USA • Erste Eindrücke und Integration in das neue Land • Goldsterns Karriere in den USA • Kontakte mit der Heimat • Nachwort • Literaturverzeichnis • Abbildungsverzeichnis • Quellenverzeichnis • Schlusserklärung

Mat 2 Einleitung und Schluss

Einleitung:

An den 2. April 1933 erinnert sich Gertrude Schulze-Ballin, 93, noch genau. An jenen Tag, der wie viele andere begann. Mit einem Familienfrühstück in der ersten Etage des roten Backsteinhauses, bevor Vater und Mutter eine Treppe tiefer zur Arbeit in die Praxis gehen wollten. Und der mit einer schrecklichen Erkenntnis endete. Eine zweispaltige Anzeige, erschienen in der „Göttingen-Grubenhagenschen Zeitung“, war es, die diesen Tag für sie zu einem traumatischen Erlebnis werden ließ. […] „Northeimer! Meidet diese Juden!“, stand da. Darüber, wie ein Befehl: „Ausschneiden! Aufbewahren!“ Dann eine Liste mit 34 Namen. An sechster Stelle […] Marta Ballin – ihre Mutter.
Deutschland, die Jahre zwischen 1930 und 1935. Wie war das damals, in einer ganz normalen Kleinstadt? Wie kamen in der Provinz die Nationalsozialisten an die Macht? Wer waren sie? Wie sicherten sie ihre Herrschaft, wie veränderte sich der Alltag? Es gibt wenige regionale Studien dazu. […] Zeitzeugin Schulze-Ballin erlebte […] Typisches über die Grenzen ihrer Kleinstadt hinaus. Die meisten Northeimer seien zumindest anfangs begeisterte Nationalsozialisten gewesen, hätten es selbstverständlich gefunden, dass plötzlich Juden und Sozialdemokraten ausgegrenzt wurden: „Eigentlich haben es alle gewollt“, sagt sie.

Schluss:

Von den Northeimer Juden lebten Anfang der vierziger Jahre nur noch drei in der Stadt […]. Sie wurden ins Konzentrationslager Theresienstadt deportiert. „Keiner kehrte von dort zurück“, heißt es in einer Dokumentation. Gertrude Schulze-Ballin und ihre Familie überlebten die Nazi-Diktatur nur mit Glück. Gertrude kam bei den Eltern ihres christlichen Verlobten unter, Juniorchef einer kleinen Versicherungsagentur. Heiraten durfte sie Kurt Schulze wegen der Rassengesetze erst nach 1945.

Andrea Brandt, Alle haben es gewollt, in: Spiegel Special Geschichte Nr. 1/29.01.2008

Mat 3 Textformatierung

Die Immunschwächekrankheit AIDS hat seit dem ersten Bekanntwerden im Jahr 1981 mehr als 25 Millionen Opfer gefordert. Sie ist damit eine der zerstörerischsten Epidemien in der Geschichte der Menschheit. Im Jahr 2005 betrug die Gesamtzahl der HIV-Positiven 40,3 Millionen, was in etwa einer Verdoppelung gegenüber 1995 entspricht (19,9 Millionen). Allein 2005 kam es weltweit zu nahezu fünf Millionen HIV-Neuinfektionen, das sind über 550 Neuinfektionen pro Stunde. Unter den fünf Millionen waren alleine 700.000 Kinder unter 15 Jahren. Im gleichen Jahr starben über drei Millionen Menschen an Krankheiten, die auf AIDS zurückzuführen sind, darunter mehr als eine halbe Million Kinder. Weltweit gibt es schon jetzt weit über 13 Millionen Kinder, die durch AIDS zu Waisen geworden sind. Zwischen 2003 und 2005 ist die Zahl der HIV-Positiven in allen Regionen der Welt gestiegen, mit Ausnahme der Karibik. Dabei hat weltweit nur ein Fünftel der Personen, die der Gefahr ausgesetzt sind, sich mit dem HI-Virus zu infizieren, Zugang zu grundlegenden Präventionsleistungen. Und von den HIV-Positiven wurde nur ein Zehntel auf das Virus getestet und weiß somit, dass er oder sie infiziert ist. Auch wenn sich die Zahl der Menschen, die Zugang zu einer angemessenen HIV-Behandlung haben, in den Staaten mit niedrigen oder mittleren Einkommen seit Ende 2001 verdreifacht hat, erhielt 2005 bestenfalls einer von zehn Menschen in Afrika und einer von sieben in Asien die notwendige Behandlung. In Deutschland bemühen sich zahlreiche Organisationen um Aufklärung und Prävention, um die Immunschwächekrankheit einzudämmen, u. a. die Initiative Weltaidstag. Filmschauspielerin Christine Paul meint dazu: „40 Millionen Menschen sind weltweit mit AIDS infiziert. Auch in Deutschland wächst die Zahl der Neuinfektionen. Letztes Jahr gab es 2.600 Neudiagnosen. Das sind die höchsten Zahlen seit langem. Im Umgang mit Gefährdeten, Erkrankten und ihren Familien zeigt sich, wie ernst das Thema ist. Deshalb ist es wichtig, aufzuklären und gegen Ausgrenzung einzutreten." Weitere Botschafter, welche die Initiative unterstützen, sind Anni Friesinger und Philipp Lahm. Beide machen deutlich, dass der Leistungssport in Deutschland seine gesellschaftliche Verantwortung ernst nimmt.

www.bpb.de/wissen → Globalisierung → Soziale Probleme → AIDS-Epidemie; www.welt-aids-tag.de → Botschafter

Übung

A Inhaltsverzeichnis erstellen

Fertigen Sie aus den obenstehenden Gliederungspunkten aus Mat 1 ein schlüssiges Inhaltsverzeichnis zu dem Thema „David Goldstern – Das Schicksal eines Erlanger Juden zur NS-Zeit" an. Der Hauptteil beinhaltet drei Hauptkapitel. Entscheiden Sie sich für ein oben dargestelltes Nummerierungssystem.

B Einleitung und Schluss

1. Beschreiben Sie anhand der Textauszüge aus dem wissenschaftsjournalistischen Beitrag „Alle haben es gewollt" zur „Machtergreifung" in Northeim (→ Mat 2), wie hier Einleitung und Schluss gestaltet wurden. Beurteilen Sie, inwieweit diese Gestaltung für rein wissenschaftliche Arbeiten sinnvoll bzw. auf diese übertragbar ist.
2. Verfassen Sie eine Einleitung und einen Schluss, der einen Bezug zu der Einleitung bildet, zu einem der folgenden Themen:
   - Die Gestaltung des Sportunterrichts an bayerischen Gymnasien
   - Aktives Wahlrecht für Jugendliche ab 16 Jahren
   - Mittagsverpflegung am achtjährigen Gymnasium – Probleme und Chancen

C Text formatieren

Formatieren Sie folgenden Text, indem Sie Absätze einfügen und gegebenenfalls sinnvolle Hervorhebungen vornehmen. Ergänzen Sie notwendige Informationen in den Anmerkungen. Am besten gelingt dies, wenn man den Text einscannt und am PC bearbeitet.

6.2 Sprachliche Gestaltung

Sachliches Schreiben vs. individueller Schreibstil

Die Sprache ist das Medium, mit dem der Inhalt der Seminararbeit zum Leser transportiert wird. Dies gilt in ganz besonderem Maße für wissenschaftliche Sachtexte, deren Zweck fast ausschließlich die sachliche Information ist. Die sprachliche Gestaltung des Textes trägt somit maßgeblichen Anteil daran, in welchem Umfang der Leser Informationen aufnimmt; sie bestimmt die Verständlichkeit des Textes. Dieser Anforderung muss der Schreibstil genügen, indem die Grundsätze sachlichen Schreibens berücksichtigt werden. Gleichzeitig ist der Schreibstil aber auch **Ausdruck der eigenen Persönlichkeit**. Daher ist es nicht sinnvoll, diesen völlig zu unterdrücken und zwanghaft zu versuchen, sich „wissenschaftlich" auszudrücken. Der eigene Charakter – Ausdruck der Eigenständigkeit der Arbeit – würde dann verloren gehen. Zudem wirkt eine gekünstelte Sprache wenig authentisch. Sie verliert dadurch an Überzeugungskraft, eben das, was mit sachlichem Schreiben gerade erreicht werden sollte. Zudem kann der Zwang, einen fremden Schreibstil zu übernehmen, hemmend wirken und zu Frustration führen, was den Arbeitseifer insgesamt schmälert. Es muss also die **Balance** zwischen individuellem Schreibstil und den berechtigten Konventionen sachlichen Schreibens gefunden werden.

Abb. 1: Kennzeichen wissenschaftlicher Texte. Eigene Darstellung

Präziser Ausdruck

Wesentliches Kriterium wissenschaftlichen Schreibens ist die **Verständlichkeit**. Selbstverständlich ist dabei, dass Fehler in Schreibung und Satzbau ausgeschlossen werden. Weiterhin ist auf einen **präzisen Ausdruck** Wert zu legen. Dabei gilt es, den Text bewusst in Schriftsprache abzufassen, die sich durch eine komplexere Struktur und eine gehobenere Wortwahl auszeichnet und sich damit von der Umgangssprache und der gesprochenen Sprache unterscheidet. Auch Phrasen und Füllwörter sollten vermieden werden. Zudem ist die **Lesbarkeit** im Auge zu behalten, indem trotz aller Präzision auf einfache und klare Formulierungen geachtet wird.

Begriffliche Präzision – Fachsprache

In wissenschaftlichen Texten ist es üblich und notwendig, Fachbegriffe zu verwenden. Dies zeigt, dass der Verfasser über die notwendigen Fachkenntnisse verfügt; auch – wichtiger – ermöglichen Fachbegriffe eine präzise Beschreibung eines Sachverhalts. Weniger geläufige Fachbegriffe müssen bei der ersten Verwendung erklärt und gegebenenfalls in das Glossar aufgenommen werden. Davon sind Fremdwörter zu unterscheiden. Auch sie können der Präzisierung dienen. Sie dürfen jedoch nicht um ihrer selbst verwendet werden, um Wissenschaftlichkeit vorzutäuschen, da ein Übermaß an Fremdwörtern das Verständnis erschwert. Daher ist zu prüfen, ob sich der Sachverhalt nicht auch mit der deutschen Entsprechung genauso präzise darstellen lässt. Besonders ist auf die Bildung eigener Fremdwörter zu verzichten.

Abb. 2:* *Nicht immer werden Fremdwörter sinnvoll eingesetzt. *Eigene Darstellung*

Zahlen ausschreiben

Zahlen von eins bis zwölf sind auszuschreiben, außer sie werden in Verbindung mit Maßeinheiten verwendet.

Sprachliche Präzision – Nachvollziehbarkeit

Damit der Text überzeugen kann, müssen die **inneren Zusammenhänge** sichtbar werden. Dadurch wird der rote Faden der Arbeit erkennbar und der Leser kann auf diese Weise Schritt für Schritt die Beweisführung und die Argumentation des Verfassers nachverfolgen (→ Übungen A, C).

Verknüpfung

Auf der sprachlichen Ebene wird die Nachvollziehbarkeit der Gedankenführung vor allem durch aussagekräftige Verknüpfungen der einzelnen Bestandteile der Argumentation (Behauptung, Begründung, Beispiel, Beweis, Zitat) erreicht. Dazu müssen die adversativen, konditionalen, finalen, kausalen usw. Bezüge sprachlich deutlich gemacht werden, indem entsprechende Konjunktionen (z. B. „deshalb") oder Wortgruppen (z. B. „daraus folgt") verwendet werden. Auch muss klar darauf hingewiesen werden, welche **argumentative Funktion** dem einzelnen Element (Behauptung, Begründung, Beispiel, Folgerung, Meinung) zukommt (z. B. „wie am folgenden Beispiel deutlich wird").

Überleitungen

Auch zwischen den einzelnen Teilen, Kapiteln und (Unter-)Abschnitten müssen Überleitungen hergestellt werden, die den **Zusammenhang** zwischen den einzelnen Gliederungspunkten schaffen. Überleitung können zum Beispiel anaphorische (rückverweisende) Wiederaufnahmen („neben/entgegen/trotz dieser Tatsache/Meinung/Behauptung") oder ein kataphorischer (vorausdeutender) Ausblick („Im Folgenden ist noch darzulegen …") sein. Diese überleitenden Sätze in Verbindung mit kleinen Zwischenzusammenfassungen sind ein Bestandteil des bereits häufig erwähnten roten Fadens. Auch Querverweise dienen der Steigerung der Textkohärenz, also der Geschlossenheit des Textes (→ Übung B).

Zitate, Abbildungen, Tabellen einbinden

Um eine schlüssige Argumentation zu erhalten, müssen Zitate flüssig und fortlaufend in den Text integriert werden. Bei längeren Zitaten kann dies auch mit einem einleitenden Satz erfolgen („wie folgendes Zitat belegt"). Die Zitate dürfen nicht ohne Zusammenhang mit der Gedankenführung bleiben, vielmehr muss deutlich darauf **Bezug genommen** werden. Dies kann zum Beispiel eine Erläuterung des Inhalts oder eine Bewertung der Aussage des Zitats sein. Auch auf Abbildungen und Tabellen muss explizit eingegangen werden. So kann zum Beispiel bei Fotos erläutert werden, was bemerkenswert ist. Bei Tabellen müssen die Daten eine wesentliche Bedeutung für die Argumentation besitzen.

Anschaulichkeit

Abbildungen und Tabellen dienen auch der Anschaulichkeit, durch die sich der Leser die Inhalte besser vorstellen kann und die ihm das Verständnis erleichtern. Die Arbeit wirkt überzeugender. Dies kann auch durch Beispiele geschehen, die einen abstrakten Sachverhalt konkretisieren und dadurch veranschaulichen. Auch die Verwendung von **Bildern und Vergleichen** kann diesen Zweck erfüllen. Ein blumiger Stil ist jedoch zu vermeiden, da er zu viel Raum für Interpretationen lässt und damit zu unpräzise ist.

Sachlichkeit – Objektivität statt Manipulation

Wesentliches Kriterium eines wissenschaftlichen Textes ist die **objektive Darstellung** von Sachverhalten. Auf manipulative Elemente beim Schreiben muss verzichtet werden. Der Leser soll nicht überredet, sondern überzeugt werden. Er muss sich selbst ein Urteil bilden können, indem er die Argumente sachlich dargestellt bekommt und sie abwägen sowie den Gedankengang nachvollziehen kann. Spekulationen, unbewiesene Behauptungen und widersprüchliche Darstellungen müssen vermieden werden. Dazu gehören ebenso superlativische, absolute Aussagen. Diese erwecken den Eindruck einer dogmatischen Gültigkeit, was in den meisten Fällen jedoch nicht zutrifft. Aus dieser alltäglichen Erfahrung heraus fordern solche Formulierungen automatisch Widerspruch heraus. Die ursprüngliche Absicht, den Leser zu überzeugen, wird ins Gegenteil verkehrt. Folglich gilt es, eine gewisse Vorsicht walten zu lassen (z. B. statt: immer – häufig, alle – die meisten, muss – soll). Eine ähnlich manipulierende Wirkung haben Formulierungen, die eine Allgemeingültigkeit suggerieren (z. B. „wie allgemein bekannt ist").

Ausdrucksform und Tempus

Wissenschaftliche Texte werden überwiegend in der 3. Person geschrieben. Die Ich-Form ist zu vermeiden, außer es geht darum, dezidiert die eigene Meinung darzustellen. Um Sachverhalte neutral und sachlich zu beschreiben, kann auch das Passiv gewählt werden. Es sollte jedoch nicht ausschließlich verwendet werden. Ein ständiger Wechsel zwischen Aktiv und Passiv ist zu vermeiden. Der Konjunktiv sollte nur dann zum Einsatz kommen, wenn er wirklich nötig ist. Dies kann der Fall sein, wenn tatsächlich Möglichkeiten oder Bedingungen ausgedrückt werden sollen oder beim Zitieren in Form der indirekten Rede. Ansonsten wirkt er gestelzt und unbestimmt, was einer stringenten Argumentation zuwiderläuft. **Leittempus** für wissenschaftliche Arbeiten ist das Präsens. Wenn Sachverhalte beschrieben werden, die – wie historische Themen – in der Vergangenheit liegen, kann auch das Präteritum gewählt werden. Das Tempus der Vorzeitigkeit (eine Handlung findet vor der übergeordneten statt) ist im ersten Fall das Perfekt, im zweiten das Plusquamperfekt.

Klarer Satzbau

Zur **Verständlichkeit** des Textes trägt ganz wesentlich die gute Lesbarkeit bei. Neben der Präzision ist daher auf klare Formulierungen zu achten. Der Satzbau sollte klar und übersichtlich sein. Deshalb ist auf Schachtelsätze zu verzichten, also auf lange hypotaktische Konstruktionen mit zahlreichen Einschüben, da der Leser zu leicht den Faden verliert und den Satz mehrmals lesen muss. Auch komplizierte Satzgefüge sind häufig eine Fehlerquelle. Das bedeutet nicht, dass nur kurze Hauptsätze aneinandergereiht werden sollen. Vielmehr ist zu überlegen, ob nicht die Teilung eines Satzgefüges, den Inhalt deutlicher hervortreten lässt. Zudem können auch Hauptsätze durch Konjunktionen (z. B. „deshalb", „aber") oder Wortgruppen in Bezug gesetzt werden. Satzeinleitungen mit „dass" können durch Adjektive ersetzt werden (z. B. statt: es steht zu vermuten, dass – vermutlich). Dies reduziert die Komplexität des Satzes, ohne dass Inhalte verloren gehen.

Klare Sprache

Nominalisierungen und lange Komposita sollten vermieden werden. Häufig lassen sie sich in mehrere Wörter auflösen, wodurch der Sachverhalt klarer beschrieben wird (z. B. statt: Programm zur Lebensmittelknappheitsbeseitigung – zur Beseitigung der Lebensmittelknappheit). Ebenso sind Tautologien zu vermeiden, da sie den Sinn nur verdoppeln (z. B. kritischer Einwand, neu renoviert). Ähnliches gilt für Abkürzungen. Gebräuchliche Abkürzungen (z. B. „ebd.", „ff.", „z. B.", „Abb.", „usw."; auch für Maße: „cm", „km", „t"), die den Lesefluss nicht hemmen, können verwendet werden, um die Schreibarbeit zu reduzieren. Für häufig verwendete, lange Begriffe können Abkürzungen eingeführt werden, diese müssen aber beim ersten Gebrauch erklärt werden. Treten zahlreiche (mehr als zehn) Abkürzungen auf, ist ein Abkürzungsverzeichnis angebracht.

Abwechslung statt Wiederholung

Sachtexte müssen objektiv und präzise formuliert werden, das bedeutet jedoch nicht zwangsläufig, dass sie langweilig zu lesen sind. Neben einer anschaulichen und klaren Sprache trägt auch ein abwechslungsreicher Ausdruck dazu bei, der durch das **Vermeiden von Wiederholungen** erreicht wird. So sollte die Syntax nicht immer dem gleichen Muster (Subjekt – Prädikat – Objekt) folgen. Durch Umstellungen können auch andere Satzglieder und damit ihr Inhalt besonders betont werden, v. a. wenn sie an den Anfang rücken. Auch die Wiederholung von einzelnen Wörtern sollte verringert werden (→ Abb. 3). Dies kann durch Synonyme geschehen. Eine Hilfe sind hierbei Wörterbücher oder die entsprechenden Funktionen der Textverarbeitungsprogramme (z. B. „Thesaurus“). Eine weitere Möglichkeit ist das Ersetzen durch Pronomen (→ Abb. 3), wenn gleichzeitig der eindeutige Bezug erhalten bleibt. Dabei kann ein Pronomen zurückverweisen (anaphorisch, Bsp. 1) oder vorausverweisen (kataphorisch, Bsp. 2). Gelegentlich kann eine Wiederholung auch durch das Zusammenfassen von zwei Sätzen vermieden werden (Bsp. 3). Allerdings ist es nicht notwendig, jede Wiederholung zu beseitigen, wenn der Inhalt dadurch weniger deutlich wird.

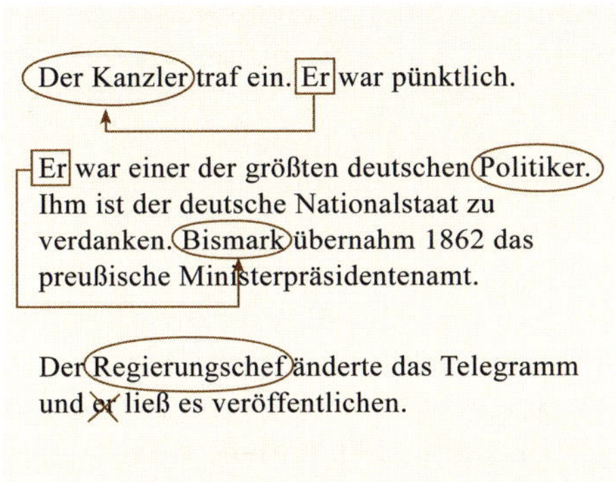

Abb. 3: Beispiele zur Vermeidung von Wiederholungen. *Eigene Darstellung*

Mat 1 Die Wurzeln des Minnesangs

Unter Minnesang versteht man die schriftlich tradierte, hoch ritualisierte Form der gesungenen Liebeslyrik, die der westeuropäische Adel im hohen Mittelalter pflegte, den Kaiser inkludiert, wobei im teutonischen Raum ab etwa 1150 ein Minnesang auf mittelhochdeutsch generiert wurde, während die im Minnesang fokussierte Version des Hochdeutschen den primären Versuch einer gesamtdeutschen Literatursprache ist, da erst 400 Jahre später der sekundäre Versuch durch Martin Luther, der grandiose deutsche Reformtor, der an der Wende zur Neuzeit lebte und der die Bibel vom Lateinischen ins Deutsche transponierte, erfolgt, der gleichwohl mehr Erfolg hatte. Im Spätmittelalter (ab etwa 1350) lösen andere Gattungen den höfisch-ritterlichen Minnesang ab.

Die ersten bezeugten Minnesänger sind die Troubadors in Südfrankreich, deren Sprache in moderner Zeit oft als Provenzalisch tituliert wird, wobei darunter aber nicht der okzitanische Dialekt der Provence, sondern eine Art okzitanische Koine oder Literatursprache zu verstehen ist, die auf Elemente aus verschiedenen okzitanischen Dialekten rekurriert. Der Minnesang der südfranzösischen Troubadors, später auch der nordfranzösische der Trouvères hat wesentlichen Einfluss auf die Anfänge des deutschen Minnesangs.

Am klarsten nachweisbar ist dieser Einfluss anhand einer charakteristischen Besonderheit, der so genannten Kontrafakturen, also der (deutschen) Neutextierung provenzalischer ‚Töne' (unter einem ‚Ton' ist die Einheit von Vers, Metrum und Strophenform plus Melodie zu verstehen). Ebenso explizit wie in derartigen Kontrafakturen wird der französische Einfluss im erkennbaren Bemühen deutscher Minnesänger, mit raffinierten Metren und Reimtechniken.

Nach: www.wikipedia.de, vom Autor bearbeitet

Mat 2 Stadt gegen Land

Viele Probleme der Megastädte resultieren aus dem Einkommensgefälle ihrer Bewohner und den begrenzten finanziellen Möglichkeiten zur Bewältigung der administrativen und infrastrukturellen Probleme. Die Vormachtstellung von Megastädten gegenüber den umgebenden Regionen bzw. Staaten resultiert oft aus der hohen Konzentration von politischen, wirtschaftlichen und kulturellen Funktionen in der Megastadt. Die Ansiedlung der bedeutsamsten Unternehmen ist oft Motor dieser Polarisierung. Den hochbezahlten, städtischen Berufsgruppen steht die Masse von Unbeteiligten gegenüber. Das Stadtwachstum hemmt oft die wirtschaftliche Entwicklung der übrigen Landesteile und fördert somit die weitere Migration in die Megastadt. Während die städtische Agglomeration sich wirtschaftlich entwickelt, profitieren weite Teile des Landes nicht. Die soziale Marginalisierung breiter Bevölkerungsschichten führt zu Problemen, die für die Stadtverwaltungen nicht lösbar sind: hohe Arbeitslosigkeit, fehlender Wohnraum, Gesundheits- und Ernährungsprobleme, ungenügende Wasserver- und Abwasserentsorgung, überfüllte Verkehrswege, Umweltverschmutzung sowie steigende Kriminalitätsraten.

www.bpb.de/themen → Gesellschaft → Megastädte; vom Autor bearbeitet

Training

Mat 3 68er- und neue Frauenbewegung

Die neue Frauenbewegung machte ganz wenige Jahre nach der 68er-Bewegung endlich landesweit mit tollen Protesten auf die Anliegen von Frauen aufmerksam, die bekanntermaßen lange unterdrückt wurden. Die neue Frauenbewegung hat damit ihre Wurzeln selbstverständlich ebenso in der 68er-Bewegung wie in der historischen Frauenbewegung. Die historische Frauenbewegung war in Deutschland vor hundert Jahren oder so entstanden und hatte um die Wende zum 20. Jahrhundert ihren Höhepunkt erlebt. Ihre sozialistischen und jüdischen Führerinnen wurden in der Zeit des Nationalsozialismus leider verfolgt, vertrieben und ermordet. Und ihre bürgerlichen Vertreterinnen mussten sich eigentlich den neuen Herrschern anpassen oder aber, das muss man so sagen, auf jegliches Engagement verzichten. Krieg und Trümmerjahre bedeuteten das vorläufige Ende der alten Frauenorganisationen. […]

Ende der 1960er Jahre trat eine neue Generation von Aktivistinnen auf den Plan, jünger, spritziger, fordernder und frecher als ihre älteren „Schwestern". Welches waren die Gründe für ihre Unzufriedenheit?

[…] Das Leben aller Frauen wurde durch mehrere Entwicklungen in Wirtschaft und Gesellschaft entscheidend geprägt: Zum einen führte der soziale Aufstieg der neuen Mittelschichten ja dazu, dass immer mehr Familien ihren Kindern eine super Bildung und Ausbildung ermöglichen konnten. Weiter entstanden endlich vermehrt Möglichkeiten zur Teilzeitarbeit, wie sie vorher nie anzutreffen waren, was besonders Frauen den Einstieg ins Erwerbsleben fantastisch erleichterte und den Frauen damit eigene Einkommen und finanzielle Unabhängigkeit ermöglichte. […]

www.bpb.de/themen → Geschichte → 68er-Bewegung; vom Autor bearbeitet

A So nicht – Verständlichkeit

Übung

Der Text Mat 1 ist ein Negativbeispiel eines wissenschaftlichen Sachtextes. Korrigieren Sie den Text, indem Sie auf einen klaren Satzbau, Rechtschreibung und eine sinnvolle Wortwahl achten. Ziehen Sie ggf. ein Wörterbuch heran, um unbekannte Begriffe zu klären.

B Ein gelungener Text – Fachsprache

Der Text Mat 2 handelt von den Problemen in Megastädten. Notieren Sie alle fachsprachlichen Wendungen und beschreiben Sie ihre Wirkung. Suchen Sie anschließend Kohärenz bildende Wörter/Ausdrücke heraus.

C Sachliche, objektive Sprache

Bei genauem Lesen werden Ihnen im Text Mat 3 einige vermeidbare Wiederholungen sowie manipulative und umgangssprachliche Wendungen auffallen. Formulieren Sie den Text so um, dass er den Anforderungen eines Sachtextes gerecht wird.

Übung

D Argumentationsketten bilden

In den folgenden fünf Argumentationsblöcken ist die Argumentationsstruktur durcheinandergeraten. Verknüpfen Sie die Aussagen unter Verwendung geeigneter Konjunktionen und Wendungen so, dass fünf plausible Argumentationsketten entstehen:

1. Aufklärung ist ein bewährtes Mittel in der Krankheitsprävention.
2. Männer rauchen immer weniger.
3. Der Tabakkonsum muss eingeschränkt werden.
4. Der Anteil von Frauen unter den Rauchern wächst.
5. Rauchen stellt ein erhebliches Gesundheitsrisiko dar.
6. Der Anteil Jugendlicher unter den Rauchern steigt stetig an.

1. In Südamerika werden Teile des tropischen Regenwalds gerodet.
2. Energiesparen ist der effektivste Beitrag zum Umweltschutz.
3. Biotreibstoffe stellen eine Alternative zu fossilen Brennstoffen dar.
4. Der Kohlendioxidausstoß muss verringert werden.
5. Die Anbauflächen sind in Europa nicht ausreichend.

1. In einer zunehmend technisierten Welt ist Bildung die wichtigste Voraussetzung für den Wohlstand des Einzelnen und der Gesellschaft.
2. Menschen in allen Teilen der Welt benötigen einen Zugang zum Worldwideweb.
3. Das Internet ist heute eines der wichtigsten Kommunikationsmittel und Informationsmedien.
4. Das Internet stellt eine vergleichsweise günstige Möglichkeit dar, das Bildungsniveau der Bevölkerung zu steigern.

1. Jungen lesen gerne Bücher aus dem Abenteuer-, Sciencefiction- und Fantasygenre.
2. In sprachlichen Fächern erzielen Mädchen häufig bessere Noten als Jungen.
3. Es müssen für Jungen stärkere Anreize zum Lesen von Büchern geschaffen werden.
4. Jungen lesen im Vergleich zu Mädchen weniger Bücher.

1. Zahlreiche politische Entscheidungen scheinen an der Wirklichkeit vorbeizugehen oder müssen schon bald nachgebessert werden.
2. Viele Jugendliche scheinen sich heute nicht besonders für Politik zu interessieren.
3. Die Wahlbeteiligung liegt bei Jugendlichen unter dem Durchschnitt.

6.3 Überarbeitung

Nachdem alle Teile der Seminararbeit verfasst worden sind, steht eine letzte Überarbeitung an, um verbliebene inhaltliche Schwächen und andere Fehler zu verbessern. Gerade Fehler im formalen Bereich (z.B. Zitierweise), der Sprachrichtigkeit (z.B. Rechtschreibung) oder in der Argumentation (z.B. unklare sprachliche Bezüge in der Gedankenführung) können zu einer schlechteren Benotung führen. Gleichzeitig lassen sie sich recht leicht beheben.

Distanz zum eigenen Text

Ein Autor tendiert dazu, **Fehler** in seinem Text zu überlesen, da er sehr vertraut mit dem Inhalt ist. So fallen ihm Lücken in der Argumentationsführung nicht auf, da er sie automatisch selbst schließt. Formale Fehler entgehen ihm, da er den Text, den er quasi auswendig beherrscht, nur überfliegt. Daher sollte zwischen dem vorläufigen Ende der Arbeit und der letzten Korrektur eine gewisse Zeitspanne liegen, sodass dem Verfasser der eigene Text wieder etwas fremder wird und er sich zwangsläufig nochmals mit ihm auseinandersetzt. Die Zeitspanne sollte jedoch nicht so lange sein, dass der Verfasser sich komplett neu in das Thema einarbeiten muss. Eine **Pause** von circa zwei Wochen ist angemessen.

Bewertungskriterien

Während der Arbeitsphase waren einzelne Bestandteile der Seminararbeit und Betreuungsgespräche mit der Lehrkraft Gegenstand von Leistungserhebungen. Zur Orientierung, inwieweit die Seminararbeit den Anforderungen gerecht wird, dient bereits vor Beginn der Arbeit auch ein Blick auf die **Bewertungskriterien** (→ Kapitel 1).

Inhaltliche Stringenz

Zwar lässt sich am Ende der Arbeitsphase an der inhaltlichen Qualität nichts Grundlegendes mehr ändern, doch kann die Argumentationsführung nochmals auf ihre Schlüssigkeit hin kontrolliert werden. Bei der inhaltlichen Überprüfung gilt es, sich in den Leser hineinzuversetzen und zu fragen, ob sich der **rote Faden** durch die Argumentation zieht und ob die Argumentationskette logisch und anschaulich aufgebaut ist, sodass der Leser sie lückenlos nachvollziehen kann. Dazu müssen auch die Überleitungen und Verknüpfungen die inneren Zusammenhänge und Bezüge klar herausstellen. Dazu sollten die in den vorangegangenen beiden Kapiteln dargestellten Punkte berücksichtigt worden sein. Insbesondere sollten die folgenden Aspekte betrachtet werden.

Leserbezug

Die Einleitung sollte dahingehend gelesen werden, ob der Leser ausreichend über das Thema der Arbeit, die Schwerpunktsetzung und die Vorgehensweise informiert wird. Die Überschriften werden hinsichtlich ihrer Prägnanz und des einheitlichen Stils kontrolliert sowie daraufhin, ob sie die wesentliche(n) Aussage(n) des Kapitels beinhalten. Auch das abschließende Ergebnis und die eigene Bewertung sollten noch einmal überprüft werden. Es werden zwar keine neuen wissenschaftlichen Erkenntnisse erwartet, doch sollte die Eigenständigkeit des Verfassers im Umgang mit der verwendeten Literatur, den Versuchsergebnissen und dem verwendeten Material (Methodik) und das darauf basierende eigenständige Urteil deutlich werden.

Umfang

Am Ende der Arbeitsphase muss auch der Umfang der Arbeit nochmals geprüft werden. Ist der Text zu lang geraten, ist zu überlegen, wo gekürzt werden kann. Besitzen alle Kapitel und Abschnitte einen ausreichend engen Bezug zum Thema? Sind längere Zitate zu kürzen oder zu streichen, ohne dass die Beweisführung leidet? Kann der Text sprachlich verdichtet werden, ohne dass die Syntax unüberschaubar wird?

Zitierweise und Einheitlichkeit

Bei der abschließenden Überarbeitung sollte der korrekten Zitierweise besonderes Augenmerk geschenkt werden, da sie eine **zentrale Methode** wissenschaftlichen Arbeitens ist (→ Kapitel 2.1.3). Im Text muss auf eine konsequente Trennung von eigenen und fremden Gedanken geachtet werden, gerade auch bei sinngemäß übernommenen Inhalten. Die Unterscheidung zwischen indirekten und direkten Zitaten muss eindeutig sein. Dieser Arbeitsschritt sollte nach eventuell vorgenommen Kürzungen, bei denen unbeabsichtigt auch die Kennzeichnungen von Zitaten gelöscht worden sein können, vorgenommen werden. Daneben gilt es, den Wortlaut der direkten Zitate zu kontrollieren. In den Anmerkungen ist sicherzustellen, dass das gewählte Schema zur Angabe der Quellen ausnahmslos einheitlich eingehalten wird. Die Einheitlichkeit ist auch in allen anderen Verzeichnissen zu gewährleisten.

Unterschleif

Werden Quellen – gerade aus dem Internet – benutzt und nicht angegeben, so stellt dies **Betrug** dar, und die Arbeit muss mit null Punkten bewertet werden. Gerade in der vergangenen Zeit ist die Rate der aufgedeckten Betrugsversuche gestiegen, da sich an Schule und Universität ein Bewusstsein hierfür entwickelt hat. So erleichtert das Internet auch dem Korrektor in Verdachtsfällen die Recherche nach Quellen. Zudem haben sich Firmen darauf spezialisiert, Arbeiten hinsichtlich der angegebenen und nicht angegebenen Internetquellen zu überprüfen.

Sprachrichtigkeit

Um **Fehler** in der Grammatik und der Rechtschreibung zu beseitigen, können auch die entsprechenden Funktionen der Textverarbeitungsprogramme genutzt werden. Doch sollte man sich keinesfalls auf diese verlassen, sie erkennen nur einen Teil der Fehler. Dies gilt umso mehr, als diese Fehler dem Korrektor sofort auffallen und den ersten Eindruck belasten, schließlich wären sie leicht zu vermeiden gewesen und lassen Rückschlüsse auf die Arbeitshaltung des Verfassers zu.

Erscheinungsbild

Entspricht die Arbeit inhaltlich und sprachlich schließlich den eigenen Vorstellungen, so kann als letzter Arbeitsschritt die Optimierung des äußeren Erscheinungsbilds vorgenommen werden. Dies sollte unbedingt erst **ganz am Schluss** geschehen, wenn keine Umstellungen, Kürzungen oder Umformulierungen mehr stattfinden, damit sich der Textfluss und die Anordnung der einzelnen Gestaltungselemente nicht mehr verändern. Die Abbildungen müssen nun am richtigen Ort stehen, eine angemessene Qualität besitzen und betitelt sein. Die Überschriften sind mit denen im Inhaltsverzeichnis abzugleichen und entsprechend dem gewählten Schema einheitlich zu formatieren.

Leerzeichen und Absätze

Auch die Leerzeichen müssen überprüft werden. Besonders bei Verwendung des Blocksatzes sollte kontrolliert werden, ob zwischen den Wörtern jeweils wirklich nur ein Leerzeichen steht. Nach Satzzeichen steht ein Leerzeichen. Ausnahmen sind die öffnende Klammer und Anführungszeichen, auf die kein Leerschritt folgt. Um zu große Wortzwischenräume zu vermeiden, ist bei Bedarf das Wort am Zeilenende zu trennen. Dazu kann die automatische Silbentrennung des Textverarbeitungsprogramms verwendet werden. Wenn diese kein befriedigendes Ergebnis liefert, kann manuell mit dem bedingten Trennstrich („Strg“ + Minus) getrennt werden. Dieser wird automatisch unterdrückt, wenn das getrennte Wort durch späteres Formatieren wieder in das Zeileninnere rutscht. Am Ende kann auch überprüft werden, ob die Abstände vor und nach den Überschriften stimmen und ob alle „Schusterjungen“ und „Hurenkinder“ getilgt sind.

Die letzte Kontrolle sollte spätestens einige Tage vor dem Abgabetermin abgeschlossen sein, sodass die Arbeit in Ruhe ausgedruckt und eventuell gebunden werden kann. Mit einem Zeitpuffer lassen sich dann auch eventuell auftretende technische Probleme (z. B. fehlende Druckertinte) gelassen beheben.

Übung

Entwickeln Sie eine Mustervorlage für Ihre Seminararbeit. Berücksichtigen Sie dabei alle notwendigen Elemente (s. Hinweise im Kapitel und untenstehende Checkliste).

Checkpoints	ja/nein
Inhaltliche Struktur	
• In der Einleitung wird das Thema der Arbeit deutlich dargestellt und eindeutig formuliert	
• Klares Argumentationsziel	
• Klare Schwerpunktsetzung	
• Roter Faden im Inhaltsverzeichnis und Text erkennbar	
• Prägnante Überschriften in einheitlichem Stil	
• Gliederung im Text schlüssig und erkennbar	
• Logische Zusammenhänge werden deutlich	
• Zwischenzusammenfassungen vorhanden	
• Schluss: klare Zusammenfassung und Bezug zur Themastellung	
Sprachliche Gestaltung	
• Einfacher Satzbau, verständlicher Ausdruck	
• Angemessene Wortwahl – so wenig Fremdwörter wie möglich, so viele wie nötig – keine Umgangssprache – Zahlen bis zwölf ausgeschrieben	
• Anschaulichkeit durch Beispiele, Vergleiche etc.	
• Zusammenhänge werden durch Konjunktionen und Wendungen verdeutlicht	
Formalia	
• Umfang entspricht Vorgaben	
• Alle Zitate überprüft	
• Alle Verzeichnisse vollständig (Quellen-, Literatur-, Abbildungs-, Tabellenverzeichnis)	
• Titelblatt korrekt	
• Schlusserklärung vorhanden	
• Sprachrichtigkeit	
Layout	
• Korrekte und einheitliche Seitennummerierung	
• Passende Schriftart und -größe, Zeilenabstände, Seitenränder	
• Absatzkontrolle (Schusterjunge, Hurenkind)	
• Einheitliche Abstände vor und nach Überschriften	
• Einheitliche, zurückhaltende Hervorhebungen	
• Beschriftung der Abbildungen	
• Sinnvolle Kopfzeile	
• Fußnoten korrekt (Abkürzungen, Satz etc.)	
• Angemessene Qualität der Abbildungen auch im Ausdruck	

7 Der Vortrag und die Präsentation

7.1 Die inhaltliche Gestaltung des Vortrags

Grundsätze der Kommunikation

„Hauptsätze, Hauptsätze, Hauptsätze." Diesen Ratschlag erteilte KURT TUCHOLSKY Rednern, die einen guten Vortrag halten wollen (→ Mat 1a). Diese Handlungsanweisung ist sicherlich übertrieben, doch macht sie deutlich, dass zwischen der gesprochenen und der geschriebenen Sprache wesentliche Unterschiede bestehen (→ Kapitel 6).

Kommunikationssituation

Anders als bei einer schriftlichen Arbeit kommuniziert der Vortragende/Referent unmittelbar mit den Zuhörern. Die Kommunikationssituation, in der er sich befindet, wird durch drei Elemente geprägt, die voneinander abhängig sind: **Redner, Zuhörer und Thema**.

Sachwissen

Zunächst besteht eine Beziehung zwischen dem Redner und dem Thema des Vortrags: Der Redner muss **Fachkompetenz**, d. h. ein überzeugendes Sachwissen zu seinem Thema besitzen. Er muss in der Lage sein, Sachverhalte klar zu erläutern, Zusammenhänge herzustellen, Schwerpunkte zu setzen und zu urteilen.

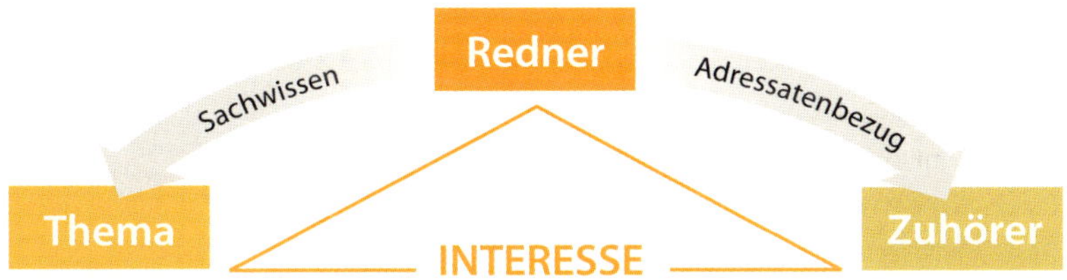

Abb. 1: Beziehung Redner-Thema-Zuhörer. Eigene Darstellung

Adressatenbezug

Daneben stehen Redner und Zuhörer in Interaktion: Ziel des Vortrags ist es, die Zuhörer zu informieren (Darstellung) und zu überzeugen (Appell). Je nach Thema sind die beiden Aspekte unterschiedlich stark gewichtet. Um diese Ziele möglichst gut zu erreichen, ist es sinnvoll, diese Beziehungsebene zu analysieren. Als wichtigste Fragen sind hierbei zu klären: Was sind die Interessen meines Publikums? Welches Vorwissen (Weltwissen, Sprachwissen) besitzen die Zuhörer? Darauf muss dann der Vortrag abgestimmt werden.

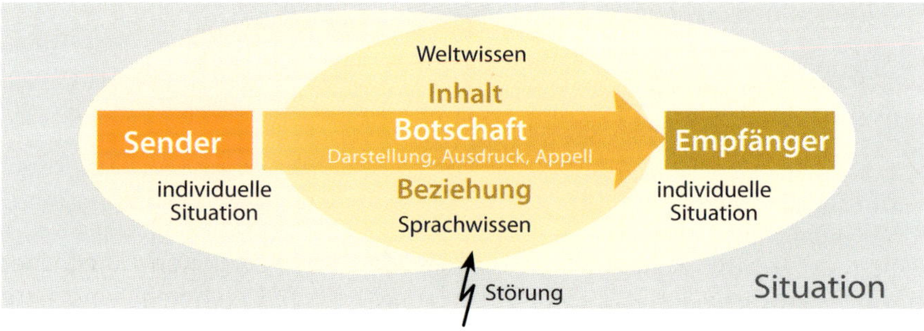

Abb. 2: Kommunikationssituation und Einflussfaktoren. *Eigene Darstellung*

Der Erfolg des Vortrags hängt aber nicht alleine von der Inhaltsebene ab, sondern auch von der nonverbalen Kommunikation (→ Kapitel 7.2).

Praktische Umsetzung

Soll nun die schriftliche Arbeit in Form eines Vortrags einem Publikum präsentiert werden, gilt es, sich den grundlegenden Unterschied zwischen dem Lesen einer wissenschaftlichen Arbeit und dem Hören eines Referats bewusst zu machen. Daher ist es notwendig, die schriftliche Arbeit für den Vortrag wesentlich zu bearbeiten.

Inhaltliche Aufbereitung

Reduktion

Der Verfasser einer Facharbeit hat sich tief in ein spezielles Thema eingearbeitet und kennt sich nun in diesem sehr gut aus. Er ist auf seinem Gebiet ein Experte. Auch komplexe Sachverhalte werden ihm in wenigen Sätzen deutlich. Hier besteht die Gefahr, die Zuhörer inhaltlich zu überfordern, indem ein zu großes Vorwissen vorausgesetzt wird oder zu viele Details dargestellt werden. Beides führt zu einem Absinken der Aufmerksamkeit der Zuhörer. Um dies zu vermeiden, müssen der Umfang und das Niveau der Arbeit den Zuhörern entsprechend ihren Kenntnissen und Interessen angepasst werden (**Adressatenbezug**). Dies bedeutet meist, konsequent auszuwählen und vor allem zu kürzen.

Schwerpunkte setzen

Daher ist es notwendig, den Vortrag auf das **Wesentliche** zu begrenzen sowie sinnvolle Schwerpunkte zu setzen. Man sollte sich also nicht in Details verlieren oder vom Thema abschweifen. Dazu gehört auch, dass wenige Fremdwörter verwendet und die notwendigen Fachbegriffe erklärt werden.

ABC-Analyse

Als hilfreich bei der Auswahl und Gewichtung der Inhalte für den Vortrag hat sich die ABC-Analyse erwiesen.

A-Inhalte	B-Inhalte	C-Inhalte
Inhalte, die unbedingt Bestandteil des Vortrags sein müssen	Inhalte, die Bestandteil des Vortrags sein sollten	Inhalte, die Bestandteil des Vortrags sein könnten

Abb. 3: ABC-Analyse. Eigene Darstellung

Indem die Inhalte der schriftlichen Arbeit den drei Kategorien zugeordnet werden, werden sie einem bewusster; häufig entsteht so bereits eine erste Gliederung.

Zahlen vermeiden

Da sich die meisten Zuhörer Zahlen schwer merken können, sollten sie soweit wie möglich vermieden werden (Ausnahmen bilden evtl. Präsentationen einer Arbeit aus der Physik oder Mathematik). Drei bis fünf Zahlen stellen ein bewährtes Maß dar. Statt Zahlen bieten sich **Relationen** oder **Vergleiche** an. Diese sind konkret und prägen sich eher ein als sterile Zahlen. (Nicht: „1815 wurde Napoleon verbannt", sondern: „Nach der Niederlage von Waterloo wurde Napoleon verbannt"; nicht: „Die Fläche der USA beträgt 9.158.453 km^2"; sondern: „Die Fläche der USA entspricht in etwa der Chinas oder ist ca. 27 mal so groß wie Deutschland".) Aus diesem Grund sind auch tabellarische Auflistungen zum Beispiel bei Biografien nicht sinnvoll.

Der Aufbau des Vortrags

Im Großen und Ganzen wird der Vortrag wie die schriftliche Arbeit gegliedert, an den Beginn und an das Ende werden jedoch etwas andere Anforderungen gestellt.

Aufhänger

Zunächst gilt es, die **Aufmerksamkeit** des Publikums zu gewinnen. Dabei helfen originelle Aufhänger wie zum Beispiel eine Anekdote, ein persönlicher, lokaler oder aktueller Bezug, ein Zitat oder ein bildlicher Impuls. Vermieden werden sollten Floskeln wie „Ich halte heute eine Referat über …" oder steife Begrüßungen, da sie langweilig wirken und kein Interesse wecken.

Gliederung vorstellen

Anschließend muss das **Ziel des Vortrags** klar formuliert werden, damit die Zuhörer wissen, worum es geht, und dem Gesagten folgen können. Um ihnen eine Orientierung zu ermöglichen, sollte in der Einleitung auch knapp die Gliederung vorgestellt werden.

Klare Struktur – der rote Faden

Während des Referats kann dann auf die entsprechenden Gliederungspunkte hingewiesen werden. Sie bilden den **roten Faden** eines Vortrags, der sein Ziel stets im Auge behält und klar strukturiert ist. Dadurch wird der Vortrag nachvollziehbar und der Zuhörer kann die Inhalte gut aufnehmen.

Dies wird ihm durch Zwischenzusammenfassungen am Ende jedes Kapitels weiter erleichtert. Indem Bezüge zum evtl. vorhandenen Vorwissen aus dem Unterricht hergestellt werden, bietet man den Zuhörern eine weitere Orientierungshilfe, die das Verständnis fördert. Dazu tragen konkrete Formulierungen ebenso bei wie praktische, anschauliche Beispiele.

Humor

Um das Publikum für das eigene Thema zu gewinnen, kann man den Vortrag an passender Stelle auch mit Anekdoten oder Karikaturen „auflockern". Schließlich gibt es keine langweiligen Themen, es gibt nur langweilige Referate.

Interaktion

Eine optimale Präsentation verläuft interaktiv, d. h. die Zuhörer haben einen **aktiven Part** (z. B. über Fragen oder eine Diskussion im Anschluss an die Präsentation).

Ein Ende finden

Um am Ende des Vortrags nicht in die unangenehme Situation zu geraten, dass die Zuhörer das Ende nicht bemerken, muss auch der **Redeabschluss** bewusst gestaltet werden. Meist ist es sinnvoll, das Wesentliche knapp zusammenzufassen, evtl. mithilfe einer Visualisierung. Einen Abschluss bilden auch ein Appell oder ein Hinweis auf den Nutzen des Vortrags. Auch kann ein Bogen zur Einleitung geschlagen werden. So kann die dort formulierte Fragestellung beantwortet oder ein Bezug zum Aufhänger hergestellt werden. Ganz am Ende sollte sich der Redner für die Aufmerksamkeit des Publikums bedanken.

Mat 1a Kurt Tucholsky, Ratschläge für einen schlechten Redner

Fang nie mit dem Anfang an, sondern immer drei Meilen vor dem Anfang! Etwa so: „Meine Damen und Herren! Bevor ich zum Thema des heutigen Abends komme, lassen Sie mich Ihnen kurz …“ Hier hast Du schon so ziemlich alles, was einen schönen Anfang ausmacht: eine steife Anrede; der Anfang vor dem Anfang […]. So gewinnst Du im Nu die Herzen und die Ohren der Zuhörer.

Denn das hat der Zuhörer gern: dass er Deine Rede wie ein schweres Schulpensum aufbekommt; dass Du mit dem drohst, was Du sagen wirst, sagst und schon gesagt hast. Immer schön umständlich. Sprich nicht frei – das macht einen so unruhigen Eindruck. Am besten ist es: Du liest Deine Rede ab. Das ist sicher, zuverlässig, auch freut es jedermann, wenn der lesende Redner nach jedem viertel Satz hochblickt, ob auch noch alle da sind. […]

Sprich mit langen, langen Sätzen – solchen, bei denen Du, der Du Dich zu Hause, wo Du ja die Ruhe, deren Du so sehr benötigst, Deiner Kinder ungeachtet, hast, vorbereitest, genau weißt, wie das Ende ist, die Nebensätze schön ineinandergeschachtelt, so dass der Hörer, ungeduldig auf seinem Sitz hin und her träumend, sich in einem Kolleg wähnend, in dem er früher so gern geschlummert hat, auf das Ende solcher Periode wartet … nun, ich habe Dir eben ein Beispiel gegeben. So musst Du sprechen.

Fang immer bei den alten Römern an und gib stets, wovon Du auch sprichst, die geschichtlichen Hintergründe der Sache. Das ist nicht nur deutsch – das tun alle Brillenmenschen. […] So musst Du das […] machen. Du hast ganz recht: Man versteht es ja sonst nicht, wer kann denn das alles verstehen, ohne die geschichtlichen Hintergründe … sehr richtig! Die Leute sind doch nicht in Deinen Vortrag gekommen, um lebendiges Leben zu hören, sondern das, was sie auch in den Büchern nachschlagen können … sehr richtig! Immer gib ihm Historie, immer gib ihm.

Du musst alles in die Nebensätze legen. Sag nie: „Die Steuern sind zu hoch.“ Das ist zu einfach. Sag: „Ich möchte zu dem, was ich soeben gesagt habe, noch kurz bemerken, dass mir die Steuern bei weitem …“ So heißt das! Trink den Leuten ab und zu ein Glas Wasser vor – man sieht das gern. Wenn Du einen Witz machst, lach vorher, damit man weiß, wo die Pointe ist. Eine Rede ist, wie könnte es anders sein, ein Monolog. Weil doch nur einer spricht. Du brauchst auch nach vierzehn Tagen öffentlicher Rednerei noch nicht zu wissen, dass eine Rede nicht nur ein Dialog, sondern ein Orchesterstück ist: Eine stumme Masse spricht nämlich ununterbrochen mit. Und das musst Du hören. Nein, das brauchst Du nicht zu hören. Sprich nur, lies nur, donnere nur, geschichtele nur. Zu dem, was ich soeben über die Technik der Rede gesagt habe, möchte ich noch kurz bemerken, dass viel Statistik eine Rede immer sehr hebt. Das beruhigt ungemein, und da jeder imstande ist, zehn verschiedene Zahlen mühelos zu behalten, so macht das viel Spaß.

Kündige den Schluss Deiner Rede lange vorher an, damit die Hörer vor Freude nicht einen Schlaganfall bekommen. […] Kündige den Schluss an, und dann beginne Deine Rede von vorne und rede noch eine halbe Stunde. Dies kann man mehrere Male wiederholen.

Du musst Dir nicht nur eine Disposition machen, Du musst sie den Leuten auch vortragen, das würzt die Rede. Sprich nie unter anderthalb Stunden, sonst lohnt es gar nicht erst anzufangen. Wenn einer spricht, müssen die andern zuhören – das ist Deine Gelegenheit. Missbrauche sie.

Training

Mat 1b Kurt Tucholsky, Ratschläge für einen guten Redner

Hauptsätze, Hauptsätze, Hauptsätze. Klare Disposition im Kopf – möglichst wenig auf dem Papier. Tatsachen, oder Appell an das Gefühl. Schleuder oder Harfe. Ein Redner sei kein Lexikon. Das haben die Leute zu Hause. Der Ton einer einzelnen Sprechstimme ermüdet; sprich nie länger als vierzig Minuten. Suche keine Effekte zu erzielen, die nicht in deinem Wesen liegen. Ein Podium ist eine unbarmherzige Sache – da steht der Mensch nackter als im Sonnenbad.
Merk Otto Brahms Spruch:
Wat jestrichen is, kann nich durchfalln.

Aus: Tucholsky, Kurt: Gesammelte Werke Bd. III, Hamburg 1960, S. 600

Mat 2 Dänemarks geografische Lage

Dänemarks Staatsgebiet umfasst (ohne Faröer und ohne Grönland) eine Fläche von 43.094 km². Dänemark misst von Nord nach Süd 368 km und von Ost nach West 452 km. Nördlichster Punkt des Landes ist Grenen, der südlichste Punkt liegt bei Gedser im Süden der Insel Falster. Westlichster Punkt ist Blåvandshuk in Jütland, gelegen im ehemaligen Ribe Amt, östlichster Punkt liegt bei den Erbseninseln (dänisch Ertholmene) 18 Kilometer nordöstlich von Bornholm.
Wegen seiner Inseln und der zerklüfteten Buchten verfügt das flächenmäßig kleine Land über eine enorme Küstenlänge von 7.314 km. Dänemarks einzige Landgrenze besteht im Süden zu Deutschland (Grenzlänge: 67 km), des Weiteren wird das Land durch die Nordsee, das Skagerrak, das Kattegat und die Ostsee begrenzt. Trotz der Tatsache, dass der Festlandsanteil fast 30.000 km² beträgt, sehen die Einwohner ihr Land als Inselreich. Die größte Insel des Landes ist Seeland mit 7.031 km², gefolgt von Vendsyssel-Thy (Nordjütland) mit 4.685 km² und Fünen mit einer Größe von 2.985 km². Seeland, in dessen östlichem Teil die Hauptstadt Kopenhagen liegt, wird durch den Großen Belt von der Insel Fünen getrennt, die wiederum durch den Kleinen Belt von Jütland getrennt ist. Die dritte Meeresstraße in der Region ist der Öresund zwischen Seeland und der Südspitze Schwedens.

Nach: http://de.wikipedia.org → Dänemark (Stand: 04.09.2009)

Übung

A Grundsätze einer guten Rede

1. Leiten Sie aus den Texten Mat 1a und Mat 1b Handlungsanweisungen für eine gute Rede ab.
2. Obwohl Kurt Tucholsky vor der Erforschung der Kommunikation durch die Wissenschaft gelebt hat, finden sich zahlreiche Elemente der vorgestellten Kommunikationstheorie wieder. Weisen Sie diese am Text nach.

B Adressatenbezug

Übung

Sie sollen zu einem der folgenden Themen ein Konzept für ein Kurzreferat für verschiedene Zielgruppen erarbeiten. Ihre Adressaten sind jeweils z.B. Eltern bei einem Präsentationsabend für Seminararbeiten, eine 6. Klasse und der dazugehörige Seminarkurs. Das erste Thema soll auch dem Gemeinderat vorgestellt werden.

- „Die Windkraft – Lösung des Energieproblems?" (Seminar Physik)
- „Immigration – Cubans in Florida" (Seminar Englisch)
- „Das Bild vom Menschen im kulturellen Kontext – Schönheitsvorstellungen in außereuropäischen Kulturen" (Seminar Kunst)

1. Informieren Sie sich knapp über das Thema.
2. Analysieren Sie das Vorwissen und die Interessen Ihrer Zuhörer.
3. Fertigen Sie einzeln oder in Gruppen jeweils einen Gliederungsentwurf an, in dem die Schwerpunktsetzung deutlich wird, und arbeiten Sie jeweils die Einleitung des Referats aus.
4. Tragen Sie Ihre Ergebnisse vor und besprechen Sie mit Ihren Mitschülern die Angemessenheit und die unterschiedliche Wirkung der Vorträge anhand der beschriebenen Kriterien.

C Inhaltliche Aufbereitung

Erarbeiten Sie auf Grundlage des Lexikonartikels eine kurze mündliche Information über die geografische Lage Dänemarks. Wenden Sie dabei die angesprochenen Gestaltungshinweise an. Damit Ihre Kurzinformation konkret und anschaulich wird, sollten Sie Vergleichsgrößen suchen.

Zusammenfassung

Für die Präsentation der schriftlichen Seminararbeit muss diese angepasst werden an die Anforderungen, die eine **mündliche Kommunikationssituation** stellt. Inhaltlich müssen entsprechend der Interessen und des Wissensstandes der **Adressaten** inhaltliche Schwerpunkte gesetzt und gegebenenfalls auch Vereinfachungen vorgenommen werden. Der Aufbau des Vortrags kann sich an einem bewährten Schema orientieren: Mit einem **Aufhänger** wird das Interesse des Zuhörers geweckt, die Vorstellung der **Gliederung** verschafft dem Zuhörer einem Überblick über das Thema. Eine klare Struktur mit einem deutlich erkennbaren **roten Faden** und **Zwischenzusammenfassungen** erleichtern ihm, dem Vortrag zu folgen und sich das Wesentliche zu merken. Ein **prägnanter Schluss** rundet den Vortrag ab.

7. 2 Die rhetorische Gestaltung des Vortrags

Hintergrund

Häufig beeindruckt die Zuhörer eines Vortrags weniger der Inhalt als die Art und Weise, wie der Redner etwas sagt. Doch woran liegt das?

Nonverbale Kommunikation

„Deine Miene spricht aus, was auch immer Du verheimlichst." (SENECA) Teil eines jeden Sprechaktes ist die Vermittlung von Informationen über die Beziehung des Sprechers (Ausdruck) zum Zuhörer (→ Abb. 2 in Kapitel 7.1). Häufig erfolgt die Kommunikation nonverbal. Das Publikum nimmt unter anderem die Körperhaltung, Gestik, Mimik und Sprechweise wahr, interpretiert sie und reagiert darauf. Sie lassen Rückschlüsse zum Beispiel auf Motivation, Einstellung zum Thema und Selbstsicherheit zu. Man kann folglich nicht nicht kommunizieren (PAUL WATZLAWICK). Unterbricht sich der Redner und schweigt, weil im Publikum Unruhe herrscht, so teilt er doch eine Botschaft mit. Ohne Worte fordert er das Publikum auf, ihm wieder die ungeteilte Aufmerksamkeit zu schenken. Abhängig von der Kommunikationssituation kann der Anteil der nonverbalen Kommunikation bis zu 80% der Reaktionen bewirken (SAMY MOLCHO). Insofern besitzt auch ein Vortrag dialogischen Charakter. Der Redner sollte die ebenfalls meist nonverbalen Signale der Zuhörer erkennen und deuten können. Die Unruhe im Publikum kann z. B. aus Erstaunen, inhaltlichen Unklarheiten oder aus Langeweile resultieren, worauf der Redner unterschiedlich reagieren muss. Der Erfolg eines Vortrags wird also wesentlich von der Art und Weise des Vortrags bzw. von der Kommunikationskompetenz des Redners bestimmt (→ Übung A).

Übung macht den Meister

Um einen überzeugenden Vortrag halten zu können, ist es sinnvoll, diesen einzuüben. So lässt sich der zeitliche Umfang der Rede feststellen. Besonders die eigene **Sprechweise** und der **freie Vortrag** (s. unten) sollten unbedingt trainiert werden. Dazu kann man den Vortrag aufnehmen oder vor Freunden oder Familienangehörigen halten. So erhält man auch ein Feedback über die inhaltliche Klarheit und kann gegebenenfalls noch Korrekturen vornehmen. Um sich seiner eigenen Körpersprache bewusst zu werden, kann man den Vortrag auch einmal vor einem Spiegel halten. So wächst die eigene Sicherheit im Umgang mit den Inhalten des Vortrags und den einzusetzenden Medien. Gleichzeitig werden die rhetorischen Kompetenzen geschult.

Sprechweise

Neben der inhaltlichen Anpassung der schriftlichen Arbeit an den mündlichen Vortrag gilt es, die **sprachliche Gestaltung** des Vortrags so gut vorzubereiten, dass der Inhalt den Zuhörern optimal vermittelt wird.

Freier Vortrag

Wesentlichen Einfluss übt darauf die Komplexität der Sprache aus. Geschriebene Sprache ist in ihrer Struktur komplexer als gesprochene. Der Autor kann seinen Text überarbeiten und einzelne Sätze so lange umformulieren, bis sie seinen Ansprüchen genügen. Der Leser hat den Text vor Augen und die Möglichkeit, ihn in seinem persönlichen Tempo zu lesen und schwierige Passagen noch einmal zu lesen. Diese Möglichkeit besitzt der Zuhörer nicht. Daher muss ein Vortrag eine **einfachere syntaktische Struktur** besitzen. Der Redner wird dem durch einen freien Vortrag gerecht. Indem er erst im Moment der Rede seine Gedanken formuliert, besitzen seine Aussagen die Komplexität der gesprochenen Sprache, die der Zuhörer gut verstehen kann.

Karteikärtchen

Folglich ist es ein großer Fehler, den Vortrag abzulesen oder ihn auswendig zu lernen, da dies die gleiche Wirkung wie das Vorlesen hat. Es hat sich bewährt, die wesentlichen **Inhalte in Stichpunkten** auf Karteikärtchen im Format DIN A6 oder A7 festzuhalten. Dazu gehören auch Zahlen (nicht zu viele → Kapitel 7.1), Fakten, Zitate und Definitionen, um dem fachlichen bzw. wissenschaftlichen Anspruch gerecht zu werden. Um sich die Orientierung in den Notizen zu erleichtern, empfiehlt es sich, auf den Karteikärtchen groß und deutlich zu schreiben und unterschiedliche Farben zu verwenden, zum Beispiel für den Einsatz der Veranschaulichungsmittel. Die Karteikarten werden nummeriert, und es bleiben auf ihnen Zwischenräume für nachträgliche Ergänzungen. Ein unter Umständen beruhigender Nebeneffekt der Karteikarten ist, dass man etwas in der Hand hält, woran man sich festhalten kann.

Einfache Sprache

Durch den freien Vortrag begibt sich der Redner fast zwangsläufig auf ein **angemessenes Sprachniveau**. Dieses äußert sich darin, dass er anschaulich und konkret in kurzen, einfachen Sätzen spricht (eher Satzreihen als komplexe Satzgefüge). Auf nominale Wendungen sollte zugunsten eines Verbalstils verzichtet werden (Bsp.: statt „unter Berücksichtigung der Fakten …" besser „wenn ich die Fakten berücksichtige"). Dennoch müssen die inneren Zusammenhänge des Themas deutlich werden (→ Übung B). Auch Floskeln und Füllwörter („meiner Meinung nach", „nicht wirklich", „wenn man so will", „wie soll ich sagen") sollten vermieden werden.

Einsatz der Stimme

Wichtigstes Werkzug des Redners ist seine Stimme. Ihre Wirkung auf die Zuhörer wird durch die Lautstärke, das Sprechtempo und die Artikulation, sprich die Deutlichkeit bestimmt.

Lautstärke

Leises Sprechen kann Unsicherheit, aber auch Eindringlichkeit zeigen. Auf Dauer erschwert es das Zuhören, da es die Konzentration des Publikums zusätzlich in Anspruch nimmt. Eine **mittlere Lautstärke** wirkt verbindlich und sachlich. Der Zuhörer kann so der Rede am einfachsten folgen. Lautes Sprechen kann Wut oder Ärger ausdrücken, aber auch mitreißend und engagiert wirken. Ähnlich dem leisen Sprechen kann es auf Dauer jedoch enervierend und belastend für Zuhörer und damit der Absicht des Vortrags abträglich sein.

Sprechtempo und Artikulation

Spricht der Redner zu schnell, kann dies Unsicherheit signalisieren. Häufig ist schnelles Sprechen aber auch eine Folge einer sehr guten Einübung des Vortrags, der dann fast wie auswendig gelernt abgespult wird. Dadurch geht die Wirkung eines freien Vortrags verloren. Ausgeprägt langsames Sprechen kann auf eine schlechte Vorbereitung hindeuten. Auf jeden Fall wirkt es ermüdend. Einen ähnlichen Einfluss auf die Wirkung des Vortrags hat die Artikulation.

Abwechslungsreiche Sprechweise

Deutliches und nicht zu schnelles Sprechen erleichtert es den Zuhörern, dem Vortrag zu folgen. Da sie sich nicht so gut mit dem Thema auskennen wie der Redner, benötigen sie mehr Zeit, um die Inhalte zu verstehen. Kombiniert mit einer lebendigen Sprechweise, die Lautstärke und Tempo entsprechend dem Inhalt der Rede variiert, gelingt es, die **Aufmerksamkeit des Publikums** zu behalten. Dazu trägt auch bei, wenn das Publikum direkt angesprochen wird. Durch den bewussten Einsatz kurzer Pausen, wird die Bedeutung der vorangegangenen Aussagen unterstrichen und dem Zuhörer Zeit gelassen, das Gehörte zu verarbeiten (→ Übung C).

Körpersprache

Bedeutung der Körpersprache

Ein Redner kommuniziert mit seinem Publikum nicht nur mit seiner Stimme, sondern auch mit seiner Körpersprache. Signale der Körpersprache sind Stand, Körperhaltung, Gestik und Mimik sowie Blickkontakt. Ein böses und verkniffenes Gesicht wirkt verbissen und wenig motivierend für das Publikum. Die Mimik sollte den Worten und inhaltlichen Schwerpunkten angemessen sein. Ein herumirrender Blick, vor der Brust verschränkte Arme, unsichere und nervöse Bewegungen, unruhiges Hin- und Herlaufen und nervöses Hochziehen der Augenbrauen machen nicht nur Unsicherheiten in der Körperbeherrschung deutlich, sondern suggerieren oft auch Schwächen im Sachverstand. **Freundlichkeit und Aufgeschlossenheit** bringen dagegen fachliche Kompetenz zum Ausdruck. Dadurch wird deutlich, dass man sein Thema beherrscht. Die Körpersprache beeinflusst also wesentlich, wie ein Vortrag aufgenommen wird. Daher ist sinnvoll, den eigenen körperlichen Ausdruck zu reflektieren, um ihn bewusster einzusetzen.

Selbstbewusstes Auftreten

Der Vortrag beginnt mit einem natürlichen, aber nicht übertrieben dynamischen Gang vor das Publikum. Während des Vortrags ist es besser zu stehen. Wer sitzt, signalisiert unter Umständen eine gewisse Gleichgültigkeit. Zudem ist der Redner schlechter zu sehen und zu hören, was das Verständnis erschwert.

Stand und offene Körperhaltung

Ein **fester Stand** vermittelt sowohl dem Redner als auch dem Publikum Sicherheit. Die ideale Position der Hände liegt etwas oberhalb der Gürtellinie und sie sollten nicht in den Hosentaschen verschwinden. Die Arme sind leicht gebeugt und sollten weder vor noch hinter dem Körper verschränkt werden. Zwar sollte man auf einen sicheren Stand achten, gleichzeitig aber nicht während des gesamten Vortrags auf einer Stelle stehen bleiben. Dies wirkt statisch und steif. Hin und wieder kann man Stand- und Spielbein wechseln oder sich ein, zwei Schritte bewegen, ohne jedoch aufgeregt auf und ab zu laufen.

Der sichere Stand

- Die Beine stehen hüftbreit
- Die Knie sind nicht durchgestreckt
- Der Rücken ist gerade, nicht im Hohlkreuz
- Die Hände sind locker neben dem Körper
- Die Schultern sind entspannt, nicht nach oben gezogen

Stand- und Spielbein

- Das Körpergewicht ruht auf einem Bein
- Das Spiel- und Standbein wechseln sich ab, natürlich nicht in einer Pendelbewegung!
- Die Hände sind locker neben dem Körper
- Die Schultern sind entspannt

Mimik und Gestik

Die **Mimik** verrät vor allem Emotionen und Einstellungen. So lassen sich Freude (lächeln), Skepsis (Augenbrauen heben) oder Tadel (Stirn runzeln) aus den Gesichtszüge ablesen. Gelegentlich ermöglicht erst die Mimik, dass die Zuhörer eine ironische oder humorvolle Aussage richtig verstehen. Mit der Bewegung der Hände und Arme (**Gestik**) kann der Redner seine Rede unterstützen, indem sie z.B. das Gesagte betonen, Gegensätze verdeutlichen oder eine Richtung anzeigen.

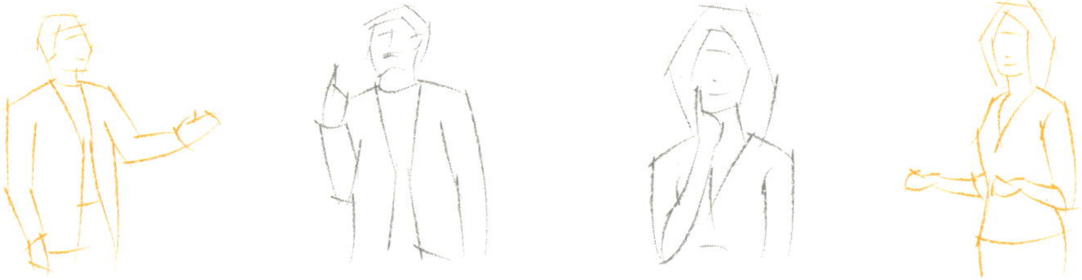

- positiv
- auffordernd
- anbietend
- überzeugend

- dozierend
- ermahnend
- negativ
- abweisend

- geschlossen
- abwartend
- nachdenklich
- ironisch

- offen
- positiv
- zupackend
- dynamisch

Blickkontakt

Als Redner ist es wichtig, Blickkontakt mit den Zuhörern zu halten. Wer sein Publikum beim Sprechen nicht anschaut, dem wird es kaum gelingen, es von seinem Thema zu überzeugen. Stattdessen wirkt der Redner wenig glaubwürdig, eher verschüchtert und nur daran interessiert, so schnell wie möglich seinen Vortrag zu halten und in der Anonymität zu verschwinden. Wer anderen ins Auge schaut, wirkt sicher, ehrlich und fachlich kompetent und drückt seine Wertschätzung des Publikums aus. Dies erzeugt eine positive Atmosphäre und trägt dazu bei, die **Aufmerksamkeit der Zuhörer** zu gewinnen und zu behalten. Zu intensiver Blickkontakt sollte jedoch auch nicht sein: Ein Fixieren des Gesprächspartners kann dieser als unangenehm und aufdringlich empfinden. Anschauen heißt nicht allein, nur in die Augen seines Gegenübers zu sehen. Besser ist es in jedem Fall, sich mehrere Punkte im Gesicht des Gesprächspartners aussuchen und abwechselnd anzuschauen. Wenn Belanglosigkeiten mit ausdrucksvollem Gesicht und intensivem Blickkontakt verkauft werden sollen, nimmt das Publikum den Redner kaum ernst. Er wirkt eher lächerlich. Es gilt, Körpersprache und Sprechweise zu kontrollieren, man sollte sich aber nicht verstellen (→ Übung D).

Unterspannte Körperhaltung
- gleichgültig
- bequem
- initiativlos
- schlaff

Überspannte Körperhaltung
- angespannt
- feindlich
- nervös
- ängstlich

Offene Körperhaltung
- freundlich
- aufmerksam
- souverän
- neugierig

Geschlossene Körperhaltung
- gebeugt
- misstrauisch
- zurückgezogen
- alleine

Interaktion

Dialogischer Charakter des Vortrags

Der Blick zum Publikum vermittelt dem Referenten zugleich, wie es den Vortrag aufnimmt und versteht. Die **Reaktion des Publikums** sollte bei der weiteren Gestaltung des Vortrags berücksichtigt werden. Scheint zum Beispiel den Zuhörern der Inhalt unklar, so kann er noch einmal paraphrasiert werden, scheint sich das Publikum zu langweilen, kann der Vortrag gestrafft werden. Hier wird der dialogische Charakter eines gelungenen Vortrags deutlich (→ S. 142).

Zuhörerfragen

Im diesem Zusammenhang ist auch der Umgang mit Zuhörerfragen zu überlegen. Häufig klären sie sich im Verlauf des Vortrags. Daher kann es sinnvoll sein, Fragen nur am Ende des Vortrags zuzulassen, auch um die Struktur des Referats nicht zu sehr zu stören. Manchem ist es jedoch lieber, Fragen bereits während des Vortrags zu beantworten.

Diskussion

Zu einem gelungenen, interaktiven Vortrag kann auch eine abschließende Diskussion zählen. Gerade wenn es sich bei den Zuhörern um den Seminarkurs handelt, können in einem anschließenden Gespräch andere Sichtweisen einzelner Sachverhalte diskutiert oder ergänzende Aspekte erläutert werden. Dadurch wird die inhaltliche Tiefe der Präsentation noch gesteigert. An der Qualität der Diskussion lässt sich auch ablesen, wie überzeugend der Vortrag gelungen ist. Sie liefert dem Vortragenden ein **Feedback**, das er für weitere Präsentationen nutzen kann.

Übung

A Nonverbale Kommunikation

Interpretieren Sie mithilfe der im Kapitel dargestellten Ausführungen die Körpersignale der beiden Personen auf dem Foto und deren Wirkung auf das Gegenüber.

Molcho, Samy: Alles über Körpersprache. Sich selbst und andere besser verstehen, München 2001, S. 155.

Mat

Als ein Beispiel für Mimikry in der gemäßigten Klimazone kann die Nachahmung der in unserer Heimat weitverbreiteten Wespen, Bienen und Hummeln, jedenfalls der stachelbewehrten Weibchen, durch einige andere, offenbar völlig wehrlose Insekten angesehen werden. Die Nachahmung giftiger und ungenießbarer Arten mittels einer auffallenden Färbung, die sogenannte Warntracht, ist bekannt unter dem Begriff Scheinwarntracht.
Auffällig ist z. B. die Ähnlichkeit zahlreicher Schwebfliegen mit Wespen, die sich das leuchtend gelb-schwarze Warnsignal auf den Hinterleibern ihrer wehrhaften Vorbilder zunutze machen, was bei Menschen Panik zur Folge haben kann, sollte ihnen der Unterschied zwischen Schwebfliegen und Wespen nicht bekannt sein.
Die Identifizierung der Schwebfliegen als harmlose Fliegen erfordert jedoch nur begrenzte biologische Kenntnisse, denn ihnen fehlen einige charakteristische Merkmale der Wespen, die zu der Ordnung der Hautflügler, deren Kennzeichen vier Flügel und gekniete Fühler sind, gehören, während Schwebfliegen zur Ordnung der Zweiflügler, die nur über zwei Hauptflügel und stummelförmige Fühler verfügen, zählen.

Nach: http://de.www.wikipedia.org (Stand: 04.09.2009)

Übung

B Sprachniveau

Der Text ist für ein Referat nicht geeignet. Verändern Sie den Text so, dass er gut vorgetragen werden kann. Berücksichtigen Sie dabei die Hinweise im Kapitel.

C Rhetorik/Adressatenbezug

Mit der folgenden Übung können Sie den Zusammenhang zwischen Sprechweise und Situation erproben.

1. Nehmen Sie ein Telefonbuch und reden Sie den Text wie bei einer Wahlkampfrede, Grabrede, Festrede bei einer Hochzeit, Ihrer Abiturverabschiedung, beim Wort zum Sonntag usw. Gebrauchen Sie dabei bewusst die dargestellten Möglichkeiten, Ihre Sprache zu gestalten. Diskutieren Sie anschließend die Wirkung Ihrer Rede mit den Zuhörern.
2. Veranstalten Sie zu viert oder zu fünft eine Podiumsdiskussion. Verwenden Sie jeweils für Ihren Redeteil einen Text, dessen Inhalt mit dem Thema der Diskussion in keinem Zusammenhang steht (z.B. Zeitungsbericht, Märchen, Telefonbuch etc.). Versuchen Sie, möglichst überzeugend zu wirken.

D Rhetorik

Wählen Sie zwei bis drei unterschiedliche Rollen (Mauerblümchen, Macho, Träumer/in, Besserwisser/in, Außenseiter/in, Nörgler/in, Ausweichende/r usw.) und tragen Sie einen kurzen, selbst gewählten Text pantomimisch dem Kurs vor, ohne die Rollen zu verraten. Achten Sie daher besonders auf Ihre Körpersprache. Lassen Sie anschließend die Zuhörer raten und diskutieren Sie die Umsetzung der Rollen und deren Wirkung.

Zusammenfassung

Der Inhalt eines Vortrags wird vom Publikum umso besser aufgenommen, je konsequenter Grundsätze der **mündlichen Kommunikation** umgesetzt werden. Durch einen **freien Vortrag** wird die Komplexität der Sprache reduziert. Dadurch kann der Zuhörer den Ausführungen leichter folgen, sich länger auf den Redner konzentrieren und den Inhalt besser verstehen. Dazu trägt auch der bewusste und geschickte **Einsatz der (Körper-)Sprache** wesentlich bei. Für den Erfolg einer Präsentation ist die Art des Vortrags genauso wichtig wie ihr Inhalt.

7.3 Der Medieneinsatz im Vortrag

Bedeutung der Visualisierung

„Ein Bild sagt mehr als tausend Worte“ – angeblich soll dieses Sprichwort aus dem chinesischen Kulturraum stammen, der erste schriftliche Nachweis findet sich jedoch im Jahr 1921 in einer englischsprachigen Fachzeitschrift der Werbebranche. Dort wird der Gebrauch von Bildern für Werbeaufdrucke auf Autos empfohlen. Heute ist auch wissenschaftlich nachgewiesen, dass **visuelle Reize** die Menschen am stärksten von allen Sinnesreizen ansprechen. Bis zu 80% der Informationen nehmen wir über das Auge wahr und merken uns diese häufig auch länger (→ Abb. 1).

Visualisierung im Vortrag

Natürlich gilt es bei einer Präsentation nicht, das Publikum mit Bildern zu manipulieren; Bilder und Grafiken sind jedoch eine sinnvolle und notwendige Unterstützung und Ergänzung eines gelungenen Vortrags. Die Visualisierung trägt neben der verbalen Rhetorik entscheidend dazu bei, dass der Zuhörer die Vielzahl der Informationen eines Vortrags aufnehmen kann. Die Visualisierung kann deshalb als **optische Rhetorik** bezeichnet werden und in Form von Bildern, Grafiken, Diagrammen, Schaubildern u. a. erfolgen.

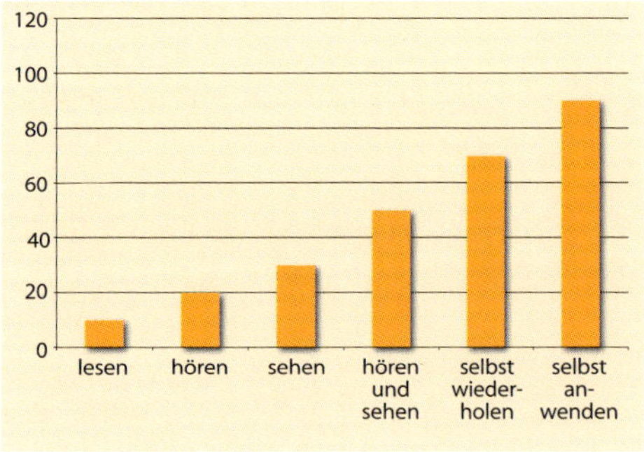

Abb. 1: Erinnerungskurve. Eigene Darstellung

Zweck

Mit der Visualisierung können unterschiedliche Ziele verfolgt werden. Mit Bildern oder Ähnlichem kann die **Aufmerksamkeit der Zuhörer** geweckt werden. Durch die Abwechslung, die optische Elemente in einem Vortrag darstellen, kann die Aufmerksamkeit des Publikums auch erhalten werden. Dadurch wird dem Zuhörer die Informationsaufnahme erleichtert. Visuelle Elemente dienen der Veranschaulichung. Dabei können zum einen **konkrete Sachverhalte** bildhaft dargestellt werden. So ist es beispielsweise sinnvoll, bei einem Vortrag zu „Aquatischen Ökosystemen im Umfeld der Schule“ auch ein Foto des Schulteichs zu zeigen, selbst wenn er den Zuhörern eigentlich bekannt ist, weil dadurch die Aufmerksamkeit steigt und die gesprochenen Informationen besser aufgenommen werden. Begriffserklärungen, Definitionen und Zitate müssen präzise vorgetragen werden und werden deshalb meist vorgelesen. Um dem Zuhörer das Verständnis zu erleichtern, sollten diese Texte entweder mit einer Folie visualisiert oder auf dem Handout abgedruckt werden (→ S. 159).

Ein weiterer Aspekt ist die Veranschaulichung **abstrakter Sachverhalte** wie zum Beispiel von Entwicklungen, Zusammenhängen oder Gedanken. Die visuelle Darstellung erleichtert das Verständnis, da mehrere Lernkanäle angesprochen werden. Der Zuhörer hört nicht nur, wie zum Beispiel die Fotosynthese funktioniert, sondern kann anhand eines Schemas als Zuschauer die einzelnen Reaktionsschritte auch sehen. So kann die Veranschaulichung die verbale Information unterstützen. Daneben ermöglicht es die Visualisierung auch, **zusätzliche Informationen** zu liefern und so den gesprochenen Text zu ergänzen (→ Übung A). Zum Beispiel kann die exponierte Lage des Harzes als nördlichstes Mittelgebirge mit einer Karte oder einem Satellitenbild wesentlich besser dargestellt werden, als es eine noch so ausführliche verbale Beschreibung je könnte. Auch das Klima wird durch die Lage geprägt, es ist recht rau. Dies lässt sich gut anhand eines Diagramms zeigen. Nicht zuletzt erleichtert die Veranschaulichung dem Vortragenden seine Rede. Sein Vortrag wird leichter verstanden und die Visualisierung bietet ihm ein Gerüst, an dem er sich orientieren kann.

Praktische Umsetzung

Vorüberlegungen zum Einsatz

Bei der Auswahl der Veranschaulichungsmittel muss zunächst geklärt werden, welches Ziel damit erreicht werden soll. Sie sollen nicht deshalb eingesetzt werden, weil „es eben verlangt wird", sondern einem der oben genannten Zwecke dienen. Weiter ist zu berücksichtigen, wer die Zuhörer sind, es ist also auf den **Adressatenbezug** (Vorwissen, Interessen etc.) zu achten. Damit hängt auch zusammen, was konkret veranschaulicht werden soll, was das Wesentliche des Gedankens ist und welche Informationen die Zuhörer unbedingt behalten sollen. Schließlich ist zu überlegen, in welcher Form die Veranschaulichung gestaltet werden soll.

Tondokumente, Filme und Gegenstände

Zur Veranschaulichung können neben bildlichen Elementen auch Tondokumente (z. B. Interviews, Ausschnitte aus Hörbüchern, Musikbeispiele, Aufnahmen von Tierstimmen), Filme oder Gegenstände bzw. Demonstrationsmodelle (z. B. DNA-Helix) herangezogen werden. Auch diese können Inhalte des Vortrags **veranschaulichen oder ergänzen** und die Aufmerksamkeit des Publikums erhöhen. Bei Tondokumenten und Filmausschnitten sollte die Abspieldauer zwei bis drei Minuten nicht übersteigen, schließlich sollen sie den Vortrag ergänzen und nicht ersetzen. Auch auf eine ordentliche Qualität der Beschallung muss geachtet werden. Da die Leistung der Lautsprecher von Beamern und Laptops meist nicht ausreichend ist, müssen externe Lautsprecher angeschlossen werden. Gegenstände sollten nicht während des Vortrags herumgegeben werden, da dies nur Unruhe erzeugt und die Aufmerksamkeit der Zuhörer senkt.

Präsentationsmedien

Wenn feststeht, welche Medien eingesetzt werden sollen, müssen die geeigneten Präsentationsmedien gewählt werden (→ Übung B). Jedes Präsentationsmedium besitzt **Vor- und Nachteile**. Abgesehen davon sollte nicht vergessen werden, dass bei längeren Vorträgen (ab 10 Minuten) der Einsatz nur eines einzigen Präsentationsmediums leicht ermüdend wirken kann. Die Abwechslung verschiedener Präsentationsmedien wirkt dagegen auflockernd und sichert die Aufmerksamkeit der Zuhörer. Gleichwohl gilt auch hier der Grundsatz, Medien nicht ihrer selbst wegen einzusetzen.

Tafel

In der Schule stellen Wandtafeln oder die modernere Form des Whiteboards ein gebräuchliches Medium dar. Sie sind gut geeignet, wenn ein **Sachverhalt entwickelt** werden soll. Handelt es sich um Klapptafeln, können vorbereitete Veranschaulichungen überraschend präsentiert werden. Auch können Plakate oder Moderationskärtchen angebracht werden. Allerdings muss die Visualisierung unmittelbar vor dem Vortrag angeschrieben und kann nicht zu Hause angefertigt werden, was zu Zeitdruck führen kann. Den gestalterischen Möglichkeiten sind recht enge Grenzen gesetzt. Auf eine ordentliche Handschrift ist zu achten.

Flipchart

Ein Flipchart ist ein transportabler Metallständer mit einem Block in DIN-A0-Format. Gegenüber der Wandtafel bietet er den Vorteil, dass die einzelnen Blätter im Voraus angefertigt werden können; noch besser sind hier **spontane Aufzeichnungen, Notizen und Skizzen** möglich, ähnlich einer Tafel. Gut können Gliederungen oder Schemata dargestellt werden. Während der Präsentation werden die Blätter der Reihe nach gezeigt, auch kann man zurückblättern, um noch einmal auf einen Sachverhalt hinzuweisen. Außerdem lassen sich Ergänzungen einfügen. Nachteile des Flipcharts sind, dass die Darstellungsfläche begrenzt ist, dass auf eine ordentliche Schrift geachtet werden muss, dass sich Bilder oder Grafiken nur bedingt einfügen lassen und dass sich Flipcharts nur für relativ kleine Gruppen eignen, da der Abstand zum Publikum wegen der Lesbarkeit nicht zu groß sein darf.

Moderations- bzw. Stellwand

An einer Moderations- bzw. Stellwand werden Kärtchen und Symbole angeheftet. So lassen sich Sinnzusammenhänge und Grafiken visualisieren und entwickeln. Die Kärtchen werden bereits **vor dem Vortrag** angefertigt. Dabei können Symbole und Farben genutzt werden, um die Aussage zu unterstützen. Man sollte sich auf drei bis fünf Wörter pro Karte und maximal 25 bis 30 Kärtchen beschränken. Im Vortrag können noch Ergänzungen vorgenommen werden. Die Nachteile sind die des Flipcharts. Bei beiden muss der Einsatz gut eingeübt sein, damit das Medium überzeugt.

Tageslicht-projektor

Der Tageslicht-/Overheadprojektor lässt sich in fast allen Räumen einsetzen. Es ist lediglich darauf zu achten, dass die Sonne nicht auf die Projektionsfläche scheinen kann. Auch eignet er sich für ein **großes Publikum**. Die Folien lassen sich gut vorbereiten. Es können auch Grafiken und Bilder – zumindest in schwarz-weiß – ohne großen Aufwand aufgedruckt werden. Mit einem Folienstift sind Ergänzungen während des Vortrags möglich. Mit diesem – nicht mit dem Finger – kann auch auf bestimmte Stellen gedeutet werden. Wird die Folie nicht mehr gebraucht, schaltet man den Projektor aus, damit sich das Publikum wieder auf den Redner konzentrieren kann.

Beamer und Präsentations-programme

Mit einem Beamer in Verbindung mit einem Präsentationsprogramm und einem Computer werden Folien projiziert. Gängige Programme sind „PowerPoint" von Microsoft oder „Impress" von OpenOffice. Mit einer Multimedia-Präsentation wird die höchste Anschaulichkeit erreicht, da **verschiedene Gestaltungselemente** einfach integriert werden können (Bilder, Tondokumente, Videosequenzen, Tabellen usw.). Gerade bei Bildern reichen geringere Auflösungen als bei ihrem Abdruck auf Papier, und es genügt ein Gerät, um verschiedene Medien zu präsentieren. Um dem Präsentationsmedium gerecht zu werden, sollten daher nicht nur Text, sondern unbedingt auch andere Gestaltungselemente genutzt werden. Nutzt man Animationen, können Sinnzusammenhänge vor den Augen der Zuhörer nach und nach entwickelt und sichtbar gemacht werden. Verwendet man ein Präsentationsprogramm, darf man nicht der Versuchung erliegen, die Präsentation mit technischen Spielereien und zu vielen, mit Text überladenen Folien aufzublähen. So erreicht man statt der beabsichtigten Aufmerksamkeit das Abschalten der Zuhörer. Auch hier gilt: Weniger ist mehr! Wird die Multimediapräsentation sinnvoll gestaltet und ist der Redner in der Lage, das Medium gewandt einzusetzen, bietet sie in den meisten Fällen eine optimale Möglichkeit, den Vortrag zu unterstützen.

Plakat und Mindmap

Andere Möglichkeiten der Veranschaulichung sind das Plakat und die Mindmap (→ Kapitel 3.2). Auf diesen werden die wesentlichen Inhalte des Themas oder eines Teiles davon strukturiert festgehalten. Während des Vortrags verweist der Redner darauf. Für die Gestaltung der beiden Medien gelten die gleichen Prinzipien wie für das Anfertigen von Folien. Ein Vorteil beider ist, dass sie nach der Präsentation ausgestellt werden können, sodass sich die Zuhörer noch einmal informieren können. Während auf Plakaten gut auch bildliche und grafische Elemente eingefügt werden können, unterstützt die Mindmap die Verbindung von begrifflichem und bildlichem Denken. Dies entspricht der Funktionsweise des Gehirns und regt die **Kreativität** an. Allerdings können auf ihnen nur eine recht begrenzte Menge an Informationen dargestellt werden, damit sie vom Publikum noch zu erkennen sind.

Übersicht: Vor- und Nachteile verschiedener Präsentationsmedien

VORTEILE (+)

Tageslichtprojektor	Flipchart	Moderationswand	Tafel/Whiteboard	Computer/Beamer
• Einfache Herstellung und Handhabung von Folien • Relativ einfache Technik, Einsatz auch vor großem Publikum möglich • Blickkontakt möglich • Folien können vorbereitet werden • Verwendbarkeit von Folien • Integration von Bildern, Grafiken etc. • Transportabel • Wiederverwendung von vorbereiteten Folien • Überraschungseffekt	• Einfache Handhabung • Kein Strom notwendig • Möglichkeiten zur Entwicklung von Sinnzusammen-hängen • Blätter können vorbereitet werden • Ergänzungen (fast) jederzeit und ohne Aufwand möglich • Flexibler Einsatz möglich • Bereits präsentierte Blätter können für alle sichtbar an die Wand geheftet werden • Transportabel • Wiederverwendung von bereits vor-bereiteten Folien	• Einfache Handhabung • Kein Strom notwendig • Möglichkeit zur Entwicklung von Sinnzusammen-hängen • Kärtchen, Plakate etc. können vorbereitet werden • Ergänzungen jederzeit und ohne Aufwand möglich • Transportabel • Wiederverwendung von vorbereiteten Folien • Überraschungseffekt	• Einfache Handhabung • Kein Strom notwendig • Möglichkeiten zur Entwicklung von Sinnzusammen-hängen • Veränderbarkeit des Tafelanschriebs	• Hoher Grad an Anschaulichkeit • Viele Effekte möglich • Möglichkeit zur Entwicklung von Sinnzusammen-hängen • Ergänzungen jeder-zeit und ohne Auf-wand möglich • Wiederverwendung von vorbereiteten Dateien möglich • Überraschungs-effekte • Integration von Bildern, Grafiken, Filmausschnitten, Hörbeispielen etc. • Vorbereitung problemlos möglich

VISUALISIERUNGSMEDIEN

NACHTEILE (−)

Tageslichtprojektor	Flipchart	Moderationswand	Tafel/Whiteboard	Computer/Beamer
• Ergänzungen nur bedingt möglich • Stromanschluss notwendig • Projektionsfläche notwendig • Nur eine Folie und nur für die Dauer der Projektion sichtbar • Tücken der Technik	• Verlust des Blick-kontakts beim Schreiben • Übung notwendig (Schrift) • Begrenzte Teilneh-merzahl (20-30 Per-sonen), da Lesbarkeit begrenzt • Bilder und Grafiken nur bedingt darstell-bar (Größe) • Keine Über-raschungseffekte möglich	• Verlust des Blick-kontakts beim Anheften • Übung notwendig (Schrift) • Begrenzte Teilneh-merzahl (20-30 Per-sonen), da Lesbarkeit begrenzt • Relativ hoher Materialaufwand (Kärtchen, Nadeln…)	• Verlust des Blick-kontakts beim Anschreiben • Übung notwendig (Schrift) • Begrenzte Teilneh-merzahl (20-30 Per-sonen), da Lesbarkeit begrenzt • Keine Vorbereitung möglich • Wenig Flexibilität • Bilder und Grafiken nur bedingt darstellbar (Größe) • Nicht transportabel • Keine Über-raschungseffekte möglich • Keine Wiederver-wendung	• Tücken der Technik • Technisches Wissen notwendig • Gefahr von Effekthascherei • Hohe Anschaffungs-kosten

Abb. 2: Präsentationsmedien. Aus: Erfolgreich lernen – kompetent handeln, Lehrerband, Bamberg 2006, S. 40

Ein Handout, das vor dem Vortrag ausgeteilt wird, kann die **Informationsaufnahme** der Zuhörer unterstützen, da sie wesentliche Inhalte visuell vor sich haben und gegebenenfalls noch einmal überfliegen können. Es sollte die Gliederung festhalten. So hat der Zuhörer den roten Faden des Vortrags vor Augen. Daneben können wichtige Begriffe, Zitate, Definitionen, unbekannte Vokabeln und die benutzten Quellen aufgeführt werden. Darüber hinaus lassen sich auch Tabellen, Grafiken und Schemata abbilden, wenn es nötig ist, auf Details einzugehen. Schließlich können die Ergebnisse des Vortrags festgehalten werden. Werden in einem Handout neben den wesentlichen Fakten vor allem die eigene Problemsicht und Meinung dargestellt, so handelt es sich um ein **Thesenpapier**. Hier können die Ergebnisse einer kritischen Auseinandersetzung mit dem Thema (z. B. mit der dazugehörenden Forschungsliteratur) und die persönliche Bewertung eines Sachverhalts formuliert werden. Bei naturwissenschaftlichen Themen sollte hier die Beurteilung der Untersuchungsergebnisse erfolgen. Wie die anderen Veranschaulichungsmittel darf ein Handout nicht überladen und muss übersichtlich gestaltet werden. Es sollte zwei Seiten nicht übersteigen, links Platz für die Lochung aufweisen und den Namen des Referenten, Kurs und Jahrgangsstufe, Datum und das Thema des Referats beinhalten. Auf keinen Fall darf das Handout mehr oder weniger den gesamten Vortragstext abdrucken.

Handout und Thesenpapier

Gestaltung

Bei der Auswahl und Gestaltung sind folgende Grundregeln zu beachten (→ Übung C):

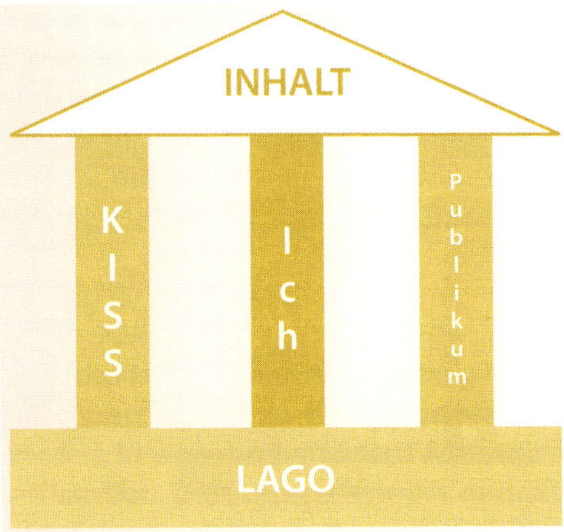

Abb. 3: Grundsätze der Veranschaulichung.
Aus: Barsch-Gollnau u. a., a. a. O., S. 86

KISS meint **k**eep **i**t **s**mall and **s**imple, das heißt, die Visualisierung sollte knapp gehalten werden und sich auf die wesentlichen Punkte des Vortrags beschränken. Ziel ist keine „Multimedia-Show". Diese lenkt vom eigentlichen Inhalt ab und kann ermüdend wirken.

KISS

Der Präsentierende ist wesentlich für die gelungene Vermittlung einer Präsentation. In manchen Fällen funktioniert die Visualisierung jedoch auch ohne jeden Kommentar des Referenten bzw. kann sogar so beabsichtigt sein.

Ich

Beispiel: In einer Präsentation in Kunst werden nach einer allgemeinen Erläuterung zur Farblehre verschiedene Farbkombinationen gezeigt und die Zuschauer sollen die individuelle Wirkung auf den Betrachter erleben.

Publikum

Alle Elemente der Veranschaulichung müssen von **jedem gesehen** bzw. **gehört** werden können.

LAGO

Eine stabile Grundlage für die Gestaltung der Veranschaulichung bietet die LAGO-Formel (→ Übung C). **LAGO** steht für: **L**esbarkeit, **A**nordnung, **G**estaltung und **O**rganisation. Die folgenden Hinweise beziehen sich besonders auf die Erarbeitung von Folien mittels eines Präsentationsprogramms, gelten aber entsprechend auch für andere Darstellungsformen wie Overheadfolien, Plakate usw. Allerdings empfiehlt sich die Verwendung eines Präsentationsprogramms, da die Folien bei Berücksichtigung einiger Regeln einfach und überzeugend zu gestalten sind und sich grafische Elemente problemlos integrieren lassen.

Lesbarkeit

Das Lesen von Projektionen ist für den Leser aufgrund der Entfernung vom Text wesentlich anstrengender als das von gedruckten Texten, die direkt vor ihm liegen. Daher müssen Präsentationsfolien besonders **übersichtlich und klar** gestaltet werden.

Der Text sollte immer in Druckbuchstaben in Groß- und Kleinschreibung geschrieben werden. Die Overheadfolien sollten am PC verfasst und nicht mit der Hand geschrieben werden. Die Schriftgröße muss mindestens 18 Punkt betragen, um auf eine Entfernung von fünf Metern noch wie eine 12-Punkt-Schrift zu wirken. Ist der Raum größer oder soll die Schrift größer wirken, ist entsprechend eine größere Schrift zu wählen. Zum Beispiel wirken 27 Punkt auf 7,5 Meter nur wie 12 Punkt. Die Größe der sichtbaren Schrift ist jedoch auch von der Entfernung des Projektors von der Projektionswand (und damit Projektionsgröße) abhängig, die wiederum je nach Lichtstärke des Geräts, Helligkeit des Raums und verfügbarer Projektionsfläche zu wählen ist.

Abstand von der Projektionsfläche	5 m	7,5 m	10 m	12,5 m
Wirkung auf den Zuhörer wie 10 pt	15 pt	22 pt	30 pt	37 pt
Wirkung auf den Zuhörer wie 12 pt	18 pt	27 pt	36 pt	45 pt
	zu verwendende Schriftgröße in der Präsentation			

Abb. 4: Lesbarkeit von Schriftgrößen. Nach: Böhringer, Joachim u. a.: Präsentieren in Schule, Studium und Beruf, Heidelberg 2007, S. 67

Für den Text sollten **klare Schriftarten** verwendet werden wie zum Beispiel Arial, Verdana oder Trebuchet. Dies sind serifenlose Schriften (→ Kapitel 6.1), die sich am Bildschirm und bei Präsentationen wesentlich besser lesen lassen als Serifenschriften wie Times. Serifenschriften können lediglich für Überschriften verwendet werden. Verspielte Schriften wie z. B. „Comic Sans" sollten gar nicht zum Einsatz kommen. In ausgewählten Fällen (z. B. bei Titeln oder Überschriften) kann jedoch mit einer ausgefallenen Schriftart auch ein Inhalt transportiert werden, da verschiedene Schriftarten auf Leser bestimmte Wirkungen haben. Times wirkt eher klassisch, vornehm, altmodisch, Arial schlicht, funktional, kalt und modern.

Misslungene Übereinstimmung von Schriftart und Inhalt	Gelungene Übereinstimmung von Schriftart und Inhalt
Der Wilde Westen in der US-Literatur	Der Wilde Westen in der US-Literatur
GENFORSCHUNG IN DEN USA	Genforschung in den USA
Der römische Limes	**Der römische Limes**

Abb. 5: Wirkung von Schriftarten. Eigene Darstellung

Um eine optimale Lesbarkeit zu erreichen, ist auch auf einen ausreichenden **Zeilenabstand** zu achten. In der Regel empfiehlt sich ein 1,5-zeiliger Abstand. Nach Überschriften kann eine Leerzeile gelassen werden. Weiterhin sollte der Text linksbündig (Flattersatz) gesetzt werden und nicht im Blocksatz, da bei diesem die häufigen Trennungen und die unterschiedlich großen Wortzwischenräume das Lesen erschweren. Ein zentrierter Satz (Mittelachsensatz) erschwert das Lesen durch die ständig wechselnden Zeilenanfänge und eignet sich nur für kurze Texte wie z. B. kurze Zitate oder kurze Gedichte. Pro Zeile sollten bei einer 18 – 20-Punkt-Schrift nicht mehr als ca. 35 Buchstaben verwendet werden, damit die Zeilenfixierung beim

Lesen nicht verloren geht. Da dies häufig die Breite der Folie nicht ausfüllt, können entweder zwei Spalten verwendet werden oder der Freiraum wird für ein (sinnvolles) grafisches Element benutzt. Dem Leser wird das Verständnis auch dadurch erleichtert, indem einzelne Gedankenschritte auch optisch als Blöcke bzw. Absätze erkennbar gemacht werden. Die Folien sollen auf keinen Fall den (gesamten) Vortragstext enthalten, i. d. R. auch keine ganzen Sätze. Das Wesentliche muss auf Stichworte reduziert werden (→ Beispiele).

Anordnung

Bei der Gestaltung von Folien ist auf eine **logische Struktur** (z. B. vergleichend/kontrastierend – chronologisch-reihend – hierarchisierend) zu achten sowie auf Übersichtlichkeit und eine möglichst einfache Darstellung. Da der Lesefluss von oben links nach unten rechts stattfindet, sollen wichtige Informationen oben links, Bilder, Logos etc. unten rechts platziert werden.

Gestaltung

Die Folien sollen über ein einheitliches, klares und nicht überladenes Layout verfügen. Dies erreicht man durch eine Beschränkung der Schrifttypen und -farben, der Hervorhebungen (→ Kapitel 6.1) und Animationen sowie durch den sinnvollen Farbeinsatz. So ist auf einen **ausreichenden Kontrast** zwischen der Hintergrund- und der Schriftfarbe zu achten (→ Abb. 6). Dunkle Töne für die Schrift auf einem hellen Hintergrund haben sich dabei bewährt, wobei auch auf den Symbolcharakter der Farben zu achten ist. Rot steht u. a. für Energie, Vitalität, erregt Aufmerksamkeit, kann aber auch aggressiv wirken. Gelb vermittelt Licht, Heiterkeit und Freude, steht auch für Wissen, Weisheit, Vernunft und Logik. Grün vermittelt Großzügigkeit, Sicherheit, Harmonie und gilt als beruhigende Farbe. Sie kann aber auch Gefühle wie Neid und Gleichgültigkeit vermitteln. Violett ist eine würdevolle Farbe; es ist die Farbe der Inspiration, der Mystik und der Kunst. Blau ist eine kühle Farbe und steht u. a. für Ruhe und Vertrauen. Die **Gestaltungselemente** (Pfeile, Symbole, Diagramme, Karten, Grafiken, Bilder …) sind sinnvoll einzusetzen, sodass ein ausgewogenes Verhältnis zwischen Schrift und Bild entsteht. Dazu tragen auch **klar formulierte Überschriften** bei. In Kopf- und Fußzeile, die durch eine Linie, die Schriftgröße oder farblich abgesetzt werden, können Titel der Präsentation, Verfasser und Organisation genannt werden. Sie sollten so gestaltet sein, dass sie den eigentlichen Folieninhalt nicht dominieren. Die Gestaltung der Folien erleichtern die zahllosen Vorlagen, die das Programm selbst bereitstellt oder die im Internet zu finden sind.

Abb. 6: Starker/schwacher Kontrast. Nach: http://www.ipsi.fraunhofer.de/~crueger/farbe/farb-wirk.html

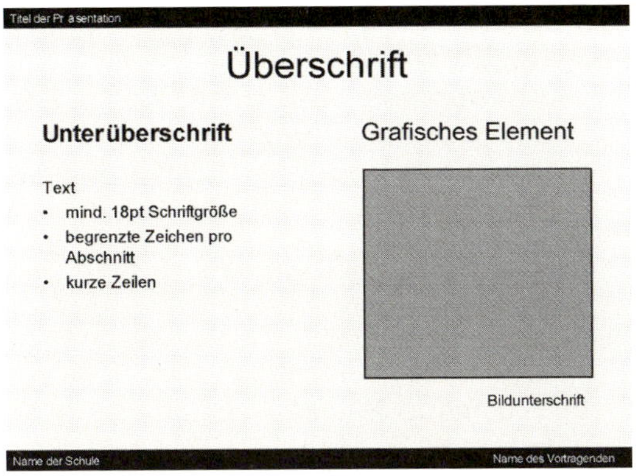

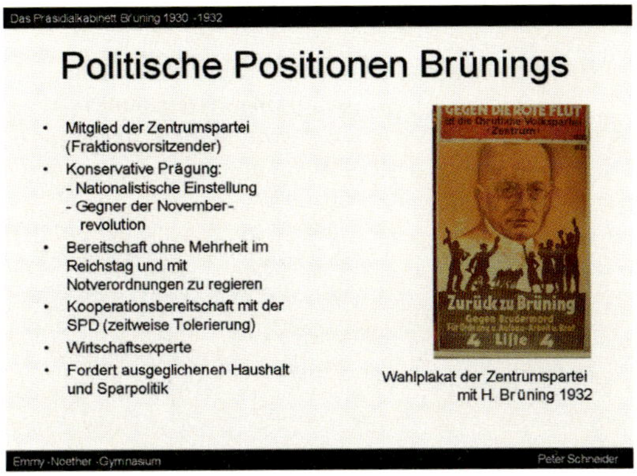

Abb. 7: Beispiel einer gelungenen Folie. Eigene Darstellung

Organisation

Es ist wichtig, sich zu überlegen, wie lange der Einsatz der einzelnen Gestaltungselemente dauert, damit am Ende nicht der zeitliche Rahmen der Präsentation gesprengt wird. Der **Umgang mit der Technik** muss vertraut sein. Dem Vortragenden sollte zum Beispiel bekannt sein, wie sich der Overheadprojektor einschalten lässt, die Schärfe sollte vor dem Vortrag eingestellt werden. Verwendet man ein Präsentationsprogramm nicht auf dem eigenen PC, ist im Voraus die Kompatibilität der Soft- und Hardware zu prüfen, auch, ob die Schriftarten am anderen Rechner vorhanden sind und ob alle eingebetteten Dateien funktionieren. Auch die **Lichtverhältnisse** sind zu bedenken. So ist darauf zu achten, ob die Projektion ausreichend kontrastreich und lesbar ist oder ob verdunkelt werden muss und ob dies möglich ist.

Ferner ist ein **Standort** zu wählen, der den Zuhörern nicht die Sicht auf die Darstellung nimmt. Gleichzeitig sollte man nicht vor einem Fenster stehen, um nicht als Schattenriss zu erscheinen. Die Sitzordnung richtet sich nach der Anzahl der Zuhörer und dem Grad ihrer Beteiligung an der Präsentation, ob etwa eine Diskussion stattfinden soll. Sollen sie mitschreiben, empfiehlt sich eine Sitzordnung mit Tischen. Abgebildet sind einige Beispiele. Flipchart und Pinnwand sind austauschbar und durch andere Präsentationsmedien ersetzbar. Die dritte Sitzordnung wird kommunikativer, wenn die Tische etwas einander zugedreht werden (→ Abb. 8).

PC und Deckenbeamer

- Busbestuhlung
- Viele Teilnehmer möglich
- Teilnehmer haben einen eingeschränkten Kontakt zum Vortragenden bei sehr großen Gruppen
- Kontakt der Teilnehmer untereinander bei sehr großen Gruppen schlecht
- Keine Bewegung und Veränderung möglich
- Schreiben ist erschwert, wenn keine Tische im Vortragssaal vorhanden sind

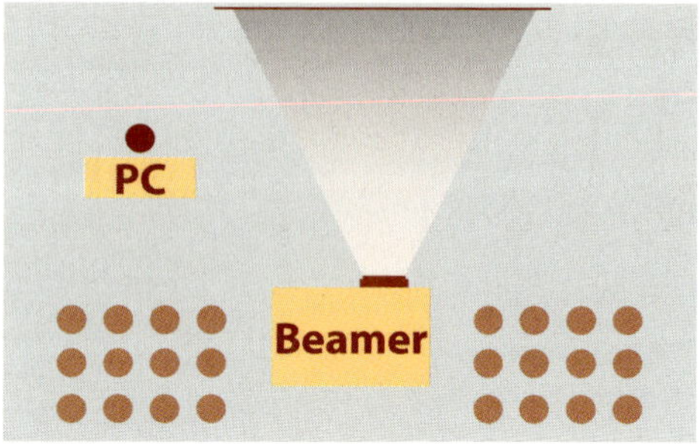

Flipchart

- Stühle im Halbkreis
- Teilnehmer haben alle Blickkontakt untereinander und zum Vortragenden
- Sehr kommunikative Sitz- und Präsentationsform
- Bewegung und Veränderung sehr schnell möglich
- Schreiben ist erschwert
- Bis 15 Personen

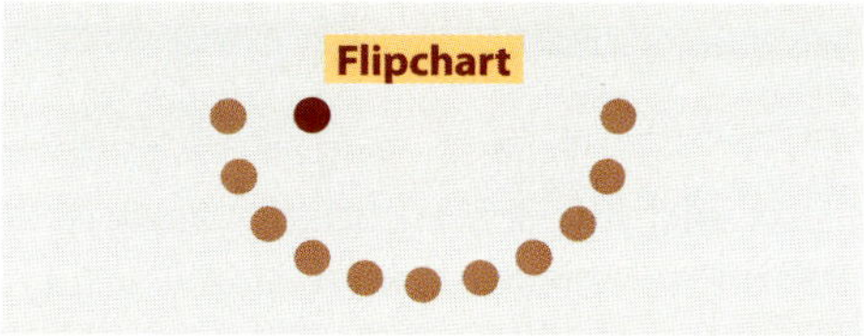

OH-Projektion

- Typische Klassenraumsituation
- OH-Projektion lenkt den Blick auf die Projektion und den Vortragenden
- Ungünstige Kommunikationsform, da sich die Teilnehmer untereinander nur bedingt sehen
- Schreiben ist sehr gut möglich
- Bis 28 Personen

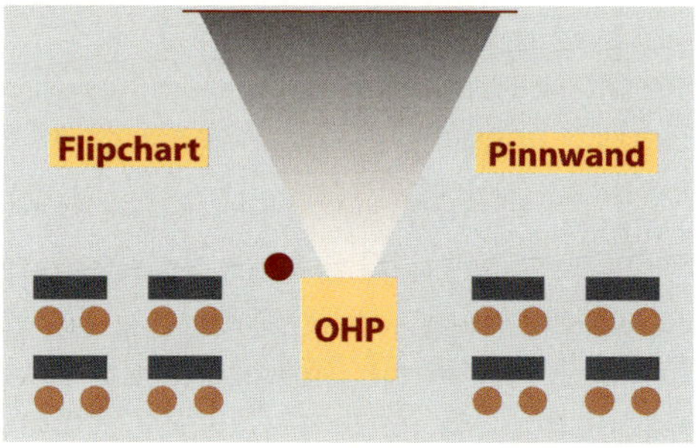

Mehrere Pinnwände für Großgruppen

- Zentrierte Ausrichtung auf die Pinnwände
- Teilnehmerkonzentration auf ein oder mehrere Vortragende und die Präsentationsdarstellung
- Schreiben ist sehr gut möglich
- Bewegung und Veränderung ist bei günstiger Personenanzahl und Raumsituation unproblematisch
- Kommunikation in größeren Gruppen bedarf der Moderation
- 20 bis 28 Personen

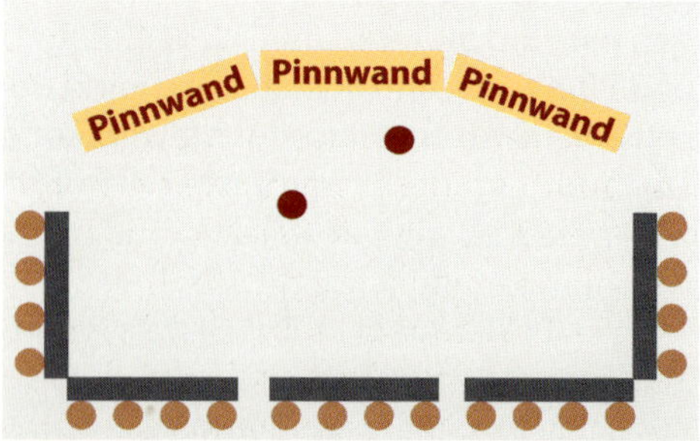

Abb. 8: Vor- und Nachteile verschiedener Sitzordnungen. *Nach: Böhringer, a. a. O., S. 352f.*

Da die Veranschaulichungsmittel nicht nur schmückenden Charakter besitzen sollen, müssen sie vom Referenten ausführlich erläutert werden, schließlich sieht sie das Publikum zum ersten Mal. Daher ist es auch sinnvoll, den Zuhörern ein wenig Zeit zu lassen, um den Inhalt der Darstellung aufzunehmen. Komplexe Sachverhalte in Form von Schemata, Tabellen oder Grafiken können schrittweise entwickelt werden. So kann der Zuhörer den Gedankengang auch visuell nachvollziehen. Dazu ist es notwendig, sich mit den eingesetzten Darstellungen gut auszukennen. So kann man auch mittels eines Zeigestabs, Laserpointers oder mit der Maus präzise auf einzelne Stellen hinweisen.

Checkliste zur Veranschaulichung im Vortrag			
Gestaltung:	**j/n**	**Visualisierung:**	**j/n**
Texte fehlerfrei		Abbildung notwendig	
Klare Überschriften und Gliederung		Abbildungen aussagekräftig	
Einheitliche Satzarten (Nominalstil)		Abbildungen gut erkennbar	
Schriften lesbar (Größe, Art, Kontrast)			
Schriftarten zum Inhalt passend			
Einheitliches Layout		**Medien:**	**j/n**
Farbwahl mediengerecht		Veranschaulichungselemente eingeübt	
Farbschema schlüssig			
Farben unterscheidbar		Medien getestet	

Abb. 9. Nach: Böhringer, a. a. O., S. 344 ff.

Bewertungskriterien für die Präsentation

Bei der Abschlusspräsentation der Seminararbeit werden zum einen **Inhalt und Aufbau** der Arbeit bewertet. Dazu gehören die Erfassung des Themas und eine angemessene Schwerpunktsetzung und Strukturierung. Hier kann es nötig sein, im Vergleich zur schriftlichen Arbeit stark zu kürzen, erklärende Erläuterungen aus den Anmerkungen aber zu berücksichtigen. Weiter spielen die **sachliche Richtigkeit** und die Ergebnissicherung in Form eines Handouts o.ä. eine wichtige Rolle. Zum anderen wird die **Darbietung** bewertet, also der Einstieg, die Klarheit der Darstellung und die sprachliche Gewandtheit, die Lebendigkeit des Vortrags und die Reaktion auf Fragen sowie die Auswahl, Gestaltung und Beherrschung der Präsentationsmedien. Bei Themen mit einem praktischen Schwerpunkt kann auch ein Experiment Teil der Präsentation sein. Dann werden die Auswahl der Geräte und Teilexperimente, die Beherrschung der Geräte, die Durchführung sowie die Auswertung und Interpretation des Experiments und die Flexibilität des Vortragenden bewertet. Ein Bewertungsbogen kann folgendermaßen aussehen (→ Abb. 10):

INHALT (Gewichtung z.B. 40%)	Punkte		
Einstieg	weckt Interesse, gewinnt die Hörer, zum Hauptteil hinführend, kurz	++ + - --	fehlt bzw. erzeugt Ablehnung; funktionslos, zu weit ausholend
Hauptteil			
Aufbau	sachgerecht, folgerichtig, roter Faden erkennbar	++ + - --	völlig unklar, keine Ordnung
Prägnanz	Wichtiges hervorgehoben	++ + - --	Wichtiges geht unter
Argumentation (doppelte Wertung)	jeder Gliederungspunkt eine wesentliche Aussage zum Thema; Begründung, Beispiele Skizzen, Grafiken, Versuche	++ + - --	unpassende bzw. unwichtige Aussagen, unvollständige Argumentation, zielloses Gerede
Sachliche Richtigkeit	korrekte Information	++ + - --	grobe Fehler
Fachbegriffe	werden erklärt, souveräner Umgang	++ + - --	unreflektiert verwendet, kommen nicht vor
Schluss	Zusammenfassung, weiterführende Gedanken	++ + - --	fehlt, funktionslos
DARBIETUNG (Gewichtung z.B. 40%)	**Punkte**		
Aufteten	natürlich, sicher	++ + - --	verkrampft, hilflos
Sprechweise	deutlich, akzentuiert, mit Sprechpausen, sprachlich korrekt	++ + - --	kaum verständlich, monoton, hastig, sprachlich fehlerhaft
Vortrag	weitgehend frei	++ + - --	abgelesen
Kontakt zum Hörer	passende Wortwahl, Augenkontakt	++ + - --	keinerlei Adressatenbezug und -kontakt
Anregungswert	Zuhörer werden anschaulich, spannend, humorvoll unterrichtet, zeigen Interesse, stellen Zusatzfragen	++ + - --	Vortrag trocken, abstrakt, einschläfernd, Hörer desinteressiert, keine Reaktion
HILFSMITTEL (Gewichtung z.B. 40%)	**Punkte**		
Folie, Tafelbild	sehr gut lesbar und sichtbar, übersichtlich, anschaulich	++ + - --	unlesbar oder uneinsehbar, überladen
Folie, Experiment, Foto, Simulation…	interessant, informativ, unterstützt das Verständnis	++ + - --	langweilig, belanglos
Handout	wenige, aber wichtige Informationen; übersichtlich strukturierte Darstellung	++ + - --	zu wenige/zu viele Informationen; unübersichtliche Darstellung

Abb. 10: Beispiel eines Bewertungsbogens. Aus: ISB, a. a. O.

Mat 1 Ruhrbesetzung

Die Weimarer Republik war durch den Versailler Vertrag von 1919 verpflichtet, Reparationen an die Alliierten des Ersten Weltkriegs zu leisten. Vor allem der französische Ministerpräsident und Außenminister Poincaré bestand, im wirtschafts- und sicherheitspolitischen Interesse Frankreichs, auf einer kompromisslosen Erfüllung der Bestimmungen des Versailler Vertrages. Um Druck auf Deutschland auszuüben, rückte französisches und belgisches Militär in die Städte Duisburg und Düsseldorf ein und verschaffte sich eine Ausgangsbasis für eine mögliche Besetzung des gesamten rheinisch-westfälischen Industriegebiets. Konsequenterweise wurde das Londoner Ultimatum vom 5. Mai 1921, mit dem die alliierten Siegermächte ihren Zahlungsplan für die deutschen Reparationen in Höhe von 132 Milliarden Goldmark gegenüber Deutschland durchsetzten, mit der Drohung verbunden, im Weigerungsfall das Ruhrgebiet zu besetzen. Das Ergebnis der Volksabstimmung über die staatliche Zugehörigkeit Oberschlesiens am 20. März 1921 (59,4% für Deutschland, 40,6% für Polen) und die auf französisches Betreiben durchgeführte Teilung der Provinz wurden in Deutschland als verheerende Niederlagen empfunden und markierten das Ende des deutschen Kooperationswillens („Erfüllungspolitik"). Deutschland fand in Russland mit dem Vertrag von Rapallo einen neuen außenpolitischen Partner, was zu einer Verhärtung der Fronten zwischen Frankreich und Deutschland führte. Als am 9. Januar 1923 die Reparationskommission feststellte, Deutschland sei mit Reparationslieferungen im Rückstand (u.a. 30.000 Telegrafenmasten), lieferte dies Frankreich den Anlass, mit anfangs 60.000 Mann in das Ruhrgebiet einzumarschieren, um die dortige Kohle- und Koksproduktion als „produktives Pfand" zur Erfüllung der deutschen Reparationsverpflichtungen zu sichern. Poincaré strebte zudem einen Status des Rheinlands und des Ruhrgebiets an, bei der die Zugehörigkeit zum Deutschen Reich nur mehr formal gewesen wäre und stattdessen Frankreich eine bestimmende Position eingenommen hätte.

Nach: http://de.wikipedia.org → Ruhrbesetzung (Stand: 04.09.2009)

Mat 2 Regionale Windsysteme – der Föhn

Der Föhn entsteht, wenn Luft vorm Gebirge (Luv) zum Aufsteigen gezwungen wird. Dabei kühlt sich die Luft trockenadiabatisch, d.h. um 1 °C je 100 m ab. Bei der Abkühlung von Luft sinkt die maximale Luftfeuchte. Da die absolute Luftfeuchte aber konstant bleibt, kondensiert das Wasser – es bilden sich Wolken. Die Temperatur, bei der das Wasser kondensiert, wird als Taupunkt bezeichnet und die entsprechende Höhe als Kondensationsniveau. Beim weiteren Aufstieg kühlt sich die Luft aber nur noch um 1/2 °C je 100 m ab. Diese Abkühlung wird als feuchtadiabatisch bezeichnet. Wird die Wolke zu „schwer", dann gibt es Niederschläge. Da diese durch das Aufsteigen von Luft entstehen, werden sie Steigungsregen genannt. Am höchsten Punkt des Gebirges überströmt die Luft dieses. Die Luftmassen sinken wieder ab, dabei erwärmen sie sich zunächst feuchtadiabatisch. Jedoch lösen sich die Wolken schnell auf, da sich die Luft erwärmt und somit die relative Luftfeuchtigkeit unter 100% sinkt. Das flüssige Wasser der Wolken verdunstet also in den gasförmigen Aggregatzustand zurück. Die Luft sinkt weiter ab, dabei erwärmt sie sich weiter – diesmal aber trockenadiabatisch, d.h. um 1°C pro 100 m. Diese vom Gebirge in das Lee abströmende Luft wird als Föhn bezeichnet. Durch die Erwärmung ist der Föhn ein warmer trockener Wind.

Aus: www.m-forkel.de/klima/foehn.html (Stand: 04.09.2009)

Mat 3 / 4 Wolken

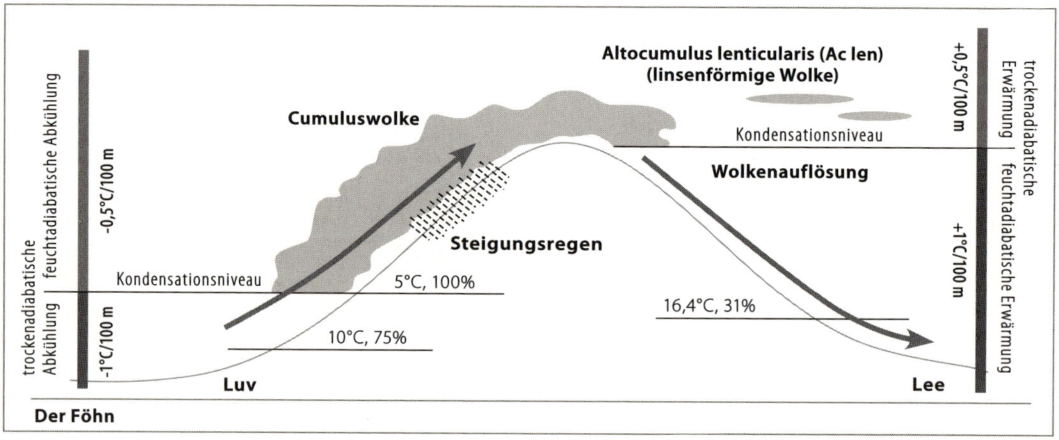

Nach: www.m-forkel.de/klima/foehn.html

© Claudia Hinz

© Thorsten Brönner

Übung

A Visualisierung von Sinnzusammenhängen

Entwerfen Sie in Gruppen zum Thema „Ursachen der Ruhrbesetzung 1923“ (→ Mat 1) unterschiedliche grafische oder schematische Darstellungen und diskutieren Sie anschließend, ob damit die wesentlichen Inhalte anschaulich werden.

B Einsatz unterschiedlicher Präsentationsmedien

Soll ein Publikum über das Wetterphänomen des Föhns informiert werden, so empfiehlt es sich, die sprachliche Information (→ Mat 2) mit einer Visualisierung (→ Mat 3/4) zu unterstützen. Erproben Sie die Wirkung einzelner Präsentationsmedien, indem Sie Gruppen bilden, die das Thema jeweils mittels OH-Folie, Mindmap, Präsentationsprogramm, Moderationswand, Flipchart und Plakat darstellen. Beachten Sie dabei die Regeln zu Gestaltung von Veranschaulichungen. Erörtern Sie anschließend im Plenum Stärken und Schwächen der einzelnen Präsentationen.

C Gestaltung einer Visualisierung

Erarbeiten Sie sich nun selbst zu einem Thema Ihrer Wahl (historische Entwicklung, naturwissenschaftlicher Vorgang, gesellschaftspolitischer Zusammenhang etc.) eine grafische Umsetzung und eine geeignete Darstellung mit einem bestimmten Präsentationsmedium. Stellen Sie das Ergebnis dem Kurs vor und diskutieren Sie anhand der im Kapitel dargestellten Kriterien die Qualität der Visualisierung.

D Grundsätze des Layouts

Entwickeln Sie in Gruppen eine Musterfolie für ein gemeinsames Thema (z.B. ein Wetterphänomen oder eine Dichterbiografie). Achten Sie auf eine bewusste Gestaltung z.B. des Hintergrunds, der Schriftart und -größe, der Farbauswahl, der (geplanten) Platzierung von Text und Bildern sowie evtl. eines Logos bzw. Erkennungszeichens. Vergleichen Sie anschließend im Plenum Ihre Ergebnisse hinsichtlich der Lesbarkeit und ihrer optischen Wirkung.

Glossar

Archiv: Einrichtung zur Erfassung und dauerhaften Erhaltung von Aufzeichnungen, Akten und Urkunden, also Originalschriftstücken. Ein Archiv besitzt in der Regel keine Ausleihfunktion.

Artikulation: Art und Weise, wie die stimmliche Ausdruckskraft eingesetzt wird. Wesentliche Elemente sind Lautstärke, Klarheit und Tempo.

Beamer: Präsentationsmedium, das in Verbindung mit einem Computer einen Vortrag unterstützt. Erfordert bestimmte Hard- und Softwarevoraussetzungen.

Bibliothek: Institution oder Ort einer geordneten und benutzbaren Sammlung von Büchern und anderen publizierten Informationen oder eine solche Sammlung selbst. Im Freihandbereich einer Bibliothek können vorhandene Bücher sofort ausgeliehen und mitgenommen werden, die Bücher des Magazinbereichs dagegen werden aus besonderen Lagerstätten geholt und können somit erst später mitgenommen werden. Die Bücher des Präsenzbestandes einer Bibliothek können vom Benutzer nicht entliehen, sondern nur im Lesesaal genutzt werden. Die Bücher einer Fachbibliothek sind auf ein Spezialgebiet konzentriert.

Cluster (engl.: Gruppe, Bündel): Bündelung von Ergebnissen oder Begriffen in thematischen Gruppen. Manche Internet Suchmaschinen fassen die Ergebnisse einer Suchanfrage in Gruppen zusammen und sortieren diese nach Hierarchien (Clustering).

Datenbank: Elektronisches Archiv für große Mengen inhaltlich zusammengehöriger Daten.

Download: Abruf von Informationen aus dem Internet oder einem sonstigen Computernetz.

Eisenhower-Methode: Alle Aufgaben werden anhand der Kriterien wichtig/unwichtig und dringend/nicht dringend in vier Quadranten verteilt. Alle Aufgaben im Quadrant unwichtig/nicht dringend werden nicht erledigt.

Erkenntnisleitende Fragestellung: Leitfrage, die im Mittelpunkt einer Arbeit steht. Sie wird mithilfe von Sachinformationen und daraus gewonnenen Erkenntnissen vom Autor abschließend beantwortet. Die Inhalte aller Kapitel und Unterkapitel sollten sich auf sie beziehen.

Fachkompetenz: Fähigkeit, ein Thema sachrichtig und logisch dazustellen und eigene Schlussfolgerungen und Meinungen zu begründen.

Feedback: Instrument, um die eigenen rhetorischen Fähigkeiten zu optimieren. Konkret versteht man darunter die Rückmeldung, die einem zeigt, wie man auf Gesprächspartner wirkt, was man bei anderen auslöst. Feedback erfordert die Einhaltung bestimmter Regeln.

Fernleihe: Dienstleistung von Bibliotheken, am Ort nicht vorhandene Literatur aus anderen Bibliotheken im Rahmen des Leihverkehrs und gegen eine geringe Gebühr zu besorgen.

Flipchart: Präsentationsmedium. Transportable Tafel, die auf drei Beinen steht und mit einem Papierblock versehen ist, der an der oberen Kante des Gestells befestigt wird. Kann mit Stiften beschrieben werden.

Freeware: Kostenlose, frei verfügbare Programme, die urheberrechtlich geschützt sind.

Gliederung: Eine Struktur, innerhalb derer Teilbereiche einer Arbeit gruppiert und in eine logische Reihenfolge gebracht werden. Dabei erfüllt jeder Teilbereich eine bestimmte Funktion, die nur vom Ganzen her verständlich ist.

Inhaltsverzeichnis: Ein Register, dessen Struktur die Arbeit erschließt und damit die Gliederung verdeutlicht. Die Überschriften der Kapitel und Unterkapitel werden abgestuft nummeriert.

Katalog: Ein nach einer bestimmten Systematik (alphabetisch oder nach Schlagworten) aufgebautes Verzeichnis, mit dessen Hilfe Bibliotheken und Online-Datenbanken ihre Titel verwalten.

Körpersprache: Nonverbale Kommunikation mithilfe von Mimik und Gestik.

Kolloquium: Wissenschaftliches Gespräch, kleinere Einzelprüfung an einer Hochschule oder Beratung von Wissenschaftlern oder Politikern über spezielle Probleme. Im Seminarkurs steht das Kolloquium als abiturrelevante Einzelprüfung für ein Expertengespräch mit Prüfungscharakter über die Inhalte und Darstellung der schriftlichen Dokumentation und Präsentation, die Gruppenarbeit und das methodische Vorgehen.

Kurzbeleg: Literaturverweis im laufenden Text einer Arbeit. Er bezieht sich auf das ausführliche Literaturverzeichnis am Schluss und gibt nur den Autor, das Erscheinungsjahr und die entsprechende Seitenzahl an.

Layout: Die äußere Form der Arbeit. Ihre wichtigsten Elemente sind Schrifttyp, Schriftgröße, Zeilenabstand sowie Flatter- oder Blocksatz.

Link (Kurzform von „Hyperlink"): Verknüpfung mit anderen Internetdokumenten.

Literaturprotokoll: Verzeichnis der verwendeten Literatur, das im Gegensatz zu einem nach bestimmten Kriterien zu erstellenden Literaturverzeichnis nach eigenen, frei zu wählenden Parametern gebildet wird.

Mindmap: Präsentationsmittel. „Gedächtnislandkarten" bieten die Möglichkeit, Informationen strukturell zu verarbeiten und entsprechend darzustellen. Auch als Methode zur Analyse von Problemen oder zur Visualisierung von Zusammenhängen geeignet.

Methodenkompetenz: Fähigkeit, Informationen zu beschaffen, zu strukturieren, zu bearbeiten, aufzubewahren und wiederzuverwenden, darzustellen, Ergebnisse von Verarbeitungsprozessen richtig zu interpretieren und in geeigneter Form zu präsentieren sowie Problemlösungstechniken anzuwenden und Problemlösungsprozesse zu gestalten.

Moderationskarte: Präsentationsmittel. In unterschiedlichen Größen, Farben und Formen erhältliche Karten, die beschriftet werden können. Durch farbliche und formale Anordnung lassen sich auch Sinnzusammenhänge verdeutlichen.

Moderationswand: Präsentationsmedium. Die Wand kann mit Stiften beschrieben werden und ist auch geeignet, um Karten, Bilder etc. mit Nadeln zu befestigen. Die Papierbespannung bietet die Möglichkeit, zwischen den Karten zu zeichnen oder zu schreiben.

Modulation: Variation und Veränderung von Tonstärke und Klangfarbe der Stimme.

Motivation: Beweggründe oder Bereitschaft für ein spezielles Verhalten eines Menschen. Die Motivation ist abhängig von der inneren Situation in Verbindung mit entsprechenden inneren oder äußeren Reizen. Ein innerer Reiz kann geistige Aufgeschlossenheit sein, ein äußerer z. B. das Streben nach Belohnung. Diese Reize können motivierend oder demotivierend sein.

Offene Fragen: Fragen dieser Art können nicht einfach mit „Ja" oder „Nein" beantwortet werden. Sie fordern längere und informativere Antworten ein, bringen aber dafür entscheidende Impulse für die erkenntnisleitende Fragestellung.

Ohröffner: Beginn einer Rede, steht vor der eigentlichen Begrüßung und verfolgt das Ziel die Aufmerksamkeit des Publikums auf den Vortragenden zu konzentrieren.

Online Benutzer Katalog (OPAC: Online Public Access Catalog): Ein in deutschen Bibliotheken verbreitetes computergestütztes Katalogsystem, mit dem die erfassten Medienbestände nach verschiedenen Kriterien (Autor, Titelstichwort, Schlagwort, Signatur) durchsucht und Ausleihkonten der Benutzer verwaltet werden.

Overheadprojektor: Präsentationsmedium, auch Tageslichtprojektor genannt. Über eine starke Lichtquelle projiziert das Gerät Folien an eine Wand.

Pareto-Prinzip: Instrument des Zeitmanagements, das unter der These „20% der investierten Zeit erbringen 80% des angestrebten Erfolges" die anstehenden Aufgaben hierarchisiert und so hilft, Unwesentliches und Überflüssiges wegzulassen.

Personalkompetenz: Bereitschaft und Fähigkeit, als individuelle Persönlichkeit die Entwicklungschancen, Anforderungen und Einschränkungen in Familie, Schule/Studium/Beruf und öffentlichem Leben zu bewältigen. Dazu gehören Erkennen und Beeinflussen der eigenen Charakteristika bezogen auf Arbeitshaltung, Kreativität, Selbstständigkeit, problemlösendes Denken, inhaltlich und zeitlich strukturiertes Arbeiten, Belastbarkeit, Leistungsbereitschaft, Erspüren und Formulieren von Befindlichkeiten.

Präsentationsmedien: Oberbegriff für alle technischen Instrumente oder Geräte, die insbesondere zur visuellen oder auditiven Unterstützung einer Präsentation eingesetzt werden, beispielsweise Beamer, Videorecorder, Overheadprojektor etc.

Präsentationsmittel: Oberbegriff für alle Ausrüstungsgegenstände, mit denen die ausgewählten Präsentationsmedien erst „zum Sprechen gebracht" werden, beispielsweise Stifte, Papier oder Klebepunkte.

Quellen: Vorlagen, auf die sich der Autor beim Verfassen der Arbeit stützt. Sie verdeutlichen Sachverhalte, aber auch vergangene Ereignisse. Alle Quellen müssen vom Autor offengelegt werden.

Roadmap: Die verschiedenen Dimensionen einer Aufgabe werden mit dem Ablauf der zur Verfügung stehenden Zeit in Beziehung gesetzt, nachdem Prioritäten gesetzt worden sind bezüglich der Wichtigkeit und des zu erwartenden Zeitaufwands der Teilaufgaben.

Server: Rechner oder Programm, der bzw. das Daten und Dienste für den Kunden bereitstellt.

Sozialkompetenz: Bereitschaft und Fähigkeit, soziale Beziehungen zu leben und zu gestalten. In Bezug auf die Arbeit im Seminarkurs zählt hierzu die Kenntnis gruppendynamischer Prozesse, ein partnerschaftliches Vorgehen beim gemeinsamen Arbeiten, Empathie, Konflikterkennung und Entwicklung von Lösungsstrategien, positive Gesprächsführungstechniken und die Übernahme von verantwortlichen Rollen innerhalb der Gruppe.

Stichwort: Im Allgemeinen ein charakteristisches Wort des Sachtitels oder Untertitels eines Buches bei der Literaturrecherche.

Suchmaschine: Programm zur Recherche von Dokumenten, die in einem Computer oder einem Computernetzwerk gespeichert sind. Eine Metasuchmaschine leitet die Suchanfrage an mehrere andere Suchmaschinen weiter, sammelt die Ergebnisse und bereitet diese nach bestimmten Kriterien auf.

Suchmaske: Formular zur Eingabe eines Suchbegriffs bei einer Suchmaschine.

Systematischer Katalog: →Katalog. Ermöglicht die Literatursuche nach sachlich logischer Anordnung. Notwendig für diese Art der Recherche ist eine Kenntnis der zugrunde liegenden Systematik. Als Hilfsmittel für die Benutzung des systematischen Katalogs gibt es in den Bibliotheken Übersichten über dessen Aufbau.

These: Eine themenbezogene Behauptung. Sie steht am Anfang einer Arbeit und muss an deren Ende bewiesen oder widerlegt sein. Für den Verlauf einer Arbeit ist sie der sprichwörtliche rote Faden.

URL (Uniform Resource Locator): Standardisierte Adresse eines Objekts im Internet.

Visualisierung: Eine Visualisierung unterstützt in einer Präsentation das gesprochene Wort. Dabei wird ein Sachverhalt in einer anderen Form als in einem Fließtext dargestellt, d. h. die kompakte Textform wird aufgelöst.

Whiteboard: Präsentationsmedium. Tafel, die meistens aus Metall und deshalb für den Einsatz von Magneten geeignet ist. Sie wird mit besonderen, trocken abwischbaren Stiften beschrieben.

Wissenschaftliches Arbeiten: Arbeitsweise, bei der ein Thema im Hinblick auf eine bestimmte Fragestellung nachvollziehbar behandelt wird. Dabei sind die Quellen offenzulegen und die Erkenntnisse für jeden überprüfbar darzustellen. Zum wissenschaftlichen Arbeiten gehört auch die formale Präsentation der Inhalte.

World Wide Web: Interaktives Informationssystem, das den weltweiten Austausch digitaler Dokumente ermöglicht.

Zeitmanagement: Optimale Nutzung der zur Verfügung stehenden Zeit mittels unterschiedlicher Zeit- und Arbeitsplantechniken. Ziel ist es, mit möglichst geringem Zeitaufwand ein optimales Ergebnis zu erreichen.

Zitat: Ein aus Quellen wörtlich übernommener Sachverhalt, der als solcher kenntlich gemacht werden muss.

Sachregister

Bildnachweis

http://www.istockphoto.com – Titelbild; Dr. Olaf Böge, Institut für Troposphärenforschung, Leipzig – S. 50; Steffen Fritsche, Köditz – S. 53; Rüdiger Buggenthien, Lübeck – S. 61; Claudia Hinz, Brannenburg – S. 168; Thorsten Brönner, München – S. 168